中国校本教研与校本课程数字出版平台
中国校本教研网 www.schooledu.com.cn
◎特别推荐◎

心灵的守护者

◎19位名班主任的教育智慧◎

丛书主编◎张　怡
本册主编◎王晓松　曲文弘

江蘇教育出版社

图书在版编目（CIP）数据

心灵的守护者：19位名班主任的教育智慧/王晓松，曲文弘主编. —南京：江苏教育出版社，2013.9
ISBN 978-7-5499-3391-4

Ⅰ.①心… Ⅱ.①王…②曲… Ⅲ.①中小学—班主任—生平事迹—济南市②中小学—班主任工作—案例—济南市 Ⅳ.①K825.46②G635.16

中国版本图书馆CIP数据核字（2013）第211382号

书　　名	心灵的守护者：19位名班主任的教育智慧
主　　编	王晓松　曲文弘
责任编辑	林　琬　陈冬梅
出版发行	凤凰出版传媒股份有限公司
	江苏教育出版社（南京市湖南路1号A楼　邮编210009）
苏教网址	http：//www.1088.com.cn
照　　排	润星之源文化有限公司
印　　刷	三河华润印刷有限公司
厂　　址	三河杨庄镇杨庄村
开　　本	787毫米×1092毫米　1/16
印　　张	15
字　　数	245千字
版　　次	2013年9月第1版　2013年9月第1次印刷
书　　号	ISBN 978-7-5499-3391-4
定　　价	30.00元
网店地址	http：//jsfhjy.taobao.com
邮购电话	025-85406265，85400774　短信　02585420909
E - mail	jsep@vip.163.com
盗版举报	025-83658579

编委会名单

丛书主编 张 怡

丛书副主编 秦 蕊 王晓燕

丛书编委（按姓氏笔画排序） 王晓燕 田 丽 朱慧婷 刘彬国 张晓梅 孟 扬 胡庆云 俄秋兰 晋 萍 秦 蕊

本册主编 王晓松 曲文弘

前　言

随着社会的开放与发展，影响现代学生成长的因素越来越多。在学生成长过程中，学校班主任难以掌控的因素也越来越多。“现在的学生越来越难管了”“班主任越来越难当了”，这绝非个别教师的无病呻吟，而是教师在面对急剧变化的社会形势和教育对象时集体无力感的表现。这使得提升班主任专业素养成为目前教育最紧迫的需要。

有人将班主任比喻为学生生命成长的点灯人、学生心灵的守护者，那么教育行政管理和师资培训就是“为点灯人点灯”的工作。因此，在全国基础教育课程改革背景下，教师培训显的尤其重要。

究竟怎样的班主任才是优秀的班主任？如何协助班主任走好专业发展这一步，以应对新形势？近6年来，济南市槐荫区教育局立足区域视角总体谋划，各部门分工协作，多层次、多角度、多渠道采取措施，在锤炼打造一支整体优秀、富有个性与激情的班主任队伍方面积累了一些经验。在关注班主任队伍整体发展的过程中，为了提高效益，槐荫市教育局同样高度关注优秀班主任的成长，重视发挥他们的优秀经验对全体班主任的示范引领作用，这也是济南市槐荫区持续推动“名班主任”工程建设的基本出发点。

一般认为，引导班主任专业成长的基本路径有两种：一是理论知识的学习，二是经验知识的借鉴。本书呈现的是优秀的、可借鉴的经验，是以槐荫区19位名班主任的教育实践、成长经验为蓝本，结合他们的教育思想以及相关案例，素描槐荫区中小学名班主任的风采。本书故事性较强，所选教育案例具有典型性，将槐荫名班主任的教育情怀、育人智慧生动地展示出来，是区域优秀班主任经验的荟萃之作。

经验绝不意味着低层次。华中师范大学郭元祥教授在谈及经验的教育意义时，曾这么表述过：“自然主义教育思想家卢梭、实用主义教育思想家杜威、生活教育思想家陶行知，以及后现代主义教育思想家多尔等人的一个共同之处，就在于都强调‘经验’的生长价值和教育意义。在我的学术诉求中，‘经验’具有不可或缺的意义，为此，我竭力主张教育要回归生活，联系实际，注重实践，充分发挥‘经验’对学生成长的意义。正是因为如此，我认为，我国新一轮基础教育课程改革所倡导的基本理念——‘联系学生生活和社会发展的实际’，就是对经验意义的尊重，是对教育本质的回归，是对单一的知识教育或单一知识训练式教育的一种超越。”

郭元祥教授思考的是“经验”对学生成长的意义。我们认为，班主任专业成长过程中的“经验”具有同等重要的意义。一味强调理论知识的高度而忽视这种经验知识的总结与传递，理论知识将永远只能是外在于一线班主任的“他在经验”，很难真正成为班主任成长的指针。

当然，我们学习借鉴优秀班主任的工作经验，同样不能照搬照抄，犯“拿来主义”的错误。经验的意义在于启迪，而非挪用。苏霍姆林斯基曾经说：“教育，就其广义的理解来说，这是一个受教育者和教育者都在精神上不断地丰富和更新的多方面的过程。同时，这个过程的特点是，各种现象具有深刻的个体性：某一条教育真理，在第一种情况下是正确的，在第二种情况下是无用的，而在第三种情况下就是荒谬的了。”

班主任工作的具体经验是千差万别且极具个性色彩的，但优秀班主任具体经验做法背后的境界却往往是相通的。我们期望读者能从这19位优秀班主任的经验中发现可以启发自己思考的契机，点燃自己智慧的火种。

那是我们教育事业真正的希望。

为造就更多的名师而努力

人类的创新发展潜能是难以估量的，人类不断超越自我的步伐是没有止境的。同样，我们这个时代发展速度之迅速也是远远超乎身在其中的大多数人的想象的。当国人还普遍沉醉于这些年来通过自己的双手和不懈努力而终于赢得了“世界工厂”的美誉的自满状态之时，一个更加崭新的以数字化制造和新能源、新材料的应用，以及计算机网络为代表的科技时代，或者说是以数字化制造为标志的一场新的科技工业革命又已经悄然兴起了。

国务院参事汤敏在接受《中国教育报》的访谈时曾言：近年来，信息网络的发展已经深入生产、生活的各个环节，而高技术合成材料如碳纤维、石墨烯、纳米等各种新型材料层出不穷。将这些新材料、新技术以及数字网络技术结合起来进行数字化制造的高科技工艺（如“3D打印技术”等）也正在崛起。有关专家预测，这种新的数字制造生产模式将会逐步取代传统的车、钳、铣、铇的生产方式，在制造工业领域必将引发新的革命。其中，首当其冲的就是“直接从事生产的劳动力会快速减少，劳动力成本占生产总成本的比例会越来越小”；而且“这种新工艺可以满足个性化、定制化的各种要求”，等等。显然，这场工业革命对中国未来发展的冲击是非常大的：过去，为了追求劳动力的低成本，很多发达国家将制造业搬到发展中国家。我国之所以成为世界制造业的中心，就是因为拥有廉价劳动力。但是相比之下，在以数字化制造为标志的新工业革命的生产方式下，廉价、熟练的劳动力已经不再那么重要了。“过去外包给发展中国家的产品，有可能重新内包回发达国家。”也正因如此，以数字化制造为代表的崭新的工业革命已成为当下世界各国科技界、教育界关注的焦点。因为，如果抓住了这次历史性机遇，就可能在未来的竞争中抢占制高点，若失之交臂，则可能离实现中华民族伟大复兴的“中国梦”的愿景渐行渐远。那么，我们究竟靠什么才能抓住这次机遇？靠什么才不会被这场新兴的工业革命甩在后面呢？关键在于人才，在于我们能否拥有能够不断追踪科技前沿的创新型人才。

如果说未来的发展靠人才，那么人才的培养则靠教育。而教育质量发展与提升的根本，则必然取决于教师，取决于我们能否拥有担当得起培育适应未来发展需要的杰出人才之重任的高素质的教师队伍。在我看来，这样的教师其自身应当具有宽厚的人文情怀、生命至尊的信念、不息的生命激情、执着的创新意识、勤于思辨的大脑和独立的精神操守。换言之，作为一名优秀教师的理想人格境界应当是：人文情怀，博雅底蕴；独立思想，学养丰厚；求真创新，勇于超越；心怀敬畏，真诚服务；担当正义，淡泊名利。

我知道，这样来界定教师的人格境界显得太过于苛求，我也知道，在教师队伍中，有为数不少的人乃至一些所谓的“专家”还在屡屡发表着诸如“教师这个职业只不过是‘三百六十行’中的一种，与其他职业没什么不同，不必‘圣化’”“教师也是人嘛”等颇能博得“共鸣”的“高论”。我承认，教师也是“人”，也是有七情六欲的凡人，但我们可曾想到，教师这个“人”与平常意义上的“人”有着重要的区别——教师是一个以“树人”为己任的人！换言之，教师这个职业原本就是一个“树人”、育人的职业。

那么，通过教师的“教育”，究竟要“树”怎样的人呢？李政涛在《做有生命感的教育者》中曾讲道：一个真正有灵魂的教育，应当是以“追求无限广阔的精神生活，追求人类永恒的终极价值：智慧、美、真、公正、自由、希望和爱，以及建立与此相关的信仰”，并使学生“成为有灵魂有信仰的人，而不只是热爱学习和具有特长的准职业者”。既然如此，如果一位教师自身都没有思想、没有灵魂，没有主动担当意识，更没有对精神生命高度的自觉追求，而仅仅是做一些“夯实砸牢”知识点之类的“体力活”，那么，要指望我们企及上述教育之鹄，可能吗？对此，我曾在一篇文章中谈到：正是由于我们做教师的每天所面对的都是一个个活泼的生命，所以，无论我们自己承认与否，我们所从事的这个直面生命的职业，实质上就是在用我们教师自身的生命之火来不断点燃那些更为稚嫩、更为年轻的生命之火！“教师”之所以千百年来会受到大多数人的尊敬，可能其缘由也在于此。

因此，在我看来，作为教师，作为润泽那些天真烂漫的花季生命获得精神上的健康成长，引领他们的精神生命趋向真、善、美的使者，我们确乎是该有一些超越一般世俗的高尚的理想情怀，确乎是该有一些不同于他人的对生命高度、对完满人生的思考与追求！

如果你是一位真正对学生生命成长有高度责任感的教师，你就必然会自觉地不断提升自我，不断超越“技术”层面，向“教心”的高度迈进。教师不仅仅是知识的传递者，其任务也不仅仅是促进学生创新智慧的生成，至为重要的在于，教师要切实成为引领学生的精神生命和智慧生命得以自由、健康成长的心灵导师、智慧导师和思想导师！这，才是为人师者对自己的教育人生和生命高度的应然追求。

在今天，就基础教育的改革与发展而言，区域性（而非个别化、散点式）促进中小学教师队伍整体实现专业发展，显得尤为迫切。这是因为，当下我国的教育改革已进入“深水区”，教育发展的内外部环境更加复杂，亟待解决的问题更加多样，实施改革举措和创新探索的难度进一步加大。其中，基础教育当前所面临的最根本的问题是：“第一，促进公平；第二，提高质量。”其中，“提高教育质量，是基础教育的永恒主题”，也是教育改革发展的核心任务。因为“实际上，教育公平问题在很大程度上是质量问题。没有质量的提升、内涵的丰富，教育公平往往容易流为空谈”，所以我国基础教育的决策者强调指出：“传统的以硬件指标为主的均衡发展观急需改变，单纯的外延式教育改革急需改变。基础教育的未来发展，应树立起新的改革观，走‘内涵式综合改革’之路，即以质量提升为核心，以综合改革为抓手，实现基础教育高水平发展。”而这一新的基础教育改革发展思路的重要支撑点，就是大力实施县域（市、区）教育综合改革战略。这是因为，县域（市、区）改革是区域改革的基础和关键，以县域（市、区）为单位的综合改革一旦实现突破，必将会形成战略性影响。

那么，县域（市、区）教育综合改革发展的核心又该如何确定呢？对此，教育部副部长刘利民曾明确指出：“当前，教学质量或课程教学改革，已经上升为国家教育改革的核心环节；课程教学改革已不仅仅是学校教育的微观问题，更是关乎教育改革成败的宏观问题。”因此，即便从区域教育改革与发展的角度来看，“区域教育改革的重点应从学校硬件建设转移到学校内涵发展上，树立起新的区域教育发展观。新发展观的要义，就是把课程教学改革置于区域发展的核心地位……”那么，谁是一个区域范围内的课程与教学改革的直接推进者？谁才是真正确保区域教育教学质量实现高水平提升的核心力量？答案只有一个：教师，是千千万万高素质的教师。百年大计，教育为本。教育大计，教师为本。如果没有优质的师资，就不可能有优质的教育。就一个区域的教育发展来看，如果没有这个区域教师队伍专业素质的整体发展，就不要指望这个区域的教育教学质量得到整体提升。

正是从这个意义上讲，我认为山东省济南市槐荫区已实施多年的“名师、名班主任”建设工程（简称“双名教师”建设工程）经验，值得总结、研究，并值得向大家推荐。

从2007年开始，应槐荫区教育局师资培训中心的邀请，笔者开始持续关注并陆陆续续地参与了其推进“双名教师”建设工程的有关活动。在这个过程中，笔者看到了槐荫区教育局对于教师专业成长的信念和理性；看到了槐荫区的教师对于自我成长的渴望和执着。随着工程不断深入推进，笔者更欣喜地看到，槐荫区教师团队的专业成长带来了该区教育发展面貌的巨大变化，同时促进了槐荫区教育质量的快速提升。由此，也使笔者看到了区域基础教育改革与发展的灿烂未来和希望所在。

说到底，这项旨在促进区域教师队伍专业素质整体提高的“双名教师”建设工程，直接受益的是参与这项工程的槐荫区的老师们，而最终受益的却是槐荫区学校里的那些孩子们。

搭建各种平台，努力引领教师进入研究状态，并由此判断槐荫区这一工程的价值是有意义的。然而，对于那些有追求并勇于不断超越自我的教师来说，仅享有这样的教育生态是远远不够的。著名美学家朱光潜先生曾将书法艺术的追求划分为层层递进的四个境界：疵境——稳境——醇境——化境。受其启发，笔者认为一位教师要真正做到不断超越自我，并最终成长为一名具有教育家禀赋和思想境界的卓越型教师，仅有一次性成长是根本不可能达到的，他至少还需要经受第二次、第三次成长过程的历练。其中，所谓“第一次成长”即由“疵境”（职初型教师）到达“稳境”（成熟型教师）；所谓“第二次成长”即由“稳境”（成熟型教师）到达“醇境”（专家型教师）；至于“第三次成长”则是由“醇境”（专家型教师）到达“化境”（卓越型教师、教育家）。大致看来，在卓越型教师的这三次成长过程中，第一次成长的关键在于教师主动学习、借鉴他人，进行经验积累；第二次成长的关键在于教师自身能够注意结合实践勤于思考，以及外力推动和适宜成长的教育生态保障；而第三次成长的关键却不在于外部力量，而完全取决于教师自身的文化自觉和教育情怀。很显然，唤起教师自身发展动力的“第三次成长”尤其值得我们关注和深究。

因此，作为教育管理者，当我们在参考和汲取槐荫区推行“双名教师”建设工程的有益经验时，更应当关注和思考一下：究竟是什么唤醒了槐荫区教师自觉追求专业发展的进取激情？而作为普通教师，当我们感慨于槐荫区教育主管部门为该区的教师们所精心搭建、提供的各种专业发展平台和发展机会之余，更应当认真地扪心自问：我自己是否真正拥有一种发自内心的炽热的教育情怀？

如前所述，我们所处的这个时代，是一个日新月异的时代，而教师所从事的教育教学工作，原本就是一项极富于创造性的劳动。因此，教师的专业发展道路是没有止境的，而在一所学校、一个区域内，促进教师队伍整体素质不断提升的工作也是需要永久进行下去的。成功不会眷顾那些只会怨天尤人、无所事事和固步自封的人，真正走向成功的，永远是那些脚踏实地、从不自满和有所准备的人。

如果你是有追求、有责任感的教师，你就要努力成为善于解放自我和不断勇于超越自我的人。而就一个区域而言，作为教育管理者，如果想促使所在区域教师队伍的专业素质获得整体发展，专业精神得以高度彰显，就应当像槐荫区教育主管部门的同仁那样，真正走到教师中间，与他们同呼吸、共命运，努力打造“双名教师”骨干团队，并充分发挥他们的辐射带动作用，以点燃更多教师主动求发展的激情，使教师都能迅速走上自我发展的专业成长之路。

正如德国教育家第斯多惠所言：“教师必须明确地认识到：1、……凡是不能自我发展、自我培养和自我教育的人，同样也不能发展、培养和教育别人；2、教师只有先受教育，才能在一定程度上教育别人；3、教师只有诚心诚意地自我教育，才能诚心诚意地去教育学生。”

所以，只有当每一位教师的专业素质都能真正有效地实现高度发展之时，我们的教育质量才能够获得真正意义上的提升，“让每个孩子都能成为有用之才”的美好愿景才能够真正得以实现。

那么，就让我们为造就更多的走向明天的教师而共同努力吧！

是为序。

齐　健

2013 年 8 月于泉城

目　录

人性建班，分层管理，让学生快乐成长

邱军

名师简介

邱军，槐荫区第二期“名班主任”，长期担任班主任工作，所带班级纪律稳定、气氛活跃、凝聚力强、成绩突出，多次被评为“济南市先进班集体”。他先后被评为槐荫区骨干班主任、济南市优秀班主任、区优秀教师、济南市优秀教师。

一个优秀教师，他的成功部分源自对自己学生的理解，以及长期以来对每一个人的尊重，用很多时间同学生和他们的父母交谈，小心翼翼地避免压制任何一位学生的话语权，与每一位学生建立了深入的、有意义的联系。

——克拉克

让学生自由快乐地成长，让他们成为身心健康、品学兼优的学生，始终是我的教育理想。我热爱教师这个职业，真心喜爱我的学生们，整日和这些充满活力、生机勃勃、天真无邪的孩子在一起，感觉自己的心态也很青春，感觉幸福满满。

一、 按照人性原则建设班级

在班级管理中，我始终坚持“以人为本”的教育思想，尊重学生，理解学生，引导学生，激励学生，突出在潜移默化中实现转化学生和促使学生进步的目的。

（一）教育学生“做事先做人”

1. 初一新生入校，加强思想教育引导。我教育他们先做人，再做事，做事失败可以重来，做人失败就会彻底失败。我教育学生，在学校要尊重老师，见到老师主动问好，对老师要怀着感恩的心，虚心听从老师的教导，按老师的要求去做；做事要认真扎实，做到位，更要坚持到底。

2. 强调班级责任感和集体荣誉感。向学生强调班级的每件事都是自己的事，同学的事也是自己的事，做事不讲条件，不发牢骚，不抱怨，不拖拉，更不图回报，一丝不苟地把每件事做好。教育引导学生逐渐把这种责任心内化为自身的一种修养，班级就会形成团结友好的氛围，班级凝聚力就会大大增强。

（二）帮助学生树立信心，激发学生的斗志

要想让学生有信心，老师先要有信心。我们的每个学生都有成才的可能，班主任必须帮助学生发现并发展他们的潜能，逐渐让他们形成一种积极向上的思维习惯，形成“我能成为优秀学生”的思想观念。为此，我经常在班里强调：班里没有一个学生是笨学生，只有不努力、习惯差、基础差的学生，谁都能学好，只要坚持下去，谁都会进步。学习是学生的天职，知识是永远不会贬值的财富，只有知识能让人强大，让人受到尊重。在我不断的鼓励下，学生自信心大增，学习更加积极主动，而学生的进步也让我这个“老班”信心大增。

对于学习进步的学生，除了经常在班里进行表扬，我还每学期拿出点钱来进行奖励。当时也没有什么高尚的想法，就是想让爱学习的学生多一点，捣乱的学生少一点。奖品虽然不大，却是我对他们努力的一种肯定。

只要进步就奖励，以此激发学生的上进心，这样，积极向上的学风就树立起来了。

另外，我还让学生写下自己的人生格言，制作成黑板报，让学生自己教育自己，自己鼓励自己。在初二那年的教师节，田由甲、路明玉、石运庆等学生在学校的横幅上都留了言，有的写："邱老师，我们是不会让你失望的!"有的写："邱老师，我们明天就会成为你的骄傲!"还有的写："九九级八班永争第一!"……此后，他们确实都在不断进步。

（三）以宽容善待学生

我要求自己必须无条件地在心里接纳班级中的每个学生，同时，也教育学生不挑剔别人，不歧视别人，更不在背后议论别人，把注意力集中到自己的发展上来，尽最大努力提升自己。我自己宽容了，学生也学会了宽容。

学生都是一些孩子，犯错误、出问题是很正常的事，要允许他们犯错误，给他们改正错误的时间和机会，不要"一棒子打死"。因为，错误有时候能让人成长得更快。

我一直坚持鼓励学生给我提意见，和学生共同遵守约定，保护学生的自尊心，有两届学生我都没有请过家长。收获就是：学生更自觉，更懂事，也更信任和喜欢我这个"老班"。

（四）民主制订班级各项规章制度

人性建班的一个重要表现就是班级事务的民主化。日常班级事务十分繁杂，要进行有效管理，首先需要建立班级制度。在这个过程中，我特别强调班干部领导下的学生参与。

比如，制订班级公约，让学生找出班级存在的不良现象，总结后写在黑板上，大家逐一讨论，然后自己制订规则并公示。因为是学生们自己制订的规矩，所以他们更愿意去遵守。当然，有些经过实践证明不合理的地方，他们也会及时进行修改。

再如，我们的作业管理制度是由全班同学讨论制订的，我们的班级卫生制度是由卫生委员带领大家制订并执行的，我们的晨跑制度是由体育委员和几个同学一起制订的……

（五）加强与班级任课教师的协作，形成教育合力

“众人拾柴火焰高”，班级的发展需要全体老师的团结协作、共同努力，这是班级进步的根本。我认为我最大的特点就是善于与人合作，亲和力强，人缘比较好。老师们都愿意和我合作，孩子们都愿意亲近我。每一位任课教师为学生的成长和发展都付出了劳动和汗水，我经常在班里介绍每个老师的优点。比如，何老师备课、讲课精练，从不加班加点，成绩却很优异，使班级英语成绩由倒数成为第一名；宋老师讲课计划周密，条理清楚，步步推进，扎实有效，班级语文成绩稳居头名；卫老师善于鼓励、调动学生，物理成绩多次第一；孙老师要求严格，一丝不苟……这样的介绍多了，学生就越来越敬佩自己的老师们，也更加自觉地按照各位老师的要求去做。众多任课教师笑口常开，也经常在班里夸奖我带的班好。我们互相支持和赞扬，让学生感受到班级大家庭的团结和温暖。

二、分层管理才是真正科学的班级管理

每个人都是平等的，但每个人又都是不同的。真诚面对学生的这种不同，有针对性地实施分层管理，班主任工作才会走向科学、有序、高效。我主要是在选拔、培养、任用班干部以及培养优秀学生两个方面进行了探索。

（一）班干部的培养与管理

1. 民主选出班干部

班干部是班级的中坚力量，建立一支坚强的班干部队伍至关重要。首先是选出班干部。全班同学推荐候选人，每个职位有二到三名候选人，先演讲，再由全班同学投票，当场唱票，做到完全公平、公正、公开。这样选出的班干部有责任心、有能力、有威信，很容易开展工作。

班委选出后，实行班长负责制，其他班委成员要服从并积极支持班长的工作。每学期进行一次改选。这样，班干部能时时想着自己的工作是为

大家服务的，只有对同学、班级负责，才会赢得大家持续的信任和支持。

2. **锻炼班干部**

教育班干部要团结协作、认真负责、积极主动。每周我都要求班干部将班级情况进行总结，在周一班会上向同学们汇报，以此锻炼他们观察、分析和解决问题的能力。我会对他们的工作进行点评，肯定成绩，指出不足，进行引导，尽量做到“对事不对人”。我特别注意在班里为班干部树立威信，要求学生服从班干部的管理，对于那些故意违反纪律、不服从班干部管理的学生，严厉处置，绝不迁就姑息。

我们实行班干部层层负责制：课代表和小组长有问题找班委负责人；班委有问题找班长；班长解决不了的，由班长、团支书、纪律委员讨论解决；还是解决不了的，再与班主任共同协商。

3. **信任班干部**

我坚持充分信任班干部，放手让他们开展工作。我们班的各项工作都是提前规划，做好计划，周密安排。每一项活动、每一项任务，都把要求具体明确地提出来，责任到人，负责到底。这样也让班干部在管理班级的过程中责任明确，有章可循。

每两周我们的班委就要召开一次班级会议，由班长或团支书主持，让他们自己去面对全班同学，总结班级存在的问题，或安排布置工作任务。只要大家在班级会议上决定的事，我和学生都会共同遵守执行。这样的班级会议我很少参加，只有他们邀请时我才去，给他们最大的空间，换回的就是信任、主动和勇于负责。

（二）优秀学生的培养

每个学校和班级都会有一些相对优秀的学生。他们有一些共同的特点：基础扎实，思想认识正确，学习态度积极认真，勤奋好学，学习方法科学有效，养成了良好的学习习惯，成绩优异。

优秀学生并不是一开始就优秀的，更不是天生的。他们是在学习过程中不断努力，积累，总结，逐渐养成了一些好习惯，才脱颖而出成为优秀学生。我认为每个学生内心都有追求优秀的愿望，我始终坚信我们班的每个学生都有成为优秀学生的可能。我努力为他们营造和谐的学习环境，开展丰富多彩的班级活动，建立团结互助的同学关系、友好和谐的师生关系，使学生自主快乐地发展，逐步进入优秀学生行列。

1. 制订优秀学生标准

通过观察优秀学生的表现，我为学生制订了以下优秀学生标准：

(1) 我要想成为优秀学生，首先要有明确的人生理想和学习目标。有了目标后，要根据自己的目标科学地规划、设计自己的学习和生活，每天保证重要的事情先做，按顺序由主到次完成各项任务。养成有规律、有计划地学习和生活的习惯。

(2) 我要学会"做事先做人"，要有开放的思想和胸怀，活泼开朗，真诚友爱，谦虚好学。

(3) 我要在学习中专心致志，刻苦钻研，不怕吃苦，知难而进，坚持到底，要做就要做到最好，绝不半途而废，从而锻炼自己坚强的意志力。

(4) 我要树立"只有积极主动学习，才会优秀"的思想意识。学习上要有积极主动、一丝不苟的态度，养成认真、高效的学习习惯。

(5) 我要尊重老师，尊重知识，喜爱读书，勤于积累，经常复习，善于运用。

(6) 我要有社会责任感。学习是我的主要任务，也是我的责任，我会勇于承担这份责任。我还要树立为自己的人生理想、为家庭的幸福、为班级的进步、为社会的发展负责的思想，做一个对社会有价值的人。

(7) 我要提高课堂学习效率，做到上课认真听讲，积极回答问题；做好笔记，努力做到课堂上将所学知识及时消化吸收；还要勤学善思，注意方法的总结。

(8) 我要在学习过程中做到勤学好问，将学习中存在的问题及时解决，不让问题过夜，这样就会越学越轻松、越自信。

(9) 我要养成积极改错的习惯，永远不为自己的错误找借口，知错必改。

（10）我要有较强的自我反思和自我教育能力，养成勤奋自学的习惯；养成课前认真预习、上课认真听讲、课后及时复习的学习习惯。

（11）只有自觉遵守课堂纪律，才能认真听讲；只有听讲明白，才能独立完成作业；只有及时完成作业，才能掌握所学知识；只有掌握了所学知识，才会有优异的成绩；只有长期坚持，才能养成认真学习的好习惯；只有养成认真学习的好习惯，我才会不断进步，越来越优秀。

（12）我要努力做到各门学科均衡发展，不偏科，各门课都要优秀。

（13）我要永远保持一颗平常心，“胜不骄，败不馁”。在生活和学习中，永不抱怨，永不挑剔，永不依靠，永不拖拉。

（14）我要保持健康自信的心理和积极进取的精神状态。我对自己充满信心，有必胜的信念。我坚信只要我肯努力，就会不断进步。

（15）我要准备一个记事本，把要做的事情都写在上面，由主到次逐一认真完成；我要准备一个错题本，记录好每道错题，做到“题不二错”。

（16）我要积极锻炼身体，富有生活情趣，兴趣广泛；放松心情，保证高效学习。

这些优秀学生标准制订出来之后，印发给每个学生，让他们理解并熟记于心，让这些标准成为他们的思想。正确的思想指导正确的行为，让学生心里明白如何做才能优秀，使优秀学生标准内化为学生的自我需求，这促使学生自觉追求进步，尤其是对中下游学生作用更大。

2. 培养优秀学生的主要措施

（1）帮助学生确立明确的学习目标，使他们养成良好的生活习惯

①指导学生树立明确的学习目标。每个学生根据自己现有水平和学习能力，制订自己的学期发展目标，要求具体可操作。我会仔细研究每个学生的计划，提出建设性建议，帮助他们设计实现目标的方法和过程。

②培养学生按计划做事的习惯。我教育学生，无论做什么事，做事之前都要先想一想，怎样做更快更好，规划一下思路和顺序，然后再按顺序去做。这种有条理做事的良好习惯养成后，学生学习时不慌不乱，心态平和，学习效率、做事效率都会大大提高。

（2）了解优秀学生的需求，为他们创设良好的学习环境

①利用课间和放学后的时间，深入学生中间和学生交流，倾听学生的

心声。与学生交流时不要轻易打断学生的话题，让学生尽情袒露自己的心声，从而使我们了解他们真实的想法。

②不定期地让优秀学生写出自己成长中的困惑，包括对老师、对环境、对自己的认识和看法。学生写出来后，要为他们保密，帮助他们分析。这样才能真正了解学生的思想和需求，然后根据学生的需要给予及时的指导与帮助。这也有利于我们对班级情况作出正确判断，采取恰当的措施，为他们的发展创造条件。

(3) 开展各种活动，调动学生的学习积极性

①在班里推选学习标兵，由全班同学民主投票选出男生、女生各一人，以他们为榜样，引导学生向他们学习。

②利用班会时间组织优秀学生在班里作学习方法和学习经验的介绍，相互促进，共同进步。

③经常在班里开展学习讨论会。集思广益，调动学生的积极性。

④建立班级广播站，进行班级读书比赛活动。每天中午课前10分钟组织学生在班里读一些优美的文章，鼓励学生读好书，读有思想的书，使他们开阔视野，提高认识。

⑤引导优秀学生展开竞争，每人找一个水平相近的同学作为竞争对手。在学习和考试中进行比赛，看谁做得更好，进步更大。

⑥每学期都给班级优秀学生和进步大的学生照相留念，在班里张贴他们的照片进行表彰，增强优秀学生的自信心，也为班级其他同学树立榜样。

⑦每日一句名言，每天早上上课前让学生背一句名人名言，让学生接受这些伟大思想家的熏陶，以此教育启发学生。

(4) 勤于表扬和鼓励，使学生的良好表现得以巩固

①设班级学生表现记录本，在班里善于观察，将学生的点滴进步记录下来，及时表扬，经常鼓励，使他们树立信心。

②制作优秀学生电子成长档案，记录他们的成长经历。这既能促使他们不断进步，也能促进

班主任积累教育管理经验。

③建立班级奖励制度。以初一期中考试为基准，期末进行奖励。只要在原有基础上有进步就奖励，既有精神奖励，也有物质奖励。精神奖励就是在班里公开表扬，使他们精神上受到鼓舞，信心逐渐增强，积极性、自觉性进一步提高；物质奖励，就是每学期自己拿出一二百元钱，购买一些学习用品，奖励进步学生。奖励优秀学生，由全班同学推选班里成绩稳定突出、能起到榜样作用的学生，给予表彰。

三、多彩班级活动促学生快乐自由成长

我们的管理不要一味采取束缚学生的措施，而应该把学生的积极性调动起来，把学生合理组织起来，把各项有意义的活动都开展起来。这样不仅不会影响学习，反而能够使班级成绩不断提高。

在班级组织开展多种活动，活跃学生的思维，让学生在愉快的心境下学习，他们的学习效果会更好。因此，我不仅允许学生玩，而且和学生一起玩。

我的主要班级活动如下：

(1) 坚持长跑。每天早上跑步后，学生一天都有精神。长跑可以锻炼身体，长期坚持还能磨炼意志，这会对学生未来的发展产生深远影响。

(2) 中午课前10分钟演讲。组织学生每天中午轮流演讲，可以是自我总结，可以讲故事，可以谈自己的读书感受，也可以读自己的文章，还可以读新闻报道、朗诵诗歌等。这样可以锻炼学生的表达能力、表现能力，提高学生的心理素质。

(3) 上午大课间组织多种游戏活动。拔河、跳绳、“老鹰抓小鸡”“贴饼子”、顶拐、“松树和大树”等游戏可以活跃学生思维，加深同学感情，也能促进学生的合作意识的形成。

(4) 周三下午第四节课，单周进行课外阅读，双周举行文艺联欢、生日联欢等。鼓励学生进行才艺展示，促进其特长的发展。

(5) 周一下午第四节课是班会时间，定期开展主题班会、辩论会、讲座、演讲比赛、社会小调查、班干部班级情况总结等活动。这些活动都由

学生自己组织。

（6）教给学生一些保健小方法，如调节情绪的有听音乐、冥想、静坐、深呼吸、写情感日记等；锻炼身体的有俯卧撑、下蹲、仰卧起坐、散步、夜跑、太极拳、广播操等。

以上活动我都在班里组织过，很受学生欢迎，这些活动有的已固定下来，成为惯例，有的正在尝试、改进。我的愿望就是，学生能够在宽松自由的环境里，自由快乐地成长，不断提高自身的综合素质。

附1：我的教育随笔

优秀班级的表现

开学已经两个月了，我感到班级学生发生了很大的变化，他们逐渐适应了初中生活。对于这一届学生，我也改变了工作思路，采用鼓励和引导的方法，对学生也更有耐心，不把工作重点只放在学习上了。我每天都采用积极鼓励的方式，肯定、赞美班级和学生的每一点进步。受表扬的学生多了，次数多了，班里逐渐形成了一种积极向上的风气，无论做什么事，都有学生抢着去做，班集体正在向一个良好的方向发展，开始有了一些特色。我心里倍感温馨，今天有点闲暇，就将班级进步之处总结一下。

首先是学生的学习方面。现在，班里没有一个学生放弃学习，也没有一个学生不愿来上学，作业交得又快又全，基本上每天上午 7 点 20 分就都交到老师办公室了。学生完成作业的习惯正初步养成，下一步需要培养学生独立、认真完成作业的习惯和勤学好问的习惯。

其次是班干部队伍的培养比较成功，班干部已初步达到优秀班干部的标准。现在，班长、卫生委员、纪律委员工作认真负责，工作积极性很强，在班里起到了很好的带头作用，他们的威信也逐渐树立起来了，纪律和卫生已基本达到优秀班级的水平。副班长、学习委员、体育委员工作还不够认真负责，工作没有达到基本要求，有待进一步改进和提高。

再次是班级的纪律、卫生情况很好。教室里无论午间还是自习课，有没有老师在场，都能保持良好的纪律状态，学生们很自觉。纪律委员管楚同学经验丰富，要求严格，执行认真，同学们已初步养成自觉遵守纪律的习惯。卫生方面安排合理，打扫彻底，班级卫生一直保持良好，学生做值日也很自觉，这与卫生委员王晓璐同学的积极带领有关。她每天早来晚走，带头劳动，任劳任怨，很受同学们的尊重。

最后也是最重要的是做人。同学们都有一颗善良的心，大家团结互助，常有互帮互助、拾金不昧好人好事出现。王晓哲、田堃、魏冉等同学捡到别人的钱物主动上交，寻找失主，没有人贪小便宜。高文杰、管楚、王晓璐等同学热爱班级，主动清理黑板、地面污垢。学生越来越有礼貌，过去是被动应付式问好，现在基本都能主动热情问好。班集体凝聚力正在形成，同学们正在将自己美好的一面展现出来，班集体变得越来越温馨。不足之处是，女生有点小心眼，不够团结，个别女生有点娇气；还有几个学生有点傲气；几个男生学习基础较弱。这些问题要是能一一解决，班集体就会更加优秀。

我认为，班级各个方面都在向良好的方向发展，同学们都很热爱班集体，正在养成一种自觉、认真、积极学习、积极做事的好习惯。

这个班肯定会成为一个优秀的班集体！我怀着这种美好的愿望期待着，期待更多学生的进步，期待他们给我带来更多的快乐和幸福。

清点我的教育幸福

幸福一：早上的温暖。

早上骑车上班，正想着到校后去班里的事，突然，后面车铃声响了，我以为自己挡了别人的路，赶紧把车子往路边靠了靠。后面车铃声又响了，我又往边上靠了靠。接着，铃声竟然又响了！

我正想回头看怎么回事，一阵笑声传了过来。一个女生快蹬几下赶到我身边："邱老师，我是九班的杜英娜啊！"原来是这个调皮鬼在和我开玩笑。

我笑了笑说："你这是干啥去呀?"她说："我去上学，我现在在省劳动技校上学。老师，早上太冷了，记得戴个帽子吧。我先走啦。"

杜英娜走远了，却给我留下了一天的快乐心情。

幸福二：车站的学生关爱。

我要去南京参加培训学习，早早来到西客站，正在寻找要乘坐的列车，一位胖胖的乘务员来到我身边，轻声问："您是邱老师吗?"我仔细端详了一下，说："你是张亦楚?"她高兴地说："邱老师，您的记性真好，6 年了还记得我的名字。您这是往哪里去呀?"我说去南京学习，她看了看火车票说："老师，我送您过去。"就这样，她把我送到站台，又叮嘱列车员："这是我老师，你照顾着点儿啊。"

车开了，学生可爱的身影还在我脑海里浮现。我感受到学生的关爱，也感受到做一名教师的幸福。

幸福三：毕业典礼上的明星。

又是一年夏季，又是一届学生毕业，又是一番别离滋味。

下午，学校隆重的毕业典礼上，学生们表达了对我的感恩之情。有的大声喊："老师，我们爱你。"有的打出横幅："老师，谢谢您三年来伴我们成长!"还有的写道："难忘师恩!"

毕业典礼结束了，各班学生陆续走了。我班学生没有走，他们走上来和我拥抱，然后把我抛了起来，齐声喊道："八班最棒!'老班'最棒!"大家眼里都盈满了泪水。此时，全校的目光聚集过来，我有种大明星的感觉，也深深感受到三年付出后的幸福。

学生走了，却留给我一生美好的回忆。

附 2：我的教育故事

找回迷失的自我

一个人能够健康成长，能够成才，是多方面因素综合作用的结果。首先是家庭环境影响。和睦的家庭氛围，父母的正确引导和精心培育，会给孩子创造健康的成长环境。在这样的环境里，孩子身心健康发展，能够逐步形成正确的思想认识，养成一些好习惯。出生在这样家庭的孩子是幸福的。其次是学校教育。如果孩子上学之后能遇到一个喜欢并欣赏自己的好老师，在一个积极向上的班级学习，就会受到老师和班级的积极影响。这个孩子也会不断进步、发展，就有可能成才。

胡某是一个体格健壮、勤快而又善良的学生。他尊重老师、热爱劳动、乐于助人，除了学习之外，各方面表现都很好。他最大的毛病就是懒，不愿写作业，不完成作业的现象几乎天天都有。因为不完成作业而使任课老师生气，所以老师天天批评他，他天天补作业。为了他的作业问题，我批评教育他很多次，却不见起色。这么多年还没遇到过这样的学生，怎么办？我心里也很着急。

我想到了魏书生老师让学生写“反思”的办法很有效，于是，我就开始让他写“反思”。起初，他应付了事，放学后我就留下他写，直到写合格才让他走。慢慢地，他开始认真想了，封闭已久的心也敞开了。我想了解他不写作业的根本原因，于是给他设计了一系列主题小作文，如“不完成作业是何时开始的”“不完成作业的原因有哪些”“我在家里是如何学习的”等，一连写了15篇。通过这些反思，我了解到他的家庭教育情况、他的兴趣爱好、他的苦恼与困惑，也了解到他不完成作业的习惯是怎么养成的，最终找到了问题的根源。

小学时，家长对他期望很高。每天写完作业后，家长都拿买来的练习题让他做，做完后再加，他总有写不完的作业。于是他逐渐感到厌烦了，开始磨蹭，故意写不完，而写不完，家长就指责、批评他。他也不反抗，就是坐在桌子边一动不动，任凭家长数落。后来，家长也没办法了，但日积月累的坏习惯已经逐渐养成了。

他还写道：“上初中后我也想改，可是自己管不住自己，同学们也都瞧不起我，自己也放弃了。”写“反思”让他认识了自己，开始对自己的行为进行思考，开始转变思想。同时，我也对他采取针对性措施。

首先，要求他先交作业。对他降低了要求：有的作业不会做，我允许他抄，但是必须按时交上。这样，他就不会整天受到老师批评，自尊心逐步树立起来了。

其次，找同学帮助他。我找学习认真、成绩优异而且乐于助人的黄鸣宇同学，每天检查他的记事本，督促他把作业都记全了，会的自己做，不会的黄鸣宇给他讲一讲。

最后，及时表扬、鼓励。在这个过程中，我时刻关注他的变化，对他通过自己努力取得的进步，我都给予及时的鼓励与表扬。慢慢地，他开始转变了。为了引起我的注意，他每次取得一点小成绩后，都会主动跑来告诉我。每次我都热情鼓励并投以赞赏的目光。而每当此时，他就会露出自信而快乐的表情。

为了在班里营造有利于学生成长的宽松氛围，我要求无论哪个同学有了进步，获得了荣誉，受到老师的表扬，全体学生都要为这位同学热烈鼓掌，表示真诚的祝贺。同时，我要求各科课代表和班委，及时记录同学们的优秀表现并告诉我，我在班里公开表扬这些同学，推动他们自觉发展。

记得有一次，何前老师对我说："你班的学生真团结，真有正气。小胡从来没有背过英语课文，今天背出来了，你们班的学生都自发为他的进步热烈鼓掌，表示衷心祝贺。当时小胡也很激动，脸涨得通红，十分高兴。"

我心里很高兴，既为同学们这种真诚友好而高兴，也为小胡能突破自己而高兴。

自那之后，小胡学习英语的劲头越来越足了。何老师对我说："小胡学习好像开窍了。"

听到这话后，我心里充满幸福感和成就感。小胡学习上基础薄弱，经过长期努力，终于看到一线光明，看到自己的希望。虽然他当前的成绩还不太理想，还会偶尔犯这样那样的错误，但我还是感到无比欣慰。

每个人心中都有梦想，我们这些老师就是帮助学生圆梦的人，我们要让让那些失去梦想的学生重新燃起希望之火。

守望麦田，做智慧老班

秦桂海

名师简介

秦桂海，槐荫区第二期“名班主任”。1991 年大学毕业后，一直担任初中语文教学工作及班主任工作。在 22 年的教学生涯中已经高质量地培养了 12 届毕业生，赢得了学校、家长、社会的赞誉。1999 年、2006 年两次获“济南市优秀班主任”称号，所带班级 3 次被评为“济南市优秀班集体”。2009 年 9 月被济南市人民政府表彰为“济南市优秀教师”。所撰论文多次获国家、省、市、区级奖励。

教育没有情感，没有爱，如同池塘没有水一样。没有水，就不能成为池塘，没有爱，就没有教育。

——夏丏尊

每个优秀班主任都有各自不同的教育智慧，但有一点是相同的，就是他们都爱自己的学生。这种爱像阳光一样包围着孩子们，给孩子们充分

的自由。有那么一群孩子，在大自然里快乐地奔跑、游戏，我的职责就是在“悬崖”边上守望，哪个孩子往“悬崖”边奔来，就把他“捉住”并放回到那个快乐的群体中……

我愿做一个麦田的守望者，虽然我只是一名普通得不能再普通的班主任。

一、昨夜西风凋碧树，独上高楼，望尽天涯路

大学读书时，我怀揣一个梦想——梦想自己手执教鞭站在神圣的三尺讲台上，滔滔不绝地讲着经典的诗歌散文，与学生一起品读文学作品，课下和学生一起打篮球，帮学生解惑答疑，生活中充满欢声笑语……

毕业后，几经辗转，我离开广阔富饶的黑土地，来到了美丽的泉城济南。本想能够留在市区学校执教，可是由于编制的原因，我不得不来到位于城乡结合部的济南槐荫中学。

造化弄人。这里远离市中心，冬天一片绿油油的麦田，夏天一片绿油油的水稻，蚊子、苍蝇到处乱飞；晴天一身土，雨天一身泥，孩子们身上经常带着泥巴……我的心不禁一凉，难道这就是我在大学里想象的教书环境吗？刚刚参加工作，生活就给我泼了一盆凉水。也许，这就是命运。

但我记得有这样一句话：“上帝为你关上一扇门，必将为你开启一扇窗。”农村不也走出了许多著名的教育家吗？即使不能成为教育家，在这个舞台上，最起码也能实现自己人生的价值吧！我的教书生涯就这样开始了。

市区的老师根本不愿来我们学校，来了也过不了一两年就调走了。因此，这里留下了一批来自外地的大学毕业生，一干就是几十年。他们是学校的栋梁，为学校的发展立下了汗马功劳。即使如此，学校教师还是大量缺编，导致班额超标，每个班都在80人左右，每间教室的学生都是黑压压一片。面对这样的环境，我心里不免有些发怵。学校安排我教两个班的语文，并且担任其中一个班的班主任。

由于各班之间竞争激烈，其他老师是不会轻易把班级管理经验告诉我的。当时又没有网络，几乎没有什么可参考的资料，我只能“摸着石头过河”。偶然听说学校有一位杨老师是济南市优秀班主任，于是我专门拜访了

他。这位老教师向我传授了一些班级管理的方法，特别是他带班的法宝——“学生十要十不准”班规。我如获珍宝，这份“学生十要十不准”对我最初的班级管理的确起到了非常重要的作用，是我班级管理经验原始积累中的“第一桶金”。

说是班级管理经验，其实概括起来就是一个“严”字，不准学生这个，不准学生那个，只要学生能乖乖地待在教室学习，不添乱，就万事大吉。

“严”字当头，我说你做，这样的管理模式陪伴了我七八年。我关注的只是那一小部分优等生，这些“学习精英”大多考上了高中，考上了大学，跳出了“农门”。我带的班井然有序，学习成绩也不错，多次被评为“校优秀班集体”，我也因此多次被评为“校优秀班主任”。1999 年，我所带班第一次被评为“济南市优秀班集体”，我也获得了“济南市优秀班主任”的荣誉称号。

正当我沾沾自喜、踌躇满志时，收到了一封来自山东省实验中学的信，信是我班刚毕业的班长小建写的。小建品学兼优，是公认的好学生，中考以全校第三名的成绩考入实验中学。信是这样写的：

老师，您好！或许您还记得在初中那个生龙活虎、活泼可爱的我吧？我现在可能让您失望了。我在班里成绩平平，甚至有的科目成绩跟不上。老师讲得很快，有的知识点几乎不讲解，只让自己学，晚自习没有老师，完全靠自己。以前在初中都是老师给我们安排好了，没有了您，我可怎么办啊？老师，您帮我想想办法吧……

这封信给了我当头一棒。天哪！我到底培养了什么样的学生？离开了父母、老师，就不会走路了？我的得意门生尚且如此，那其他的中等生，还有那些学习困难的学生呢？看了他的信，我陷入了沉思。

我反思以前的班级管理模式，“精英教育”牺牲了大部分学生的利益，把少数优等生变成了学习机器。学生刚入学时那种生龙活虎的劲头，3 年下来完全消失。原本活泼可爱的孩子，却被我“教育”成了毫无生气的现代版“孔乙己”。他们即便是我们眼中的那些“精英”，在老师的长期“呵护”下，虽然成绩提高了，但如果缺乏独立思考能力，缺乏生活自理能力，那么将来能搏击风雨，适应现代社会的激烈竞争吗？

至今我仍然保留着那份“学生十要十不准”和小建的信，时刻提醒自己：对学生的培养，不是单纯一个“严”字外加填鸭式灌输那么简单的。

二、衣带渐宽终不悔，为伊消得人憔悴

埋头苦干了近10年，我终于开始抬头看路。我阅读了大量班级管理方面的书籍，学习、借鉴先进的经验，苦苦思索自己的教育新路。课程改革新理念的冲击也给我带来了改变的契机，我开始在教育教学实践中尝试一些新的方法。

（一）赏识教育："好孩子"是夸奖出来的

每一个孩子都有闪光点，班主任要学会赏识。赏识教育，让我将目光撒向了全体学生。我及时发现班上出现的好品质和好风尚，不遗余力地在学生中大力表扬、宣传、扩大，增加正能量，使学生的优点在实践中得到进一步的巩固。同时，对班内出现的一些不良倾向及早制止，进行批评教育，让学生在头脑中形成一种“好事争着做，纪律不能违”的意识，从而养成良好的习惯。我经常记班级日记，关注学生的周记以及日常表现，在班里树立好榜样、好典型。这样，良好的班风渐渐形成了。

2008年，我新接的班里有个叫小虎的学生，父母从事房产中介工作，家庭经济条件很好。由于父母忙于生意，无暇照顾孩子，就把他托付给年迈的爷爷奶奶照顾。从他懂事起，父母就很少照顾他。爷爷体弱多病，对他管束不多、袒护有余；父母偶尔回家听到班主任“告状”，对孩子不是辱骂就是棍棒相加。时间长了，小虎对学习失去了兴趣。他的自我约束能力差，在班上蛮横无理，老师和同学对他持不信任的态度。

为了帮助他，我想了很多办法。我进行了家访，同他以及他的父母在一起进行了态度诚恳的谈话，让他的父母明白了家庭教育环境对孩子成长的重要性。我与他的父母签订了一份在家监督小虎的“条约”，明确了家长的责任，从而规范小虎在家的行为。后来父母把孩子接到自己身边，生意再忙也坚持过问孩子的学习，弥补曾经缺失的家庭教育。

小虎平时受批评太多而几乎得不到表扬，这使他产生了逆反心理。每个学生都有自尊心，都渴望得到爱，而当这一切得不到满足时，就会通过

逆反行为来维护自尊。一味在犯错时批评指责，只会引起他们的反感。所以，我专门为小虎建了一个日记本，记录他进入九年级以后每一天的表现，提醒他时刻注意自己的形象，暗示他要把自己光辉的一面留在老师的日记中。我从不戴有色眼镜看他，而是用一双“慧眼”去发现他的优点。

可没过几天，体育课上，他又和小伟打架了。我问他原因，小虎委屈地说：“老师，这次不怨我。在八年级时，以前的班主任和他姐姐谈恋爱，对他非常袒护，他在班里做了许多坏事。由于他和班主任的特殊关系，许多同学敢怒不敢言。上次和他打架就是因为这个原因。现在虽然换了班主任，但他仍然不改以前的坏毛病，刚才又欺负我的好朋友。我看不惯，再加上八年级时结下的怨，就和他打起来了。”原来，他还记着仇呢。

我问他：“今天的事情除了动手，还有更好的处理方法吗?”

他抓耳挠腮，对我说：“老师，自从您给我记日记以来，我变得好多了。今天这件事，当然还有更好的方法，那就是告诉老师。”

“明明知道有更好的方法，那你为什么还动手?”

“我怕你也会像八年级一些老师那样，都向着他说话。”

“这个学期，你发现老师袒护哪个同学了吗?难道你不知道打架要付出代价吗?”

他承认了错误。我趁热打铁，和他约法三章，今后无论打架还是骂人，哪怕说脏话，除了写检查之外，还要为班级做一件好事来弥补。

我用真诚换来了他的信任。从那以后，小虎慢慢改变了，在班里像变了一个人似的。同桌的凳子坏了，他主动从家里拿来工具修好；放学后经常最后一个走，关好教室的多媒体设备和门窗……这些我看在眼里，记在日记里，并在班里表扬他，慢慢改变了他在同学心目中的形象。学校要开运动会，他忙前忙后，不但自己报了3个项目，还和体育委员一起动员同学们报名，他一个人就为班级拿下了两个一等奖、一个二等奖，为我班体育成绩跃居全校第一立下了汗马功劳。发完奖后，当他拿着奖状在跑道上奔跑的那一刻，全班同学都为他竖起了大拇指，他成了“班级英雄”。自从我请他担任班级的公物管理员之后，他再没有损坏公物，基本不说脏话了，也没有打过架，一些不良习惯慢慢改掉了，最后，他考上了理想的高中。

毕业时，我把那本日记本送给了他。看着自己成长进步的足迹，小虎竟然在我面前流下了激动的泪水。现在，每到教师节，我都能收他的祝福和问候。我想，这就是学生对我的付出给予的最好回报！

（二）身教重于言教：在新接班时亮出自己的“招牌”

当接手一个新班时，班主任要用心设计首次亮相，树立起班主任的威信，鼓舞班级士气。在新生报到时，班主任也要注意自己的一言一行，因为在我们观察学生时，学生也在打量着他们的新班主任。这时，我会向家长和学生阐述我的人生信条——“天道酬勤”。我会像推销员那样推介自己，用自己的教育教学成绩感染学生，目的是向学生明确我的班级管理理念，同时暗示在今后的班级管理中我会严格要求他们。

马卡连柯说：“教师的个人榜样，乃是使青年心灵开拓结果的阳光。”当我弯腰捡起丢落在地上的纸屑时，当我细心地把教室里的玻璃擦好时，当我时刻注意礼貌用语、尊重他人时，当我言出必行、恪守诚信时……这一切都会对学生起到潜移默化的作用，远远大于课堂上苍白空洞的说教。

（三）一个都不能少：时刻关注每一位学生的健康成长

每个学生都渴望得到教师的理解与信任、支持和鼓励。他们是需要被点燃的火把，处在迅速成长时期，可塑性强，但稳定性差，心理脆弱、情绪容易波动，所以他们更需要得到老师正确的引导和温暖的鼓励。

学生小鹏命运多舛，小时候由于父母吵架，大脑被父亲摔伤了，走起路来摇摇晃晃，一瘸一拐，说话口齿不清，半天吐不出一个字来。母亲一气之下自杀身亡，留下了这个苦命的孩子。小鹏上学非常晚，22 岁才上到九年级。

有一次冬天下大雪，已经到了 8 点 30 分还不见小鹏的身影，我以为他不会来了。没想到过了一会儿，小鹏身上满是污雪，手上还带着丝丝血迹，一瘸一拐地进来了。“对不起老师，我来晚了。早晨 6 点半我就出门了，没想到路这么难走。”显然，他在路上不知摔了多少跟头。我赶紧找来了毛巾，帮他擦去身上的残雪和血迹，并且大声地对他说：“如果以后再遇到这样的天气就不要来了。”没想到，他却伸出了一个手指头比划了一下，凑到我耳边说：“谢谢老师，请您小点声。”我说话大声是因为以前小声说他听不见，他叫老师小点声是不愿让其他在教室的同学听到。

这就是学生，虽然身体残疾却自强不息，仍然有着强烈的自尊心。作为一名班主任，我又有什么理由放弃他呢？我在班里专门开了一个以“自尊自强”为主题的班会，并且成立了一个爱心接力团队，每天负责帮助小鹏的在校生活，让他顺利完成了初中学业。

“让每一个学生都抬起头来走路”，就会享受到教师这个职业给我们带来的幸福！

（四）换位思考：建立亦师亦友的新型师生关系

在与学生打交道时，我学会了换位思考。我常想假如我是学生，希望老师怎样帮助自己？因此，我们应将心比心，以心换心，善于站在学生的角度看待学生，做一名民主型教师，与学生建立平等、民主、和谐的新型师生关系。

我悄悄观察学生，倾听他们的心声。通过换位思考，我学会了宽容，学会了欣赏。孩子犯错时，说句悄悄话提醒一下，在作业本上写几句我的心里话；学生哪怕有一丁点进步，赶紧告诉他们我在为他们骄傲，在家校联系本上写下激励的话语，表扬他们的进步；下课时和他们交流谈话，走到他们中间，和他们一起参加课外活动……

这些做法拉近了我和学生之间的距离，创造了轻松愉悦的学习成长氛围。换位思考后的我，和学生走得更近了，也走进了更多学生的内心世界。

“报告！”随着一句响亮的报告声，一个胖乎乎的男生，头发直竖着，两只眼睛透着一点清冷的光芒——小强，就这样出现在我的眼前。带着某种预感，我就先给他打了“预防针”，找他谈话。“老师，我保证遵守纪律。”他的回答给我吃了定心丸。

可好景不长。一个下午，小丽哭哭啼啼地来到办公室，将一张纸条递给我。是小强写的，满纸脏话，不堪入目。小丽的学习成绩不错，也挺懂事，对班里的事情很热心。为了不让任何一个学生掉队，我在班里实行小组合作学习，一个成绩优秀的同学帮助一个基础薄弱的同学，小丽和小强是一组。平时小丽对小强帮助很大，小强成绩有所提高。今天小强为什么会这样做？仔细询问，原因很简单，就是小丽不让他抄作业。平时我最反感学生说脏话，再加上对小强的印象本来就不好，这下更是气不打一处来。我把他叫到办公室狠狠教训了一番。谈话持续到放学，但小强还是一副满不在乎的样子。

我本想叫小强妈妈到学校里来，一起对他做思想工作，但他妈妈那天正好加班没有时间。天色渐晚，考虑到安全问题，我找了一个同学陪他一起回家。没想到他们在路上磨磨蹭蹭，直到8点多才到家，很显然是对我的批评不满。

我给他妈妈打电话时，小强刚到家，他妈妈劈头盖脸就问："我孩子到底犯了什么错，你这样对待孩子？虽然孩子说了脏话，但你也不至于把孩子的头往墙上撞吧？"

天哪，我什么时候把他的头往墙上撞了？我把事情的来龙去脉讲了一下。小强妈妈说："老师，刚才是我误解您了，我也是刚回家，一进门就看见孩子的爷爷在问孙子为什么刚回来，小强说他头疼。他爷爷误以为是老师打了他的宝贝孙子……"

"孩子头疼，要不我领着孩子到医院看看去？"

"不用了老师，小强可能被风吹感冒了，吃点药就好了。"于是我让她和孩子先吃饭，具体事情等明天再说。

第二天早晨小强按时到校，我那颗悬着的心终于落地了。我和他一起交流了对昨天事件的认识，在心平气和的氛围中，很快达到了预期的教育目的。

于是我又拨通了小强妈妈的电话："谢谢您对我工作的理解支持。那个女生的家庭条件不是很好，比较特殊，可能由于我平时对她比较偏爱一点，对小强的批评重了一点，请您原谅！"没想到一听这话，家长在电话那头居然声音哽咽起来："老师您说那个孩子家庭条件特殊，也许您还不知道，我们的家庭比她还特殊呢！小强的爸爸是家中的单传，以前开出租车，家里条件还说得过去。这几年他患上了自闭症，车也不开了。他成天把自己锁在屋子里，拉上窗帘，每天和网游打交道，平时对孩子不管不问，一遇上不顺心的事，非打即骂，正常的家庭教育根本谈不上。由于孩子他爸爸成天待在家里，没有了经济来源，我只好到村里的一个小企业去打工，不够就靠他爷爷资助点。小强是家里的独苗，平时他爷爷含在嘴里怕化了，捧在手里怕掉了。小强在小学时和同学闹矛盾，他爷爷就到学校里去闹，哪怕是自己的孙子有错也不批评，所以给孩子造成了很多错误的认识。小强爷爷对孙子疼爱，平时都到村口去等孙子回来，天天如此。昨天晚上，小强爷爷左等右等，见不到孙子，再加上刮着西北风，很着急。孩子一见到爷爷就撒娇地哭了起来，说头疼。听说孙子受了委屈，他爷爷火冒三丈就想去找您理论，幸亏我把他拦下了。”我再次向家长道歉，不应该把小强留得那么晚，接着，我和家长交流了今后对孩子的管理方法和方式，并且达成了共识。

此后，我多次找小强谈话，谈家庭，谈老师，谈学习，从各个方面给予他父亲般的关心和爱护，激发他学习的积极性。通过一个学期的努力，小强在学习、纪律等方面都有了不同程度的进步。我为他的进步感到骄傲！

通过“假如我是学生”和“假如我是学生家长”的换位思考，设身处地为家长、学生着想，我能正确地对待家长，对待学生，对待教育教学工作中出现的问题。对学生少了一些苛刻，多了一份宽容；少了一些埋怨，多了一份理解；少了一些指责，多了一份尊重。

（五）精细管理：提高班级工作效率

班级事务琐碎繁多，要想从中解脱出来，就必须有科学的管理方法。这是我教育探索中的重要内容。

比如，针对收发作业比较混乱的情况，我对作业实行统筹管理，将班级按照座次分成 5 个大组，编成相对应的学号，如第一组 1 号、第一组 2 号，以此类推。早晨来了先交作业，同学们要找到自己对应的位置，按照序号自然排序，最后组长检查序号，没交的同学就一目了然了。

再如，为了推动小组合作学习，我在编排座位时，有意将成绩不同的学生搭配安排，相邻 4 个学生为一个小组，设一个小组长，两个小组组成一个大组，设一个大组长。小组长负责本小组工作，平时课堂讨论时，成绩较好的给中游学生讲，中游的给基础薄弱的学生讲，组员有问题先问小组长，小组长解决不了的问题，由小组长咨询大组长，大组长解决不了的再问老师。每个小组中有不同层次的学生，有利于学生进行讨论和交流。组长要善于发现组员的闪光点，充分调动每一个学生学习的积极性。小组合作学习，有效促进了学生由“要我学”向“我要学”学习方式的转变，调动了学习积极性。

通过这些管理方法的尝试和改进，班级各项工作较以前有了很大的改善和提高，师生关系比以前融洽了很多，在各项评比中，我班总能脱颖而出。我所带班的成绩始终保持在年级前列，3 次被评为“济南市优秀班集体”。2006 年，我获得“济南市优秀班主任”称号，2008 年至 2013 年，我先后被济南市槐荫区政府和教育局授予“槐荫区优秀班主任”“槐荫区骨干班主任”“槐荫区教学能手”等称号。

我的教育之路，渐走渐宽。

三、众里寻他千百度，蓦然回首，那人却在灯火阑珊处

随着国家对教育的投入不断加大，我们学校教学环境有了很大的改善，由原来的“丑小鸭”慢慢蜕变成了“白天鹅”。新教学楼拔地而起，各个教室都配备了多媒体教学设备，农村孩子终于也能享受到和城里孩子一样的教学环境了。

在繁忙的工作中，我把自己一分为二：一个在实践，勇于创新，享受教育教学的过程；另一个在思考，不断积累沉淀，规划自己的成长，让内心充满阳光。

随着学习的不断深入，引发了我对班主任工作的进一步思考——

班主任的工作到底是什么？难道就是每天早上按时赶到教室？就是中午放弃休息时间？就是不能给年幼的孩子做一顿热腾腾的早饭？

其实，班主任不仅要默默地坚守自己的岗位，还要承载班级的理想。班级管理是一个载体，一个展示个性、彰显才能、实现自我价值的人生舞台。于是，我树立了“要做就做最好的班主任，要当就当一名智慧的班主任”的目标。

怎样才能做一名智慧型班主任呢？

首先，要“卸掉你身上的猴子”。“卸掉你身上的猴子”，不能凡事都为学生考虑好；放下身上的包袱，不能让班级事务将你缠得无处脱身。要充分相信孩子，发展孩子的潜能。班级管理的最高境界乃是“无为而治”，重

视运用班委甚至全班同学的力量，完成对班级方方面面的管理。

怎样才能达到这一境界呢？我的办法是班级各项规章制度“从学生中来到学生中去”，走群众路线。每当接一个新班，我都要组织学生民主选拔班干部，锻炼和培养一支觉悟高、有能力、责任心强的班干部队伍。然后，组织学生商讨制订一套涉及纪律、学习、卫生、礼仪、文体等方面的规章制度，并且附带严密的监督措施和公平、公正的奖罚措施。

做好这两点后，我就只是在宏观上做好指导和调控，大胆松手放权，充分信任学生，把千头万绪的具体事务交给学生自己处理，绝不越俎代庖，绝不求全责备。开始的时候效果并不理想，培养学生干部比我亲自管理还要费时费力，但学生自我管理的意识却慢慢树立起来，参与班级管理的积极性也调动起来了。

我设计了一系列训练学生自立、自强的教育活动，如“自己的事情自己做”“我当一天家”，让学生学做班级的主人，每个学生都能主动地参与班级事务。学生也学会了换位思考，大大提高了班级各项工作的效率。班级事事有人做，整个班级形成了一种“积极上进，比学赶帮”的良好学习风气。

苏霍姆林斯基说过：“只有能够激发学生去进行自我教育的教育，才是真正的教育。”无为而治，不是对学生听之任之、不闻不问，而是说班主任不要管得过多、统得过死，是班主任用自己的“无为”，换来学生自我教育、自我管理的“有为”。

其次，用规则去管理班级，形成良好的班风。班风的好坏直接影响着学风，因此，班主任在新接一个班时就应该致力于良好班风的建设。我的做法具体有以下几点。

第一，开学之初，树立榜样。我经常采用各种方式号召学生向榜样学习，抵制歪风邪气，对违纪违规次数较多的学生采用谈心、批评等多种方式进行教育。

第二，制订班规，对学生进行量化管理。一般来说，从学习、纪律、卫生、体育、值日生、班干部等几个方面，制订奖罚措施。特别指出的是，班规的制订应该采用民主方式，并且，在班规实施过程中，一定要讲原则、讲民主，要一视同仁。班规面前人人平等，用班规代替人治。要想使班规充分发挥其应有的作用，就要循序渐进地引导学生做到以下三个层次：

第一层次，让学生明确规则，也就是向学生解读规则，让学生知道什么能做、什么不能做、该怎么做；第二层次，教育学生要有遵守规则的意识，培养学生遵守规则的习惯；第三层次，让遵守规则成为学生的一种个人素质。

例如，针对有的学生不完成作业这一现象，我们制订了《班级作业管理规定》，并且设立了家校联系本，充分发挥家长的监督作用。

第三，培养班干部队伍，加强班委和团委的建设，在学习、纪律、卫生、体育、大课间活动等方面对全班同学进行监督。

做班主任固然要有无私奉献的精神，但在管理方法上却要发挥团队力量，发挥班委、团委和全体学生的力量为自己减负，把自己从繁琐的班级事务中解放出来，使自己有更多的精力来教书育人，在工作中真正感受到教育教学给我们带来的快乐和幸福。

2009 年 9 月，我被济南市人民政府表彰为“济南市优秀教师”；2012 年，在槐荫区第二届“‘我爱我班’班主任素质大赛”中荣获一等奖和“最具智慧奖”；2012 年 12 月 13 日，济南电视台《教育新闻》中播出了我积极创建班级文化的故事，在全校引起了强烈反响；2013 年 6 月，我撰写的教育案例《家长在学校心脏病当场发作》收录在于洁、陈宇老师编著的《对教育失败说不——29 个典型案例与点评》一书中。作为一名普普通通的语文老师兼班主任，我为自己取得的成绩感到无比骄傲和自豪！

我是平凡的，但每一个平凡的人都有自己的价值。不管我的奋斗是多么的微不足道，我依然以自己的努力来成就学生，证明自己。作为一名班主任，不要只是一味地去埋怨。只要用心，每个人都能成为最好的班主任！

路漫漫其修远兮，吾将上下而求索！

附：我的教育案例

和谐源于理解沟通

一、案例描述

2010 年 9 月，学校安排我接任九年级一班的班主任。接班刚刚一个半月，我对学生的性格脾气还没摸透，对学生各方面情况了解得不是很全面、很彻底，就要组织第一个大活动——全校一年一度的秋季运动会。由于以前我班体育成绩不太理想，本次运动会前我在班上做了大量的工作，体育委员小袁也为本次运动会立下了汗马功劳，不仅个人项目表现出色，而且在思想动员方面下了不少功夫，因此，运动会成绩比上一年有了较大的进步。

但是运动会结束后，意想不到的事发生了。

由于运动会结束时距离放学还有半小时，所以学校要求学生在班里上自习。作为刚接班的班主任，正好可以利用这次运动会成绩有很大突破的机会，来进行班集体凝聚力的教育，推动班级工作全面开展。虽然在操场上已经劳累了一天半，但我还是在班里进行了总结。总结结束后距离放学还有一刻钟，我让体育委员小袁到体育器材室去送运动会班牌。在这期间，我有点事回了趟办公室。当我再次回到教室的时候，班里一片沸腾，学生已经背好了书包准备回家。这时，我气不打一处来，就调查是谁胡乱发号施令放学的。

刚走进教室时，一名学习成绩优秀的男生正在那里指手画脚。我就先把他从教室里叫出来，从他入手调查。经过询问，得知是体育委员小袁回来说放学了。我朝窗外看了看，校门口的确有七年级的学生，但没有一个是九年级的。我在班上问是谁通知放学的，可是小袁就是不说，并摆出一副毫不在乎的样子。为了给他留点面子，放学后，我才将他和那位成绩优秀的男生一起叫到了办公室。

我让他们两个站在那里考虑一下为什么叫他们到办公室来，然后再过来跟我说。大约过了两分钟，那位男生过来承认了错误，我就让他先回家了。而小袁站在那里却一言不发，还始终一副满不在乎的样子。原以为那位男生已经给他做出了榜样，顺势给他机会让他下台就算了，可是他竟然不为所动，始终一言不发，真是气得我不行。

于是我说："如果不跟老师说，就把你家长叫来跟你家长说。"又等了一会儿，事情还没有进展，我只好打电话把他家长请到了学校。家长来的时候，办公室正好还有一名在七年级时带过这个班的老师，只见家长和他打了一声招呼。我心里隐隐感觉不妙，原来，家长是办公室的常客了，只是我还不知道罢了。小袁母亲来的时候，身上还有涂料，原来刚刚分了新房子，正在家里装修房子。这时，我像推皮球一样，把他交给了他母亲。到了母亲跟前，他一个劲儿地嘟囔：“我为班级运动会作了那么大的贡献，不就是早放了一会儿学吗，值得这样大惊小怪的吗？再说，这又不是第一次了。”他就是不承认自己的过错，这时我无计可施了，便对他母亲说了句：“既然没有错误，你就把他领回家吧，什么时候想通了再送回来。”当他母亲听到我说这话的时候，情绪非常激动，而且捂着胸口，而小袁过来赶快给妈妈捋了捋胸口，然后拉着母亲就走，说：“走就走，我不上了。”当他母亲听了这句话后，一只手指着他说：“你今天非得把你妈气死不可？什么时候能改改你的犟脾气？”一边说一边流下了眼泪。我赶快将她搀扶着坐在椅子上。这时，小袁见到妈妈被自己气得心脏病复发了，就跪在我的面前，哭着说：“老师，我错了，我答应过妈妈不叫她再生气的。原以为我这次为班级作了那么大的贡献，你不会再追究这点小事的，没想到你和以前的班主任不同，对我要求那么严格，是我……”我赶快把他扶起：“如果你早跟老师说这话不就好了吗，还会发生现在的事情吗？刚才也是老师一时冲动，不该对你说出那样的话，你能够原谅老师吗？”他微微地点了点头。我安排他在我和她母亲跟前坐了下来，这时他妈妈的情绪也渐渐平静了下来，说：“老师可别这么说，都是我平时对孩子教育不严，孩子太任性，才发生了今天的事情。”回想一下，请学生母亲来的目的不就是将事情处理好吗？为什么跟家长还没有说上一句话，就要让家长领着孩子回家？这是做班主任的大忌！我也感到这事做得太鲁莽了，连忙向他母亲道歉，气氛一下子缓和了下来。看到小袁刚才对妈妈那么好，我及时表扬了他有孝心，他不好意思地低下了头。在和谐的气氛中，我们进行了交谈，事情得到了圆满处理，并且，他在以后的学习中也表现得非常优秀。

后来在一次和他谈话中得知，那天事情的转机，完全是他的一片孝心。看到妈妈被自己气得心脏病复发了，再仔细想想事情的前因后果，他才终于低下了“高贵”的头，承认了错误。

二、我的反思

1. 如果我能冷处理一下这件事，可能就不会出现这么多的波折。作为一名老班主任，应该时刻注意“特殊问题特殊对待”，不能一味地用老办法去对待新问题，不能急于求成，不能让学生非得按自己的想法去做。学生是发展中的人，可塑性比较强，不会是一成不变的。

2. 学生是一个个鲜活的个体，每个人都有自己的思想，对待不同的学生要用不同的方法，一把钥匙开一把锁。与学生谈话要营造民主、平等的氛围。班主任采用商量的口吻说话，学生会觉得老师尊重他。这样，学生没有精神压力，没有心理负担，心情愉悦，注意力集中，师生才能够进行有效的情感交流，才能谈得拢、谈得好。

3. 理解与沟通是做好学生工作的桥梁。“这又不是第一次了”，面对这样棘手的问题，班主任不能操之过急，应该先与家长交流一下对事情的看法，共同做学生的工作，不能一开始就让家长领学生回家。正像事后家长所说，“既然这样，还叫家长来干什么”，尤其是品德后进生，有较强的自尊心，更需要婉转地进行说服教育。如果这时班主任说：“虽然我能理解你为什么这样做，但是我不赞同你的行为，因为这样对你的成长不利。”“你认为这样做值得吗？如果我是你的话，我就不会这样做了。”既表达了自己的真实感受，又保护了学生的自尊心，学生会从中体会到老师的期望和爱护之情，也会意识到自己的错误。

4. 不能用学生的成绩来抵消过错，要让学生明白哪些事是对的，哪些事是不对的，要有判断是非的标准，只有这样才能促进学生健康发展。要因势利导，就像表扬他有孝心一样，抓住时机，化解矛盾。有些事情，本来没必要争个曲直长短，但却在僵持中形成了尴尬的局面，或者说，如果执拗追究的话，结果只能越搞越糟。遇到这种情况，聪明的办法就是发现学生的闪光点并用其化解矛盾。清代教育家颜元说过：“数子十过，不如奖子一长。”孩子的成长需要激励。激励就如冬日的一抹暖阳，会抚去学生心灵的阴霾，促使学生在自信、自尊、自强中成长。

其实，不论是老师还是学生，都应该多站在对方的角度来看问题，老师与学生之间的沟通，应该在一个相对平和、相互尊重的环境中进行。只有用心沟通，才能真正理解对方，才能让学生更愿意接近你、接纳你，愿意听从你的教育。

三、陈宇老师的点评

看到案例经过时，我心情挺压抑的，后来看到作者自己的反思，释然。人非圣贤，孰能无过，有反思才能不断进步。尽管作者已经进行了反思，但我还是想再点评几句，算是对反思的再反思，从一个旁观者的角度再次解读此案例。

（1）“当我再次回到教室的时候，班里一片沸腾，学生已经背好了书包，准备回家。这时，我气不打一处来，就调查是谁胡乱发号施令放学的。”

关于放学，班级有无明确的规定？如果没有规定，班主任不在，体育委员的指挥也不错，班主任为何要生气呢？班主任生气的原因不外乎是学生擅自做主，并且违反了学校规定。但是，如果换一个思路，班主任改生气为表扬呢？在表扬之后，指点他今后遇到这种情况怎样处理即可。这个干部的能力很强，只要稍加点拨、指导，发挥他的长处，以后将是一个怎样的得力助手啊！可惜啊！这么好的一个机会就这样错过了！班主任为什么所有的事都要抓在手上呢？那样这个班级有一天离开了班主任，岂不是天下大乱？这场风波的起点就有问题，班主任应该从这里开始反思。在出现这件事后，如果班主任觉得需要规范管理，那么应该就放学的管理制订一个简单的规则，无论班主任在与不在，按规定执行即可。体育委员完全可以把这个责任负起来，他是有这个能力的。要充分发挥学生的能力，人尽其才，同时班主任也可以减轻负担。

（2）“我让他们两个站在那里考虑一下为什么叫他们到办公室来，然后再过来跟我说。大约过了两分钟，那位男生过来承认了错误，我就让他先回家了。”

班主任的想法很简单——你承认错误我就放你走。学生知道了班主任的这个特点，为了减少麻烦，不管心中有何想法，服气不服气，“承认错误”即可早点脱身。试想一下，这是培养了什么样的人？班主任不需要学生有自己的想法，只要和我一致就是对的，“顺我者昌，逆我者亡”。这个做法不好，如果我们的教育让学生学会了狡猾、圆滑，那么对整个社会的发展都有不良的影响。我们要鼓励学生说出自己真实的想法，而不是一味地使他们屈从，即使他们的想法是有问题的。

（3）“如果不跟老师说，就把你家长叫来给你家长说。”

这是班主任最常用的杀手锏。遗憾的是，方法并不好，尽量少用。这个案例中学生犯的错误还没有到要请家长的地步，班主任应尽可能自己解决。家长那么忙，非必须，不要轻易动用这个“武器”。何况，请家长的原因是因为班主任说话学生不听，因为学生有自己的想法。把家长作为救兵和人质，迫使学生认错，在孝心驱使下认错，不可！万万不可！

（4）“如果你早跟老师说这话不就好了吗，还会发生现在的事情吗？刚才也是老师一时冲动，不该对你说出那样的话，你能原谅老师吗？”

教师向学生认错是需要勇气的。因为教师和学生地位的差别以及出于对维护自身权威的考虑，教师很难在学生面前放下身价，即使认错道歉，也不真诚。从以上的叙述中我们看出，班主任是在学生认错之后，才向学生道歉，说明他依然不能放下自己的面子，而有意无意间，把所有的责任都推到了学生身上。认错确实是很难做到的事情，但却是一个优秀班主任应有的素质和人格魅力。如果发现了自己在工作中也有失误，可不必等学生道歉，自己先行一步。身教重于言教，为学生做一个良好的示范。我毫不客气地指出，上述的道歉依然是居高临下的，不够真诚，希望作者继续反思。这些细节，可能还来不及反思，现在我提出，供秦老师参考。

（5）“事情得到了圆满的处理，并且，他在以后的学习中也表现得非常优秀。”

教育非万能，也非一蹴而就。一次教育可能会收到一定的效果，但一定是短期的，随着时间的推移会衰减，学生的表现也会反复。我们就事论事地讲述完这一次教育的结果即可，不必牵扯到以后怎样。要写真实的话，即使他后来表现确实优秀了，也是教师长期教育、关注的结果，不必在文中特别强调。

（6）“终于低下了‘高贵’的头，承认了错误。”

我依然不能明白体育委员小袁错在何处。班主任不在，体育委员宣布放学，过去就是这样的，“这又不是第一次了”。因为怕母亲的心脏病复发，出于孝心而违心地承认错误，这是教育的失败。作者的反思已经很多，但是，仍然不够深入，这样的理念如果不改变，以后还是会出现类似的情况。学生低下了“高贵的头”，是班主任彻底的失败！如此教育，令人胆战心惊。如果那天小袁的妈妈没有发病，此事又该如何解决呢？如果小袁同学的妈妈在学校发病出事了呢？那就要酿成大祸了！

（7）“品德后进生”。

这个提法要慎重！特别是在案例反思中出现，暴露了作者内心深处的一些想法。

(8)“虽然我能理解你为什么这样做，但是我不赞同你的行为，因为这样对你的成长不利。”“你认为这样做值得吗？如果我是你的话，我就不会这样做了。”

不知怎么的，我觉得这几句“婉转”的教育语言，看了很不舒服。依然是居高临下的教训，虽然看似口气缓和了一些，但我反而觉得很刺耳。其实，和学生谈话，贵在真诚、交心。温柔是爱，强硬也是爱，鼓励是爱，骂一骂还是爱。只要和学生的关系默契了，谈话的技巧是第二位的。如果师生双方没有真诚，即使谈话再注意策略，仍然透着虚假。所以，班主任最需要解决的是和学生的关系问题，而建立良好的师生关系，最重要的就是真诚。

(9)“不能用学生的成绩来抵消过错”。

这个提法非常正确！这才是有原则的班主任。赞一个！

结语：本案例值得反思的地方太多。这样的反思必须是深入的，不仅是策略、技巧上的反思，更应该是从教育思想、理念上进行反思。因为很多事情，说白了，不是方法问题，而是教育工作者的思想立足点问题。作者的最后一句说得非常好：

“老师与学生之间的沟通，应该在一个相对平和、相互尊重的环境中进行。只有用心沟通，才能真正理解对方，才能让学生更愿意接近你、接纳你，愿意听从你的教育。”

既然已经意识到了，那就应该在实践中努力做到这些。如果要我用一句话点评本案例，我要说：师生之间，要做到真正意义上的人格平等，教师要做到从内心里真正尊重学生，谈何容易！谁迈出了这一步，谁就是真正的“人师”“仁师”！

四、后记

假如时光可以倒流，面对那一天的情况，我绝不会火冒三丈地将体育委员带到办公室，然后再风风火火地将家长请到学校来。我会先平静一下自己的情绪，放下“师道尊严”的臭架子，先调查一下以前是否有过这种提前放学的情况。如果没有，面对这一突发事件，或者以后再遇到这样的问题，思考一下应该怎么办。了解情况以后，先顺势夸奖一下体育委员的组织能力，并提及在本次运动会中因为同学们齐心协力，使班级的成绩终于有了很大的提高，从而培养学生的团队意识，让学生明白在今后各种班级事务中，只要同学们心往一处想，劲往一处使，班级凝聚力提高了，就没有什么事情解决不了。数落孩子的过失，不如好好褒奖孩子的某一长处，当孩子得到激励，这种长处也就得以发扬光大，那么，其他的种种过失，也就很容易得到纠正或会自然消失。可惜，当时的我并没有明白这个道理，把“数落”当成了家常便饭，使孩子产生了逆反心理，导致了与学生及其母亲之间的隔阂，使教育效果大打折扣。为了避免这种问题再次发生，我可以就此问题与全班学生一起进行讨论，学生通过讨论，一定会明辨是非，学会自我管理。以后再遇到这种情况，就不会像那天一样了。

做学生的良师益友

马晓梅

名师简介

马晓梅，槐荫区第一期“名班主任”。1990年毕业于济南大学英语专业，一直在济南第三十七中学担任一线教师。2002年参加市“双百工程”百名英语教师出国赴澳大利亚培训。曾被评为济南市优秀教师、济南市优秀班主任、槐荫区优秀教师。所带班级曾荣获“济南市优秀班集体”、槐荫区首届“温馨班级”、槐荫区“五四红旗团支部”等荣誉。

教学的艺术不在于传授本领，而在于激励、唤醒和鼓舞。

——第斯多惠

一、在班级管理中培养学生的主体性

（一）干部队伍的组建和培养

一个班集体的面貌如何，在很大程度上是由小干部决定的。小干部对班集体有着“以点带面”和“以面带面”的作用。唯有选拔和培养学生干部队伍，班主任的工作才能逐渐从繁重走向简单与轻松。因此，初一新学期开始，我首先组织全班同学以自荐与民主投票相结合的形式选拔班干部，把威信高、能力强、学习成绩好的学生选到干部队伍中来，组成了一

个具有凝聚力的班委。我们班的小干部称自己是“班主任的小帮手”。

在鼓励干部大胆工作、指点他们工作方法的同时，我更是严格要求干部个人要在知识、能力上取得更大进步，要在纪律上以身作则，要在各方面为全班同学起到模范带头作用，即“以点带面”。

培养干部团结协作的精神，通过干部这个小集体建立正确、健全的舆论氛围，带动整个班集体开展批评与自我批评活动，形成集体的组织性、纪律性和进取心，即“以面带面”。

我们班的小组长及各科课代表的任命方式与班干部的选拔方式有所不同。小组长不是选拔的，而是由第一排的8个同学担任，这是为了方便各组收缴各项材料；课代表的选拔则是按自愿原则，因为只有本人有兴趣，愿意干，才能把课代表工作做好。

为了让更多的学生在集体中承担责任、提供服务，为了增强学生集体意识、提高班级凝聚力，为了能使学生获得班级管理的经验，激发他们主动参与班级管理的积极性，并从管理者的角色中学会管理他人、管理自我，我对班级采取了“金字塔”式的管理模式，层层递进，有条不紊：每天课前，各组小组长向各科课代表汇报小组同学交作业情况，课代表再向学习委员汇报；每天一名学生负责监督和检查室内环境卫生情况，并向卫生委员汇报；每天一名安全检查员进行有无违反校规班纪的安全检查，记录在班级安全记录本上，并向纪律委员汇报；然后都向班长汇报（班长作好记录，以备小组评比时使用），班长及时与班主任联系，反馈班级情况。各个岗位的学生尽量不重复兼任，以使更多的学生能够参与班级的管理工作，得到锻炼机会。

实践证明，这种管理方式提高了全班同学的责任心和自信心，使得大家都能热心班级工作，关心班级进步。

（二）激发学生的自我教育欲望，提高学生的自我调控能力

成人比成才更重要。要培养对社会有用的人，学生必须有强烈的社会

责任感、积极向上的团队合作精神、丰富的科学文化知识，以及健康的身体和心理。而自我教育能激发人的自主性，使人能主动地去追求自我完善，所以在班级管理活动中，我一直注意激发学生产生自我教育的需要，主动在实践中锻炼、提高和完善自我，并由此提高自我调控的能力，充分发挥学生的主体性。我激励学生不断参与班级管理及社会实践（参加英语情景剧表演的排练、比赛及多次汇报演出；到公共场所宣传学校；做“迎亚足杯、创文明城、做文明市民”的宣传；接受电视台、报纸、媒体采访；竞争学生会干部等），在活动中激发自我教育的欲望，发展和提高自我调控的能力，形成正确的主体意识。

“首先要做个好人”——我的治班思路第一条就成了学生自我教育的主要内容。

1. 学生交流亲身经历的一些事情，如刘宗睿同学讲述自己经历的一件事：小时候，他有一次生病比较严重，妈妈非常担心，在病床前守护了三天三夜，累倒在病床前……讲到动情之处，许多学生都热泪盈眶。学生在聆听这些事例的同时，分享了平凡又伟大的父爱与母爱，体会到了父母生养孩子的艰辛，懂得了如何孝敬父母（在家长会及家长联系本上了解到的）。

2. 发动学生课下查找与英雄人物、孝敬父母、刻苦学习、助人为乐等有关资料，每天由一位学生讲述一个事例，并与同学交流自己的感受。如“爸爸妈妈生病的时候”“乒乓球冠军成材之谜”“生的伟大，死的光荣”“一个刻苦自励的人”“快乐自信的女孩”等。由于正面的人和事具有一定的完美性和典型性，人类高尚的品质、情感和顽强的意志、行为都能在正面的人和事中体现出来，学生模仿时会受到一定的感染，从而形成积极向上的思想感情，并将这种内在的情感外化到行动上。

此外，我每天让学生考虑三个问题：今天有无给别人添麻烦？今天是否有进步？今天你最感激谁？

（三）强化常规训练，带动教育教学工作

良好的常规训练是进行正常的学习和生活的保障。自初一一入校，我就从点点滴滴开始对学生进行良好习惯的培养，如查看上课的坐姿、课前准备情况、自习课的纪律，检查校服是否整洁、身上带没带饰物等，并确

定了很有朝气的班歌，每天下午课前全班跟着磁带唱，以激励学生昂扬的斗志。

另外，我们在卫生扫除方面也下了不少功夫。刚开始分配在三楼门厅擦玻璃的学生，玻璃总是擦不干净。当时管卫生的侯老师教我用旧报纸沾点水，这样擦得干净。同学们一试，效果果然不错。三楼的玻璃被学生擦得像镜子一样，成了一道亮丽的风景线。外班的学生还以为开着窗子，不少都碰过头。打扫室内卫生时，由于开始班里人手不够，我就与一个男生负责扫地，这样无形中带动了其他同学。我觉得我们班最值得自豪的就是卫生扫除，同学们干得又快又好。卫生委员宗富山相当精干、称职，起到了很好的带头作用。每次大扫除他都带头多干活，里里外外检查得很到位。我们班卫生红旗一次也未落下，这一点卫生委员是立下了汗马功劳的。

初二上学期期末考试，学校在我们班设立了“诚信考场”，多家报纸、电视台对此进行了报导，引起了很大反响。考场的成功设立与平时习惯的养成是分不开的，学生获得了一次灵魂的洗礼。

（四）激发学生的竞争意识，设立定期评价制度

竞争是一股潜在的、巨大的、其他任何外力都不可能达到或代替的动力。良性竞争是互相学习、互相促进。为进一步调动学生学习的积极性，我让学生成立了“好朋友合作学习组”，看哪一组成绩提高的同学多。每天中午1点半左右，我就到教室里看着学生们以合作小组为单位，复习史、地、生、政四门学科。考试结束后，经统计，近一半学生在名次上有了进步。另外，也有的学生保持着原来的名次。学生很喜欢也很习惯这种合作方式，到现在还保持着课间一起学习、讨论的习惯。

升入初二以后，学生就应该有升学目标了。于是我让学生在统一的小卡片上写下自己的目标、自己喜爱的一句话，并贴上自己喜欢的照片；让有美术特长的学生进行设计，统一规划在“为我喝彩”宣传栏里，与奥运会冠军剪报及光荣榜一起张贴在墙上，时刻激励学生为成为国家的栋梁之材打好基础，为实现自己初中升学的目标而努力奋斗。

为了发挥四个大组的作用，进一步搞好班级管理，我设立了定期评价制度。评价分为四项，即学习、纪律、卫生、其他活动。每组自己设计组

名贴在评比栏，比如，有一个组叫“棒棒堂”，意思是每堂课都表现得很棒。每月按平时各方面的记录进行评比，规定红色代表第一，黄色代表第二，蓝色代表第三，第四则没有资格上评比栏。每组的标志各有特色，有的组把学习标志设计为课本，把劳动标志设计为蜜蜂或扫帚。这项措施在搞好班级管理的同时，还使学生的才能和想象力展现出来。

（五）公平对待学生，在宽松的育人环境中发展学生个性

热爱学生，就要面向全体学生，平等民主地对待学生，不歧视任何一个学生。在班级管理中我不歧视任何学生，表扬和鼓励从来不集中于几个学生，我让全班的四个大组分别讨论各成员的闪光点并记录下来，张贴在班内“学习生活园地”，从而能使学生看到自己的优点及才能，并产生奋发向上的动力。

创设宽松的育人环境，以尊重学生为基础，特别强调师生人格平等，教师引导作为学习主体的学生去积极主动地学习。这是我从事班主任工作的基本原则。如果批评错了或误解了学生，我都会主动在全班同学面前道歉，承认错误。

二、 注重师生情感交流， 和家长成为朋友

（一）注重师生的情感交流

没有交流，就没有教育，就没有情感。走近学生，和每一位学生成为朋友，让他们尊重我、喜欢我、理解我。

军训的时候，我买来别针，把学生们的军训帽一个一个别紧，这样就不会出现当迈着整齐的步伐前进时帽子掉下的尴尬场面。

那一年学校暑期装修后，学生们打扫卫生，干得满脸汗水，衣服都湿

了，我很心疼，于是自己掏钱给他们每人买了支冰棍；学生生病的时候，我给他们送去关心和问候；课间我与学生一起游戏、谈笑；学生吵架了，我会读文章使他们懂得友谊的珍贵；发现学生情绪不对时，我会与学生沟通并了解情况，决不等到第二天；为了使学生增进与任课教师的感情，一有机会，我就会赞扬各任课教师的成绩；当老师带病坚持工作时，我会让学生体会到老师们的工作辛劳。

记得有一年教师节，学生自己动手叠幸运星、绘制贺卡，精心按照学科特点给每位任课教师编写贺词。当学生向老师表达他们深深的敬意时，场面是那么感人。

（二）和家长成为朋友

和家长的沟通很重要。我们的家长也需要学习，需要和孩子共同成长。每次家长会上，我都会利用剪报上有关教育孩子的文章与家长共同学习，希望家长给孩子减轻不必要的压力，消除紧张气氛，积极关心和照顾孩子；平时则充分利用家长联系本，通过家访、打电话等方式来了解学生，关心学生。电话联系多了，有些家长的声音我一听就知道是谁。暑假里，我基本能与班里三分之一的学生通过电话（尤其是几名学困生），询问他们在家的学习、生活情况，尽量不让学生在假期荒废学业。三八妇女节的时候，我在每位学生家长的联系本上都写了一句话：祝某某的妈妈节日快乐，身体健康。和家长近了，和孩子也更亲近了。当刘御旗的妈妈紧握着我的手，眼里含着泪，对我说"你就是刘御旗的第二个妈妈，交给你我就放心了"的时候，我又一次体会到班主任责任的重大！

我还要感谢各位任课老师对我班学生的辛勤培育，正是由于他们的帮助与支持，我班才能够稳定、积极前进。语文老师王茜在我外出时，不管学校领导安不安排，都自觉自愿地到班里照看。她每天给学生布置的小作文，也给我提供了许多学生思想方面的信息。其中，外来务工子女小兰由于父亲干活时不慎碰瞎了一只眼睛，致使她的情绪产生了很大波动，正是王老师及时发现并协助我跟她进行了多次交流，才使她的悲观情绪得以缓解。王老师还与我一起买了牛奶去医院探望她的父亲，这令学生全家都非常感动。

初二上学期，我让学生给自己的父母写一封感恩信，百分之八十以上的学生把信直接交给了父母，有些学生由于各种原因，不愿自己交给父母，让我转交。从反馈回来的信息中我了解到，家长们多数都表示很惊讶，都感到孩子长大了。

有一位女生把她写给父母的信及父亲的回信都交给了我。女儿写道：“这是女儿给你们的第一封信。我从来没有给您讲过我的经历和心事。还记得去年母亲节我参加比赛做的贺卡吗？那是我花了两三个晚上时间赶出来的。那张贺卡包含着我对您的爱，我爱您，妈妈！那上面的每个图案都是我精心设计的，那张贺卡是我对您的感恩。谢谢您给予了我生命，谢谢您对我的关心！”在父亲的回信中写道：“信已看了三遍，女儿，其实作为父母并不需要你为我们做什么，只是希望你快乐成长。从你的信中我也看出你对自己提出了更高的要求，对学习、对生活也有了自己的理解，这说明你长大了。女儿，请你以愉快的心情去过每一天，以充沛的精力听好每堂课，让愉快伴随着你进步！”字里行间流淌着学生与家长心的交流。

通过让学生给家长写“感恩信”，使学生体会到来自父母慷慨无私的爱，知道父母给他们的每一笔钱背后，原来都隐藏着那么多的辛酸。在爱父母的“感恩教育”中树立责任意识、自立意识，同时克服奢侈、攀比、享乐等毛病。不懂得感恩，就失去了爱父母的感情基础，连自己的父母都不爱，又怎么可能将来爱事业、爱国家？“感恩”是一种生活态度，是一种品德，是一片肺腑之言。如果人与人之间缺乏感恩之心，必然会导致人际关系的冷漠。所以，每个人都应该学会“感恩”，这对于现在的孩子来说尤其重要。中国的感恩教育源远流长，有着十分悠久的历史，是值得我们不断继承和发扬的。要从诸如教育学生主动帮助老师擦黑板、对师长有礼貌、关心理解父母、为父母分忧等实在的小事做起，着力培养学生的感恩意识，使他们永远不忘记别人的帮助之恩，不忘父母师长的养育教导之恩。

当班主任很累，事情也很多，有心烦的时候、有担心的时候，当然也有快乐的时候、被学生感动的时候。我喜欢看我班学生天真的笑脸，我喜欢听我班学生天真的笑声。我愿打开每个学生的心扉，与学生共同进步成长。

三、敬业爱岗，教书育人，乐于奉献

敬业爱岗，教书育人，乐于奉献，这是一名合格教师的基本素质。

（一）教书育人

平时注意积累。我经常利用教材或剪报内容，结合实际，适时地教育学生，帮助他们提高自身的综合素质。例如，节约用纸。在近5年的时间里，我让学生每天默写用的英语三格纸不要太大，剩余部分留着下次用；作业本可以用反面，有很多同学已经养成了节约纸张的好习惯。

（二）敬业爱岗，乐于奉献

为了不影响日常教学，保持精力和体力，我曾多次推掉亲朋好友介绍的家教工作，以便能全身心地投入学校的教育教学工作。2003年，区教育局调我去当小学英语教研员，但我没有去，没有去的原因中就有我对我班学生的眷恋。我觉得我有责任继续担任他们的班主任。我自己的孩子从6个多月就开始跟着我早出晚归。当了这个班的班主任后，我每天都在7点左右到校，孩子的睡眠更得不到保证。冬天早上6点20分出门时，天上还有星星。孩子曾经问过我这样一句话："妈妈，这是早上，还是晚上?"父亲为了支持我的工作，每天来回接送孩子十几趟。我自己由于工作量大，经常带病坚持工作。

没有付出，就没有收获。学生在给我的一封信中曾写道："记得小时候，同学们最怕班主任了，他们都说班主任最凶，可我不这样认为。其实班主任是最累的。马老师，我知道您已经很累了，但是您仍然在我们面前保持微笑，天天问我们 Are you happy。听了您这句话，我也很努力地去尝试快乐。您关心我们每一个人，我们不会让您失望的。我们还希望您多留些时间来关心一下您自己的女儿，因为她这个年纪最需要的就是母亲的疼爱。马老师平常不爱发脾气，爱说说笑笑，但是很认真。我喜欢您，有时我都想，如果您是我妈妈多好啊!"

我以"知心姐姐"卢勤与孩子沟通的窍门作为我今后工作的标尺：

让孩子倾诉——坐下来听；
和孩子平视——蹲下来看；
与孩子商量——互相尊重；
让孩子决定——学会选择；
给孩子写信——巧妙表达；
替孩子着想——留点面子；
向孩子道歉——说对不起；
向孩子学习——能者为师。

附1：我的教育随笔

培养学生自我教育的意识与能力

自我教育是以学生自我作为教育对象和教育者，通过自我体验、自我约束、自我激励等心理活动，达到改变自我思想品德结构、提高自我思想境界、改变自我言行的目的。

苏霍姆林斯基说：“能促使自我教育的教育，才是真正的教育。”自我教育反映了现代教育的发展趋势，“教为不教”是教育的真谛所在，也是学校教育应该追求的最高境界。

我们的教育在关注学生现实素养的同时，必须同样重视学生的未来学习、生活所必需的素养。使其“能够形成一种独立自主、富有批判精神的思想意识，以及培养自己的判断能力，以便由他自己确定在人生的各种不同情况下，他认为应该做的事情”；“使其能够更好地了解自己，理解他人，从而参与集体事业和社会生活”。

在班主任工作中，如何培养学生自我教育的意识和自我教育的能力呢？

一、培养学生自我反思和自我教育的习惯

心理学研究表明，人在内心深处，都有一种渴望被人尊重的愿望。作为班主任，要对学生进行有效的教育，就必须尊重学生，倾听学生的声音，了解学生的想法，知道他们在想什么、做什么、有什么高兴的事、有什么忧愁的事；他们在学习中有什么成功的地方、有什么困惑，是方法问题还是心理的问题，是习惯问题还是基础问题。对这些问题有了比较清醒的认识，就可以对症下药，有的放矢。

总结我班实际情况，在全班进行了“你想做一个什么样的人”的书面调查后，我设计了两份表格：“做有教养的人，做讲诚信的人”和“我的周末真精彩”，引导学生进行自我评价。

表 1：

做有教养的人，做讲诚信的人 相信自己每天都有新的进步		
姓名：		日期：　　年　月　日
我的励志名言：		
内容	自评	备注
各科作业		
课堂纪律		
眼操、大课间锻炼		
文明礼貌		
仪表、“十不”		
爱公物、讲卫生		
今天的学习效果		
今天我最骄傲的事		
今天我最快乐的事		
今天我最烦恼的事		
今天我最感谢的人		
今天我想说的话		
班级公约“十不”	不戴首饰、不吸烟、不喝酒、不打架斗殴、（男生）不留长发、不追求高档时髦、不观看或浏览不健康内容、不随地吐痰、不乱扔污物、不带刀具等危险品	

做一个有教养的人，既是一个文明社会对人的基本要求，也是我们追求幸福快乐生活所必需的。诚信，就是说老实话、办老实事、做老实人。诚信，是公民道德的一个基本规范，是中华民族的传统美德。

一开始，先让学生通过每天填写此表，对表中的所有内容有一个初步印象：要做有教养的人，要做讲诚信的人。然后在潜移默化中将“诚信”渗透到日常的言行中，开发学生认识活动的自觉能动性，启发、帮助学生进行自我教育，使其思想品德塑造由他律转化为自律。

在实际操作中，时常会有令人感动的细节。每天下午放学前，是全班同学的填表反思时间。第二次填表，就有两名学生提醒我：“老师，咱们该填表了。”学生们适应得真快。不少学生积极地准备好自己喜欢的名言，每天都有不同的“我的励志名言”。如果有的学生在“今天的学习效果”栏填上没有掌握的内容，就会有自告奋勇的“小老师”去帮助他。学生们填写的“今天我最骄傲的事”有“我的体育测试通过了”“我们组干的值日很干净”；填写的“今天我最快乐的事”有“我们组背的英语课文最好了”“我得到数学老师的表扬了”；填写的“今天我最烦恼的事”有“天气真热啊”“语文我没有默写好”；填写的“今天我最感谢的人”有“我的妈妈”“老师”“张倩”；填写的“今天我想说的话”有“妈妈辛苦了”“我每天都会有进步”。如果学生有消极的情绪，我就马上找学生了解情况，进行交流，疏导学生的不良情绪。

把学生的日常自我评价系统地保存下来，这样才能体现学生发展变化的轨迹，有助于学生对自己各方面进行反思并改进。因此，我在班里设立专门存放档案袋的地方，每个学生都有自己的档案袋。每天学生们填完表后，都由两名专职学生负责档案袋的整理。这也是诚信教育的一部分内容。

二、整合学校、家庭教育力量，探索学校和家庭德育策略

学校教育应当与家庭教育、社区教育相互渗透、相互协调。积极、主动地将学校德育有机地向校外延伸，是世界教育发展的共同趋向，也是现代教育中班主任又一项艰巨任务和重要课题。作为班主任要赢得家长对学校教育工作的理解、支持和积极配合，通过对家长施加积极影响促进学生的发展。

表 2：

我的周末真精彩		
姓名：		日期：　　年　月　日
周末成就	学习方面	
	其他方面	
心灵感触		
家长感言		
班主任感言		

当第一次看到学生们交上来的“我的周末真精彩”时，我确实感到了它的精彩。“周末成就”有的学生在这个周末学会了放风筝、划船的技能；有的学生干了力所能及的家务；有的学生看了课外书籍。有的学生“心灵感触”很深：“只要肯努力，什么事都变得很简单”“放风筝并非那么简单，还需要一些技巧”；“通过做家务，体会到了父母的辛苦”“不能太贪玩，有时候会耽误很多事”。“家长感言”有：“孩子长大后进步很大，感谢老师和学校”“主动性较以前有了提高，写好作业后主动复习、预习，自己能做的小事都自觉去做”。有了学生和家长的真情实感，“班主任感言”再进一步对学生进行引导，如“自己能悟到贪玩会耽误很多事很好，你怎样落实到行动上呢”“你注意劳逸结合，很不错，要记住家长的话，学习要主动”。

学会做人、学会求知、学会生活、学会健体、学会创造、学会合作是未来社会对人的要求。新形势下学生自我教育意识与能力的培养，需要我们不断探索与创新！

附 2：我的教育故事

他们又毕业了

按照以往对待毕业生的惯例，我为学生们每人准备了一个透明的资料袋，里面装着放准考证的挂牌，一张写着“相信自己一定能成功”的卡片（前段时间有位家长告诉我，孩子把这张卡片一直放在书橱的玻璃上），还有一套测量仪。

2009 年的毕业生又得到了一份特殊的纪念——每人一张学校生活照。这可是我花了两节课的时间，把学校几个科室电脑上保存的近三年的照片资料都查找了一个遍，通过精挑细选才终于把我班每个学生的照片都找到了！有上课讨论的，有认真听讲的，有在校园跑步的，有上体育课的，有在运动会上参加项目的，有参加圣火传递活动的，还有校园集体舞的合影……镜头里学生们的校园生活真是丰富多彩。我去照相馆把照片洗了出来，在每位学生的照片背面写上他们的英文名，请他们记住初中的美好时光，然后签上我的英文名。毕业那天，看到他们拿到照片时的表情，我真的很满足！

毕业典礼的那天下午，学生们最后一次打扫了教室、室外卫生区，又一次打扫得又快又干净，与以往不同的是多了几分凝重。当班长把她代表全班送给我的礼物递给我的时候，我又一次感动得泪流满面。正面是她亲手为我画的扇面，左边画的是我的三个笑脸，代表我带了他们三年，右边是学校的景色，背面是全班同学的签名。多么用心、多么与众不同、多么有纪念意义的礼物！我只有用红色粉笔在黑板上写下了：“Thank you very much！永远的 41 级 1 班！”开完毕业典礼，我在班里与同学们一一拥抱告别，热泪又盈满了眼眶……

下班后，我收到一位男同学的短信：“老师，三年中我太多次惹您生气，太多次辜负您的谆谆教诲，太多次让您失望……太多个太多次，太多个让彼此铭记的瞬间。我的文笔虽不美，但凝聚了我所有的感激与感动，真心地说一句：老师，我爱您！”多么懂事、多么可爱的学生，三年的劳累瞬间散尽！正如我代表全体教师在学校毕业典礼上的发言：“如今你们长大了，个子长高了，更加帅气漂亮了，思想成熟了，知识丰富了，已是风华正茂的青春少年了，你们给学校带来青春的活力，留下五彩缤纷的美好回忆。”我为我的学生们默默地祝福：祝他们中考成功，一切顺利！

两天半的送考结束后，我的心情确实轻松了很多。这两天半的考试，我享受着给学生们送考的过程。前一天晚上我没有睡好觉，可能有些紧张，做了有关考场的梦。吃罢早饭，早早地出了家门，坐上了汽车才发觉竟然忘了洗脸，拿出镜子照了照，幸好看不出来，放心了。当我送考的 7 位学生都到齐了，我们便一同在实验中学的花坛边等着进考场。有的学校制作了送考指示牌，而我们则戏称身旁的垃圾桶是我们的集合点标志，是我们的“福地”。

我尽量使学生们放松心情，进考场前和他们一起说说笑话（当然也有我忘记洗脸的糗事），顺便提醒一下注意事项。我还制订了每次考试前的三种仪式：第一式，我们把右手放在一起，我喊“加油”（就像女排姑娘们赛前的做法一样）；第二式，我与他们一一握手，我一边握手一边说“祝你成功”；第三式，我与他们一一击掌，再次加油。同学们配合得真默契，每一次我们都非常正式、认真地完成这三式。我尽量使学生有一种踏实的感觉，5门考试，我都早早到考点迎接学生们走出考场；考完试，我会站在离他们考场门口最近的地方，为的是他们一出来就能看见我；送出学校大门，我会把学生一个个交到家长的手中（如果学生自己回家，我一定会给家长打电话，以确定孩子到家了）。虽然很累，但我为自己能完整地参与学生们成长历程中这样一段时光而感到自豪。

张海燕

“培根教育”

——初三班主任工作关键时间备忘录

名师简介

张海燕，济南济微中学教师，槐荫区第二期“名班主任”，济南市首届名班主任工作室成员。先后被评为区优秀教师、市区两级优秀班主任，所带班级多次被评为“济南市优秀班集体”。有多篇班主任德育论文发表在省、市级刊物上，2012年通过国家心理咨询师三级考试。连续12年担任班主任工作，善于思考，以学生的持续发展为目标，坚持“德才兼备德为先”的教育理念。2012年，参与录制济南教育电视台“我是老班”专题节目。

我的学生的明天是世界上增值最快的土地，因为它充满了希望！

——张海燕

为了切实加强和改进学校德育工作，遵循青少年学生成长规律，槐荫区教育局强调德育过程的整体推进、分层实施、有效衔接，对德育目标和内容进行序列化分解，坚持

“近一点、实一点、细一点、新一点”的原则，从大处着眼，从小处着手，提高德育针对性、实效性和感染力。

我相信一句话：早期教育花一公斤的力气等于后期教育花一吨的力气。凡事预则立。在我的班主任工作经验中，德育序列化的具体体现，就是我所梳理制订的“初三班主任工作关键时间备忘录”。

一、9月——刚进初三，“五个一”工程来帮忙

松散的暑假之后，为了新接的初三班有个好的开始，我非常重视下面的“五个一”工程：

重视第一次见面；

重视第一次班会；

重视第一次家长会；

重视第一次办班级板报；

重视第一次对违纪学生的处理。

当我得知自己要任教新的初三两个班，并且担任初三四班班主任时，就早早开始在家“备课”：熟记两个班学生的名单，希望在见到学生时，能够一下子就把他们的名字叫出来。事实上，当我真的一口气叫出他们的名字时，就已经彻底把他们给“震”住了！

此外，根据我的经验，当我抓好这些最基本的、经得住推敲的事务之后，已经顺利地得到了全体学生的崇拜和信服。

二、日常生活和学习：常规教育常规抓

常规问题是一种持续、经常性的问题，不能靠阶段式的“运动”解决，所以不能划分到具体的时间段。初中生的常规教育需要注意走出三个误区。

误区一：初三学生不用家长、老师督促也能顺利成长，努力学习。

其实，进入新环境的学生似乎仍停留在开学初的浮躁之中，他们谈论的更多的是诸如校服为何不能敞着穿、中午能不能出校门买东西、课间应该由谁去占乒乓球台子、新的任课老师是哪位等问题。我找了大部分同学

进行交流，发现此时不仅不能想当然地以为他们能够收心努力学习，反而需要及时通过更细致的工作来加以引导。

误区二：初三班主任教学压力那么大，没有时间做思想工作。

磨刀不误砍柴工。初三教学很重要不言而喻，但一味只对着教学使劲儿却往往会导致事倍功半。在这种关键时刻，班主任要随时注意学生的思想状态并及时加以引导，对每一个出现的新问题都明确态度并以此来规范学生，这样才能从整体上把握整个班级的思想倾向，将学生引导到正确的方向。从这个意义上说，初三班级的思想工作不仅不应当被忽视，反而应该给予极高的重视。

误区三：初三学生对校规校纪非常熟悉，常规要求可以降低。

初三阶段要抓稳定，以稳定促发展。初三学生较熟悉校规校纪是一回事，但能不能自觉遵守又是另一回事。尤其是初三学习压力大，有的学生可能反而会在此时“挑战”常规。因此，对常规不仅不能降低要求，反而要常抓不懈、常抓常新。

开学初，我就抓住机会进一步培养和完善孩子们的生活习惯。比如，有一次课间，班级卫生委员小孟同学和我说话。他长得高高大大，比我高出一头。我正听着，忽然他打了一个大喷嚏，结结实实喷了我一脸。当时他很不好意思，我悠悠地说了一句：“卫生委员这么不讲卫生啊。”他更加不好意思地笑了。按常理，我应该让他回座位了，因为他已经感觉到不好意思了，再多说的话会显得我“多事”，但教室里这么多学生都大眼瞪小眼看着，于是我灵机一动，赶紧问了一个学生：“如果想打喷嚏的时候周围有人，你应该怎么办?”小姑娘口齿清楚，掷地有声：“赶紧拿纸巾捂住口鼻啊!”

说得多好！又是多好的伙伴交流法啊！从此以后，班级里每个学生的口袋里都常备两张面巾纸，这成了他们新的习惯。我趁机又给他们“灌输”了各种各样的卫生要求，结果班级卫生工作大变样，垃圾桶也天天刷洗，班级卫生工作实现了“高度自治”。

三、11月份——疲乏期，理想教育来鼓舞

初三上学期的期中阶段，学生思想波动往往比较大。因为新的目标还

没有确立，刚开学时的好奇心已慢慢变淡，对初三教师的教学方法和手段已经基本熟悉，一直在观察和试探中的谨慎小心、不敢违纪的态度已经大大放松，开始隐隐出现骚动的苗头。

这时候正是开展理想教育的最佳时机。

为了让自己与学生的心迅速拉近，及时为他们提供必要的帮助，我策划召开了一节关于理想的主题班会。主题是“反思中学习，责任中成长”。

第一环节：

从一个小故事开始，回顾初三学习生活，盘点已经达成的目标和未达成的目标，用彩色心形卡展示，增强自信。同时反思还需要完善的能力。由班长将这些宝贵的心形卡在班级前面的黑板上拼出“加油”形状的大型美术字，代表全体老师对学生的祝福和鼓舞。

第二环节：

回顾初二，我们整装待发；迎接初三，我们确定新目标。

令我印象深刻的是陈炎柯、张瑞丰等几个学生在周末冒着严寒去实验中学、济钢高中门口拍照留念的事。陈炎柯为了实现自己将来做一名量子物理学家的理想，暂时为自己确定的目标就是努力考取自己心仪的高中。

第三环节：

在通向新目标之路上，我们应该怎么做。这个环节学生交流得非常热烈。

第四环节：

以一位老师的博客故事作为结束语送给全体学生，在此与大家共勉：不管时间如何久远，作为老师，我们都要培养学生的科学精神，培养他们执着、坚韧的性格。

结束语：让我们共同努力——在反思中学习，在责任中成长。心中充满自信，才会拥抱理想！

这次班会没有借助太多的形式，孩子们说的也都是最朴实的语言，但这是一次非常实用、高效的班会，尤其对于我这个刚接触学生才两个月的班主任来讲，通过这次机会了解了学生的真实想法，帮助他们化解了小苦恼。从此，孩子们都认为我是能够向他们提供帮助的最值得信赖的人，这是这次班会意料之外的最大收获。

四、寒假前的家长会，谆谆告诫教家长

事实上，不仅在寒假前要召开家长会，引导家长假期应该怎么做，平时我也很重视家校沟通，尤其重视家长们对班级建设的看法和一些好的建议。

本班的学生家长主要有三类：

第一类是“工作型家长”。他们“早出晚归”，天天上班，晚上或周末、节假日与孩子在一起。

第二类是“事业型家长”。他们为了自己的事业能获得更大发展，作息时间不确定，随时“应酬”，不能经常和孩子待在一起，更没有辅导或培养孩子的时间和精力。

第三类是“谋生型家长”。他们为了保住赖以生存的工作，顾不上照管孩子，或者在照管方法上有待提高。

引导孩子的思想和抓孩子的成长细节一样重要。一般情况下，“工作型家长”在这方面做得最好，但要谨防家长的爱和过度关注会成为学生的负担。

指导“事业型父母”比较棘手，因为在追求事业的道路上他们已经形成了自己的价值观，很难接受他人的意见或建议。我遇到过与家长理念不太一致的时候，此时就需要特别注意沟通的方式。

指导“谋生型父母”难度最大，因为他们确实没有足够的时间和精力照顾孩子，但至少我们可以善意提醒他们：不要让孩子缺乏爱和安全感，因为一旦孩子缺失了这两点，再多的努力都无法弥补。

五、3月到5月——考试忙，心理辅导要加强

首先是考试之前的心理辅导。考试前，学生主要表现为：杂念太多，焦虑失眠，记忆力下降，越复习越没底，担心考不出真实水平，复习深入不下去等。

我们遵循考前心态调整指导16字方针：强化信心、充分发挥、优化情绪、进入状态。

其次是考后心理辅导，一般是针对成绩不理想、学习状态不积极的学生，需要教师跟他们讲明不同考试的目的。比如，“一模”是对前一段复习效果的验收，“二模”是让学生尽早熟悉学考题型。“一模”难度一般会高于学考，“二模”难度基本接近学考。“二模”过后，除了学校布置的模拟题，一般不需要再另外找课外题做了，这时应该指导学生把各种学习资料整理、归类，看看以前做错的题是否已经掌握。最后的“三模”一般是为了补最后的漏洞而设置的，题目一般不难，关键不在于分数高低，而在于考完后是否能真正弄懂。

这一阶段，有一些学生会觉得无法提高成绩，会有些灰心丧气甚至产生“破罐子破摔”的想法。事实上，并不是自己没有进步，而是因为经过近一年的努力拼搏，绝大多数学生都有了进步，水涨船高，所以导致个人取得的成绩显得不那么突出。

班主任应注意采用心理暗示法，通过和风细雨式的谈话方式不断鼓励学生。

六、6月来临，最优秀的毕业生已行动

5月份，学校的德育主题是“五四青年节”。一般情况下，我从4月就开始酝酿“做最优秀的毕业生”主题班会。我想让孩子们毕业之后回想起初中生活，甚至是中考以及艰苦的备考阶段，都会感觉是甜蜜的。

这种班会一般不会局限于短短的课堂40分钟，而是将相关内容分解在每周一的班会上，让每个学生都有展示的机会，所以往往能够持续近两个

月的时间。

每个学生都会用心思考：为什么要做最优秀的毕业生？怎么做最优秀的毕业生？以优秀毕业生身份毕业以后怎么办？相信经历了这个过程，学生都会得到最好的教育和启迪。

在“如何做最优秀的毕业生”活动中，学生们掀起了为学校作贡献的热潮。学生中有主动在午休时间为同学辅导功课的，有主动为同年级所有班级分发试卷的，有主动承包班级卫生区的，有考试完后向初二同学赠送自己的学习资料的……班级里洋溢着对母校的热爱和眷恋。

通过按部就班地开展相应的教育活动，我的班级管理工作进行得有条不紊，有序且高效，学生能力得到了很大提升。而我则收获了来自于学生的丰厚的情感回馈。

学生的成绩是树枝和树叶，身体和性格则是树根，我将继续坚持我的“培根教育”，让学生的发展更长久！

附：我的教育故事

我与学生的对话

“90后”的孩子知识面很广，思维较活跃，有创新意识，反叛意识也很强。如何与他们进行沟通，帮助他们健康成长，成为现阶段班主任工作所面临的最重要的难题。

一、鸿雁传书寄师情

现在的孩子大部分都是独生子女，非常敏感，经不起一点“风吹雨打”。有一位同学就因没能继续担任语文课代表而深受打击，我找他当面谈了几次，都没能说通他。忽然想到他喜欢语文，善于创作，对文字较敏感，于是，我连夜给他写了一封信：

你是我们班的前语文课代表。之所以说“前”，是因为你现在已经不是课代表了。

说来惭愧，你父母萧老师和吕老师对你的关注特别多，可是我还没有把你培养成最优秀的学生。首先，我一开始对你的定位太高，把你当成全班最优秀的男生来看待。我还说，“你看看全班，谁有你个子高？谁有你这么好的基础?”说得多了，自己都觉得快成真理了。现在看来这个说法很搞笑。可是当时就真的认为你应该做得最好。像油浩、王志成、郭元昊等同学，虽是小小个头，却个个是“精品”：因为他们个个能学能玩儿，让我欣赏万分。其实昨天我和油浩出去查看咱班自行车停车场地时，才惊觉他也长高了，比我都高！日子过得真快。

现在我很正常地看待你所犯的一些小错误，比如，有时在课堂上说句笑话，粗心大意错了小题等。这些已经不影响我对你的看法了：你是个本性善良的孩子，热心又思维开阔。老师只希望你从此以后变得更完美，在不失活泼天性的前提下，做一个在学业上精益求精的人！学业上的成功，也是做人的最好表达。

加油！希望你好好表现，早日重返语文课代表的岗位！同时谢谢你在日志里对我上班会课的鼓励！一起加油！

这次的沟通特别见效，他很快走出了挫败的阴影。青春期的孩子情绪波动大，有时单纯说教于事无补，甚至适得其反。他们脆弱又敏感，有时文字性的东西反而更能触动他们的内心。因此，我决定以后经常采用类似的、有针对性的方式，努力走进孩子的内心，成为他们朋友式的老师。

二、抓住契机，促进成长

这一届学生思维特别活跃。有一次，我要出差去南京，时间是两周。当时我就想，我在校的时候，学生们倒是很遵规守纪，可是如果我要去南京学习两周，又赶上期中考试……我心里七上八下，有些不放心。

出差前一天，在翻看班级日记时，我看到了这样一篇：

张老师下周就要去南京学习了，昨天和今天她都给我们讲了很多。张老师真的像我们的母亲，要离开家了就不停嘱咐我们。其实，我们更多的还是希望张老师少说或者是不说这些话，因为我们已经是大孩子了。我们不想成为老师的绊脚石，更不想让张老师再为我们担心。但是，再想想，还是希望老师能多说几句。毕竟两个星期见不到，会很想张老师的。呵呵，还真是矛盾呢！

第 11 周我们就要期中考试了。张老师鼓励我们一定要稳住，要积极学习和生活，在她不在的这段日子里要做到比她在的时候还好。并且张老师还答应会从南京给我们带小礼物回来。很期待哟！呵呵！

在这里，我想说的是：张老师，您放心地去出差吧，我们一定会表现得很好的。当您回来的时候，我们会让您感觉我们又成长了！希望大家能够在这两周好好复习，预祝大家能够考出优异的成绩！O（∩_∩）O

我忽然悟到：让学生抓住“老班不在家”这个机会，好好锻炼自己，对他们来说也是很宝贵的经历啊！

在外学习期间，我继续保持着对学生的鼓励，当他们通过短信或者QQ汇报班级情况时，我一直用热情的鼓励和充满期待的语言给他们回应。当几位女同学表达出想念我的感情时，我也由衷表达了对她们的思念。

出差的倒数第二天我在南京，要准备优秀班级事迹材料，学生在遥远的济南用极大的热情帮我准备。在他们的帮助下，我如期准备好了各种证书的复印件。

回来后的班会课上，我送给男孩子一份具有南京特色小礼物——雨花石，送给女孩子的是香草手链。我还顺便向学生汇报了选择礼物时的心情，以及我的学习心得。班级气氛无比温馨，我和孩子们的感情也变得更加亲密。

后来，我让学生自己总结这两周的表现，体会老师不在班级的收获时，纪律委员这样总结：“这两周没什么特别，感觉张老师一直在我们身边，班级一切正常。”

花儿依旧芬芳

每个班里都会有身体不好的孩子，需要班主任给予他们特殊的关爱，用积极的情感促使他们身心的健康发展。

我曾教过这样一个学生。刚做她的班主任时，她总是独来独往，碰面也不主动跟我打招呼，但英语成绩不错；当我作为数学老师上课时，又发现她数学很差，做作业热情也不高，上数学课几乎不抬头，更不用说积极举手发言了；对大家都喜欢的体育课，她也百般躲避，甚至藏到厕所里……

后来我发现，她虽然表面冷傲，智商却非常高，而且博览群书，知识面非常广。经过半个月的观察，我找她长谈了一次，以下是我们的部分对话：

师：你觉得一个人独来独往，是不是很孤独？

生：不。

师：如果有同学主动找你聊天，高兴吗？

生：不。

师：为什么？

生：跟他们没有共同语言。

师：喜欢我这样跟你聊天吗？

生：还行。

师：既然上初中了，有什么打算？

生：我想做最优秀的学生，可是我能力大概不行。

师：我认为你能考取实验中学或者山师附中等高中名校。怎么样，你有信心吗？

生：真的吗？我有这个能力吗？没有人和我这么说过。

这时，我看到她眼睛里闪出的光芒，心底不由痛惜：是什么让这个孩子失去了自信？是什么让这个孩子变成我们眼里的“怪人”？是我们看人的角度不对吗？

我接着说：“其实，你有很高的智商以及比较好的英语功底。别人要学7科，而你目前要努力学的就只有数学（当时她的数学成绩不高）。你可以不做其他科作业，但我建议一定要做数学作业，就做基础题，不会的题可以留着到学校问我。周末时间自己补补数学，不会的周一来问我。我们先从这一科开始，找对学习方法，同时也找回自信，以后的学习就没问题了。你说好吗？”

她沉默了很久，同意了。

当天晚上，我就接到了她妈妈曹女士的电话。她很感激地对我说：“孩子太敏感，性格又倔强，谁敬她一尺，她就敬谁一丈。可是对于不喜欢她的同学和老师，她能记好几年！谢谢您今天开导她，她回来说一定要发奋学习。谢谢您！”

我接着问：“是什么事情造成孩子这样的性格呢？我真的觉得很可惜。她的智商很高，情感又细腻，应该能学出个样子来的！”

曹女士很感激我对孩子的肯定，但没有回答我的问题，因为在电话里讲不太方便，希望我明天在学校约见她，跟我好好谈谈，但是不要让孩子知道我和她见过面。我答应了她。

原来孩子患先天性糖尿病，自身无法产生胰岛素，必须定期注射，而限于家里的经济条件，无法按照惯例的时间要求来注射，所以她身体一直很弱。这导致她上课的精神状态不太好。开始的时候因为不想让大家以同情的眼光看待她，所以没有把这一情况告诉老师。不明真相的老师和部分同学就经常在她表现不好的时候批评她，导致她的心理压力越来越大。久而久之，她更不愿意说出真相来博取大家的同情了。

我问道："为什么坚持不说？说出来，学校对孩子的体育要求可能会降低一点，甚至也会得到大家更多的帮助，毕竟孩子的智力没问题。"曹女士说，孩子认为自己应该和其他孩子一样，不想做被众人同情的弱者，可是现在的情况是孩子自己过得也不舒心。

最后，曹女士一再叮嘱我，让我千万别露了馅，别让孩子知道我已经知道这件事，以免伤害她的自尊心，我立刻答应了她。

我决定先从情感上接近她，然后帮她在学习上找回自信。我先安排她去帮助英语基础薄弱的同学，让她在帮助别人的过程中慢慢学会接受别人对她的帮助。体育中考测试时她得了满分，我真是高兴万分，我们相互拥抱了好久。她自己也惊讶为什么我这个班主任对她的体育成绩这么上心和高兴。

教师节的时候，已经考上山师附中的她和其他同学一起回来看我。回去后，她给我发来了一封邮件，看完后我泪流满面。

前几天，回到了小学、初中，那条路完全变了样子，正赶上小学放学，大门又改回了我上一年级时的方向……

老教学楼拆了，小学、初中真正合并……找到老班，意外地还碰到了英语老师。她们都没有一点改变，比以前还有气质，还像以前那么亲。三年了，我们之间没有一点点隔阂，她们给我讲了很多大学生活以及未来也许会有的生活，希望我能更好……她们把我们都当作自己的孩子，那种感觉只有亲身体会过的才懂。站在小学教学楼阳台上，看着操场，想起自己曾经在这里做的事，心里湿漉漉的，有一种特别的感觉，后悔没早来看看……六年级冬天，下过的雪刚开始融化时，在操场上走着走着一屁股滑倒坐下的样子，升旗、做操、冬天扫雪，和同学偶有的拌嘴争执，打打闹闹、嘻嘻哈哈……

从这里也能一眼看到中学的样子，学校规模越来越大，升学率提高了很多。班级成员还是原来那么多，一个班 40 个左右学生，不包括择校的，真正考上实验和附中的就有 12 个，百分比很高，比我们那年强很多了。老班教的这一届新学生，每个学生都把她当妈妈一样。他们之间有很多故事，就像曾经的我们。她给我讲她和他们的故事，我听过后很感动，感受着曾经也有过的感受，终于明白这就是“成长的烦恼”。被老班教过的学生都是有福气的人，我们很幸运能遇到她，知道这世界上还有这么好的老师，课教得没得说，绝对负责任，还总是关心我们精神上的需求。

初中这三年，我真真正正感受到了什么叫作“学生时代”，以后再也没有过这种感觉。到了高中之后，除了妈妈和好朋友们，我就像一个被遗弃的孩子，自己寻觅，自己成长，自己疗伤。没有人在我失落时安慰我，没有人在我挺不住时扶我一把，没有人会在批评我之后再偷偷塞给我一个小纸条说些暖心的话，没有人在我生了病之后到班里给我补数学，没有人会远远地喊住我朝我做一个加油的动作为我打气，没有人会为我学不好的物理想办法补救……

她做到了一个班主任的极致。

那天去看她，她还请我吃好吃的，彼此交心地谈论着自己这三年的生活，她说我们是“忘年交”……她的孩子也已经上小学一年级，特别可爱，初一时曾在办公室见到过他，当时才刚会走，还不太会说话呢。

那天，老班说：“越长大，会感觉日子越过越快……”我们站在阳台上，她讲了很多中肯的道理，告诉我应该怎样面对未来的生活。我感觉自己真的是太幸运了，有这样好的老师陪我走过曾经的三年，我们已经成为朋友。其实，她早就把我们当朋友了，而不只是纯粹的学生。长大后第一次感觉到的幸福是老师给的，因为她让我拥有美好的回忆。那曾经的一切或甜或涩，再回首，却都已是幸福的感觉。

后悔没早来看看。原来，重返有自己回忆的地方，感觉是这样美……也就在那时，我才明白电影《我的女友是机器人》中二郎年老时为什么后悔没有回家乡看看……屏幕出现二郎和机器女回到家乡的情景时，响起了

《山奥少年的恋物语》这首歌，真的很美，很感动……

回到自己曾经有记忆的地方看看吧，那记忆不管是甜是苦，当你站在那里时，一切都化作幸福……那些花儿依旧芬芳。

因为用心、用情、用智慧面对自己的工作，在和孩子们共同成长的过程中，我收获了纯真的情谊，收获了快乐。

我相信：在教育的道路上，我苗圃里的花儿永远芬芳！

我没有神灯，但我手捧希望

仲卫华

名师简介

仲卫华，槐荫区第一期“名班主任”。1995 年 7 月大学毕业后进入济南市第十二中学工作至今。任班主任 15 年，所带班级被评为“济南市优秀班集体”。曾获“济南市优秀班主任”“槐荫区优秀教师”等荣誉称号。

教育的目的是应当向人类传递生命的气息。

——泰戈尔

班级和班集体是两个概念。班级，作为一种教学组织形式，是班集体形成的组织基础，班集体是在班级的基础上逐步建设起来的。但并不是每一个班级都称得上是班集体，它需要经过大量组织教育和管理工作才能形成。研究表明，班级更侧重于组织名称，而班集体则是一种价值判断，反映组织的性质和水平。一个真正的班集体，有明确的奋斗目标、健全的组织系统、严格的规章制度与纪律、强有力的领导核心、正确的舆论导向以及优良的作风与传统。它能正常发挥其整体功能，有计划地开展各种教育活动，不断总结经验，使集体不断自我提高、完善，并不断前进。

一、 班集体建设基本方略

（一）确立班集体建设目标

根据班级特点制订班集体建设目标，在学习、纪律、卫生、行为规范等方面，提出明确的目标。确立班集体目标，能引领班级的发展方向，对班集体每位成员有巨大的感召力和教育力。班集体建设目标也不是一成不变的，应根据学情变化和班级发展进行及时的调整和完善。

（二）建立班集体组织结构

采用班干部竞聘制和轮换制，能保持班级管理层不断更新，保持活力，对所有的学生都有一种促进作用。首先，我在班里执行值日班长制度，每个学生轮流担任值日班长，全权负责当天班级事务，记录班级日记，每天夕会时讲评总结班级情况并发表自己的感言。同时，还成立了宣传小组、环保小组、志愿者小组，设立了电教管理员、图书管理员、安全监督员等岗位。使每位学生都有了为他人服务的机会，形成一种“人人有职有责，个个参与管理”的良好氛围。这样一来，学生成为班级管理的主体，既能充分发挥学生的主体性，又能培养他们自我教育、处理事情的能力以及管理与领导才能。

（三）营造宽松和谐的班集体人际关系

首先，班主任尽量以平等的身份与学生对话，对学生的观念和行为方式多一些宽容和理解，不应高高在上，更不应压制学生。高压控制会降低学生的智力水平和道德素质，学生会软弱、缺乏独创性。班主任既要留意学生的意见和想法，也要及时把学校的信息、自己的观点传达给学生，达到师生双方信息充分交流、观点充分磨合的状态。此外，让学生有知情、监督的权利，避免因不公正、不透明引发的负面情绪。

鼓励同学间有序竞争、通力合作，建立和谐共处、共同成长的同伴关系，对班级有归属感，消除隔阂和对立。

（四）建设班级制度文化

利用班级公约规范班级日常管理。班级公约是全班共同遵守的制度，是班级活动的行动指南。班级公约包括纪律常规、卫生常规、考勤请假制度、课间要求、两操要求、爱护公物要求、校服着装要求、学生值周要求等多方面的内容。全体学生分组进行充分讨论修改，形成班级公约。制订班级公约时要求尽量全面，但又不能太多，每项制度大约5～10个条目。公约用语避免禁令式的语言，尽量要人性化，充满启发和激励。班级公约不能制订得过于缜密、完善，应该有弹性和“漏洞”，要体现包容精神，给学生留下更广阔的发展空间。要将班级公约内化为学生的日常习惯，争取让学生“自治”。

（五）建设班级精神文化

班级精神文化是班级文化的核心内容。应积极创立班名、班训、班徽、班歌、班级口号等外在的标志性形象，让学生全程参与，加深对班级标志性形象的了解，促使其内化为学生品质并使学生自觉维护。重点打造如班风、学风、学生精神状态等内在品质性形象。同时，通过培养集体主义精神增强集体凝聚力、培养自我意识，训练良好的行为习惯，努力营造积极、健康、向上的班级文化。

（六）开展班级活动，促进学生全面发展

开展活动是实现学生“发展”的必由之路，是促使学生认知、情感和行为发展的有效途径。

1. 主题班会系列化

每学期初召开班会，分析班级实际情况，讨论制订本学期班会的主题，让学生选择自己感兴趣的主题，组成若干筹备小组，分别承担一项主题班会的设计、准备、组织和主持工作。了解了班级活动的全过程，体验了各种不同的角色，每个学生的能力都能获得不同程度的发展和提高。这种系

列主题班会能形成层次和梯度，产生持久的教育效果。

2. 开展丰富多彩的课外活动

班级开展的课外活动有节庆纪念日主题教育活动、社会实践活动、心理健康教育活动、读书活动、艺体活动等。活动要从学生的需要出发，贴近学生的生活，使学生乐于参加，并在其中得到充分锻炼。利用各种活动为学生提供发挥才能和发展个性的舞台，让每个学生都能在集体中找到适合自己活动和工作的角色与位置，并在集体的要求和鼓励下，在实践中不断发展自己的兴趣、爱好和能力。丰富多彩的活动会让学生的各方面素质都得到提高。让人活得健康、活得快乐、活得精彩，才是教育的本质。

3. 借助网络对传统班级文化进行创新

创建班级博客、班级QQ群、电子邮箱，建立班级电子档案，积累班级活动的照片、视频等影像资料。通过网络环境建设的班级文化更具开放性，交互性也更强。

二、 处理好德育和教学的关系

教学管理和德育管理是两个专业管理系统，具有不同的规律和特点。相比较而言，教学管理以课堂作为主要载体，规律性较强，理性成分较多，需要比较稳定的工作内容和程序；德育管理以班级作为主要的载体，变化性较大，感性成分较多，需要经常组织各种各样的活动。因此，实际工作中班主任总会遇到两者在时间、思维方式、工作目标甚至教育思想方面的冲突。班主任肩挑教学、育人两副重担，是最基层的执行者，两边工作都不能有差池，所以最能体会这种左右为难的心情。

德育和教学两者既对立又统一。我们或许觉得，单纯抓学生学习，短期会见效，时间一长就会发现没有后劲，很乏力，因为有的学生学习不好是因为非智力因素。根据非智力因素对心理活动的调节范围以及对学习活动直接作用的程度，可将非智力因素划分为三个层次。

第一层次指学生的理想、信念、世界观。它属于高层次水平，对学习具有广泛的制约作用，对学习活动具有持久的影响。

第二层次主要指学生的个性心理品质，如需要、兴趣、动机、意志、情绪情感、性格与气质等。这些属于中间层次，对学习活动有直接的影响。

第三层次指学生的自制力、顽强性、荣誉感、学习热情、求知欲望和成就动机等。它们是与学习活动有直接联系的非智力因素，能对学习产生具体的影响。这些因素充满活力，对学习的作用也十分明显。

在学习过程中能培养学生品质，但这些品质更多的是通过德育活动培养和加强的。德育能塑造学生的理想、信念、世界观；还能培养意志、情绪情感、性格与气质，从而使自制力、顽强性、荣誉感、学习热情和成就动机得以加强。磨刀不误砍柴工，德育工作不是教学工作的绊脚石，而是垫脚石。

如果说知识就是力量，那么品德就是灵魂。抓好德育工作，能提高学生的文化素质，树大根深才能枝繁叶茂。

三、 班主任自身的专业成长

有句话说得很有意思，“班主任工作是个筐，什么都能往里装”。简单一句话道出了班主任工作的繁琐复杂。班主任职责毕竟有限，不能为学生的一切负责，更不应负责过头。下面这个故事就很能说明问题。

马罗尔医生手下有两名实习医生。男实习生纳特总是神采奕奕，白大褂一尘不染。女实习生埃米总是马不停蹄地从一个病房赶到另一个病房，白大褂上经常沾着药水、小病号洒的果汁和菜汤。

纳特严格遵守印第安纳州医生的法定工作时间，一分钟也不肯超时。除了夜班，他不会在上午8点前出现，下午5点之后，他便踪影全无。埃米尔每天清晨就走进病房，有时按时回家，有时却一直待到深夜。纳特总是气定神闲、平易近人，但给人感觉他对医生的责任划分过于泾渭分明了。经常听他说：“请你去找护士，这不是医生的职责。”埃米尔正相反，她身兼数职：为小病号量体重——护士的活儿；给小病人喂饭——护士助理的活儿；帮家长定食谱——营养师的活儿；推病人去拍X光片——输送助理的活儿。

医学院每年期末都要评选5名最佳实习医生。按我们的分析，像埃米尔这样的“劳模”一定会入选。但评选结果令人大吃一惊：埃米尔落选了，纳特却出现在光荣榜上。为什么埃米尔会落选？她是所有实习医生中最负责的人。

埃米尔落选的原因是她“负责过了头”。她把为病人治病当成了自己一个人的职责，事无巨细通通包揽。但世界上没有超人，缺乏休息使她疲惫不堪，情绪容易波动，工作也容易出错。纳特则注意到了职责的界限。马罗尔医生说：“埃米尔精神可嘉，但她的做法在实践上行不通。医学院教了她4年儿科知识，并不是让她来当护士或者营养师的。我们希望她能学会只负分内的责。”

现代社会，每个人的职责都是有界限的，每个人都必须学会分工协作，“负责过头”未必是一件好事。

专业化是班主任工作的发展趋势。离开了严谨的科学态度和自觉的学科意识，班主任工作只能是一种低层次、重复性事务劳动，没有艺术性的教育理念、手段和方法，班主任工作就会成为纯技术性的管理，班主任就很容易陷入“班级保姆”或“班级警察”角色的误区中。为了避免出现这种状况，我们要在完成繁重的教学任务和班主任工作之余，关注自己的专业成长。

班主任专业成长有多种途径，例如，在教育工作中学习和积累、在班级建设中实践与反思、在同伴互助或专家引领下提高能力。但班主任自身也应做一些努力。

（一）规划

人一生的有效时间是从有了方向的那一刻开始的。

具体说来，先要客观地认清自己的基本情况，对自身的优势和存在的问题进行分析，在此基础上制订的目标才有针对性。制订的目标可以是一学期的，也可以是3年甚至5年的。然后把这些目标分解成若干小目标，如完成一篇论文、积累3个教育案例、开展2个主题教育活动、成为校优秀班主任等，越具体越好。

接下来要结合学校教育教学工作计划来制订自己的计划。积极观摩学习，结合班级工作，及时反思总结，形成书面材料。确定活动的主题和时间，做好充分的准备。

这些目标可以根据实际情况进行修订。不要求多求全，而要一点点去实现，积少成多，实现了一个个小目标，大目标的实现就会水到渠成。

当这种专业成长的需要成为一种自觉，那么我们的行动就会更持久、更高效。因为，人生，从外打破，是压力；从内打破，是成长。

（二）读书

关于读书的作用，印象最深的还是杨澜谈读书——“读了那么多东西，节目里并不一定直接用到，只是为了不问愚蠢的问题而已”。也许读过的东西有一天会全部忘掉，但正是这个忘掉的过程，塑造了一个人的知识结构和举止修养。

曾经有位年轻班主任问我如何带好班，如果遇到具体问题，我也许能帮忙出主意，但想解决这种笼统的问题，他可能还是应该多看专业书籍，毕竟个人经验距离班主任工作的理论性有不小差距。班主任专业成长离不开读书，读书不仅能丰富班主任的专业知识，还能提高班主任的文化素养。班主任可以制订读书计划，列出具体书目，拟定读书时间，撰写读书笔记。另外，把读书笔记分类整理，做出目录和标识，让它成为资料库，方便查找使用。

（三）反思和积累

叔本华说过：“读书是让别人在我们的脑海里跑马；思考，则是自己跑马。”因此，读书之外更要反思和积累。利用班主任手册、工作日志，记录教育现象，记录自己的感受和思考，总结教育的得与失，探索班主任工作的规律。这个过程中会发现很多问题，能为自己的思考和研究积累丰富的资料。同时，积累班主任工作计划、总结、家长会发言稿、培训心得与学生的书信等，分门别类保存好。

很多时候，我们坚持不下来，是因为没预留出固定的时间。可以每周拿出一节到两节课时间，专门做这件事。研究表明，一件事坚持做 15 天就能养成一个习惯。聚沙成塔，集腋成裘，坚持做下来，效果会超过预想。

2012 年暑假崔永元主持的“乡村教师培训计划”活动曾请易中天做嘉宾。讲座中易教授说了这样一段话：“人们把老师比喻成蜡烛，燃烧自己照亮别人，我完全不赞同。这是不把老师当人，照亮别人的同时，为什么要毁掉自己，就不能不毁掉自己吗？我觉得老师应该是自带蓄电池或者发电机的灯泡。”

易教授的话也是我们的心声，每一位老师，都应成为“自带蓄电池或者发电机的灯泡”，明亮温暖，历久弥坚。

我曾经读过这样一段话：“我不是天使，但我拥有天堂；我不是海豚，但我遨游海洋。我没有翅膀，但我俯视阳光；我没有神灯，但我手捧希望。”班主任工作有欢笑也有泪水，有成功也有失败，有欣慰也有无奈，支撑我们坚持下去的就是希望。希望学生进步，期待学生成长，耐心等待，等待花开！

最后，让我们用诗人食指的诗句共勉：

当蜘蛛网无情地查封了我的炉台，
当灰烬的余烟叹息着贫困的悲哀，
我依然固执地铺平失望的灰烬，
用美丽的雪花写下：相信未来！

附：我的教育故事

转机从沉默开始

小飞上初二时来到了我们班。他，高高的个子，有着棱角分明的五官。那不屑一顾的眼神，冷若冰霜，令人生畏。他给我的第一印象就是——桀骜不驯，年少轻狂。他是年级的“老大”，他的种种行为，让班里的同学都对他敬而远之。

两个星期过去了，他的表现还可以，虽然老出状况，但都是一些常见的问题，比如，不遵守纪律、不写作业、不干值日、常常迟到等。尽管他面对老师时冷冷的，和同学倒也相安无事。

我几次想找他谈谈，但又觉得因为这些事批评他，他肯定听不进去，因为在他看来，这些都是些微不足道的小事。他绝非“等闲之辈”，而我只是见习期刚满的新班主任。对他，我有许许多多的不确定。我做不到口吐莲花，无法让他醍醐灌顶，万一谈崩了，以后的工作会更被动。总之，现在还不是时候，在没有十足的把握之前，我还是按兵不动、静观其变吧。

但该来的还是来了。

那天下午上第一节课的时候，我在办公室，我们班的两个班干部冲进来，说："老师，你快去班里看看吧，小飞和老师顶起来啦!"跑到班里，我看到了不知所措的学生们、愤怒的任课教师和更愤怒的小飞。他青筋暴起，浑身酒气，脸一会儿红一会儿白，一副"杀气腾腾"的样子。几个男生死死地拽着他，他还在挣扎，显然他刚才想动手打人。

我气不打一处来，本来很省心的一个班，自打他来了之后就没清静过，我真恨不得给他一巴掌杀杀他的嚣张气焰。可看到任课老师、学生们，还有小飞都在看着我，我冷静了一些。对呀，他们是希望我来解决问题的，不是来添乱的，这一巴掌要是打过去，无疑是火上浇油。

班里安顿好后，小飞晃着膀子跟着我往教室外走，到门口时，他抢先一步出了教室门。我明白，他这是在向我示威。看着他高高的个子，我真有些发怵。到了办公室之后，我指着桌上的试卷说："这些试卷明天要讲评，我必须先批阅出来，看完再和你聊。刚才的事，你好好想想。"我让他等着，是想避开锋芒，等他酒醒后心情平静下来再说，同时我也能争取一些时间考虑一下对策。可是试卷看完了，我还是心烦意乱，无法理出头绪来。我心里想着这是第一次正面交锋，如果我败走麦城，那以后肯定就更拿他没什么办法了，班里也就永无宁日了。这可怎么办呀？言多必失，我不能先说话，还是先听他说吧。让他发泄完满腔怒火，倒完一肚子苦水，腾出空来，或许能听进我的话。

后来他断断续续地和我说，他中午一个人喝了6瓶啤酒，只就着一碟花生米，喝得急了点，有点上头。听到这里，我不禁倒吸了一口凉气，幸亏刚才没在班里训他，不然我都有可能挨他的拳头。接着他又说，下午上课的时候，他睡着了，老师批评他的同桌的时候，吵醒了他，所以他很生气。他看了我一眼，继续说："不就是没带书吗？至于吗？啰嗦半天，吵得我都睡不着了。"我的诧异超过了愤怒，这是什么逻辑？看这架势，先不说让他给任课老师道歉了，他连自己有错都不知道。我追问道："为什么喝酒?""心烦!""为什么心烦?"他斜视了我一眼，别过头去，不理我了。"那好吧，不想说的你可以不说，想讲的，你就讲，我听着，你讲完了我再说。"

他这才扭过脸来，但什么也没说，沉默了很长时间。之后，还是沉默……

沉默中，我的思路渐渐清晰，信心也一点点回升。这么长时间的沉默让我看到了转机！我相信我表现出的胸有成竹、沉着冷静的姿态，会使他沉不住气，先亮出底牌。这是谈判中常用的手段，是双方心理和智慧的较量。当然，沉默有时候也是一种宽容。看到学生的短处，听到他自言自语时，不揭露出来，更是一种包容和体谅。沉默是金，是一种成熟，是一种美德，更是一种智慧、一种魅力！

他终于沉不住气了，打破了沉默，一口气说了很多。我忍住好奇，没有追问他心烦的理由。我耐心地和他谈了许久，历数了他之前犯的种种错误。他几次摇头，令我大惑不解，我问他："我说得不对吗?""不是，是我没想到。"原来他以为我不稀罕管他，却没想到我没放弃他，没想到我什么都知道，更没想到今天惹下乱子不用请家长，不用在班里做检查。意外之余，他痛快地接受了写检查并向任课老师道歉的处理。一切出奇地顺利！

从这件事之后，小飞对我不再那么怀有敌意了，开始主动跟我打招呼了。很多任课老师对他的评价也是他开始变得懂礼貌了、有规矩了。的确，小飞渐渐开始干值日了，不再迟到了，不再抽烟、喝酒、打群架了，也没再说过要退学的话了，他直到毕业都没再惹过什么麻烦。

反思这件事，转机出现在沉默的时候，但是赢在我对小飞的了解、理解、尊重和包容上。学生是不同于成年人的，在同样的情景面前，我们看到的，他们可能看不到；他们看到的，我们可能看不到。他们思考的逻辑也和我们的不一样。不管他们和我们是多么的不同，我们都要尊重他们。学会交流，就是学会和自己逻辑不一样的人对话。面对学生犯的错，要有包容的心态，做到小事糊涂、大事清楚，不必惩罚每个犯错误的学生。如果老师过于严格，学生可能会变得自卑，也可能会变得激进和偏执。实际上，无论是对成年人还是孩子，你命令他、控制他，都只会令他反感，让他们产生抵触和叛逆心理。反过来，若是老师过于宽容，学生则可能缺乏责任感和同情心。

看到学生跌倒、犯错误时，要把他们扶起来，拍拍他们身上的灰，让他们继续往前走！

感悟·感慨·感动

一、感悟

假期旅游是我的最爱。游走于古代与现代之间，感叹着大漠孤烟、长河落日的壮美，体味着小桥流水、烟雨江南的古韵，那种涤荡心灵的感受，让人回味悠长。

在旅途中，常有人问我："你是老师吗?""你怎么知道?""看着就像。"

我在镜子中打量了一下自己：清亮的镜片，直直的长发，永远比时尚慢一拍的服装，似乎都是代表教师形象的元素。细细想来，多年的从教经历已渐渐让我把教学时的谈吐举止融入了性格，就像吃进木头里的漆，渗得很深很透。

我很享受每天早上走入校园的感觉，享受校园的晨风、绿树，享受学生们的笑靥如花。

"得天下英才而育之"是天下为人师者的追求，也是我毕生的理想。

但教育的终极目的是什么？这是我多年来百思不得其解的问题。偶然读到的一则小故事让我茅塞顿开。

在美国，纳粹集中营的幸存者当上了一所中学的校长。每当一位新教师来到学校，他就会交给那位老师一封信。信中这样写道："亲爱的老师，我亲眼看到人类不应该见到的情景：毒气室由学有专长的工程师建造；儿童被学识渊博的医生毒死；婴儿被训练有素的护士杀害。看到这一切，我不禁怀疑：教育究竟是为了什么？我的请求是请你帮助学生成长为具有人性的人。我们的孩子只有在具有人性的情况下获得的读写算的能力才有价值。

就是这个故事让我明白了：育人重于教书。

二、感慨

5月份的第二个星期天是母亲节，这让我又想起了那个发生在母亲节的故事。

那已经是3年前的事情了。因为临近学生毕业，那些日子我每天都早早地来到学校。在办公室里做着课前的准备，我心里想的却是儿子放在我枕边的小贺卡，那是他的DIY作品，上面用稚拙的字体写着："妈妈，母亲节快乐!”他还没上幼儿园，那些字是他一笔一画地画上去的，可这是我读过的最美丽的文字。

“报告。”“请进。”进来的是我们班的班长小瑭，他从背后拿出一枝红色的康乃馨，说：“老师，今天是母亲节，我送您一枝花，谢谢您对我的培养。”我感到很意外，接过花，说：“谢谢你，你给你的妈妈送了吗?”“昨天就给她了，她挺高兴。”

“报告!”门被推开了，瘦高个的小林进来了，他还没开口，眼泪就掉下来了：“老师，我想请假回家。”“为什么?”“您别问了，我必须回家。”看他反常的样子，我真怕他出什么问题，说：“马上中考了……”他看了一眼我身边的班长，说：“我爸爸妈妈昨天吵架了，今天我出门的时候他们又吵着离婚，我怕……”“你不用说了，我给你开假条，路上小心点。”想到他在这里也无心学习，万一家里再出事……我给他开了假条之后，又问班长：“你送我的这枝花，我可不可以送人?”班长愣了一下，说，“行啊。”

我把花递给了小林，对他说：“回家劝劝你的妈妈，把这枝花送给她，祝她母亲节快乐。”小林推辞：“不行不行，老师，这是他送给你的。”“我借花献佛还不行吗？快回家吧!”“谢谢老师!”小林急急忙忙地跑了出去。

“别把他的事说出去。”班长点点头，“老师，我明白。”3 年了，看着他从一个懵懂少年变成了有担当的小男子汉，我真感到欣慰。

上午第二节是我的课，一进教室我就看到小林已经回来了。他还冲我笑了笑，我放心了。

三、感动

某次中途接班，遇上了一个对我来说是空前绝后的人物。他，成绩中游，标榜个性，常和老师对着干，但和同学的关系很铁，是班里的“带头大哥”。他每天穿一身白衣服，进校后换校服，放学后再换回来。穿校服时，他把衬衣的白领子竖着遮住半张脸，自认为很酷。他抽烟、逃课、早恋，还带着几个学生在教室里对着国旗燃香、磕头、拜把子。他是班干部，我当任课教师时他的表现还说得过去，但等我当班主任时，他就和我“杠”上了。我想，刚接班又不能立刻“改朝换代”撤了他的班干部一职，就先将就着用吧。没想到，我当班主任第一个月他就屡屡生事，成了我的噩梦。

一天放学后，我处理他带着 4 个男生逃课躲进厕所抽烟的事。他们提着书包、衣服进了办公室，每个人都气定神闲的样子。看这样，来硬的肯定不行，那就说服教育吧。没想到，接下来我们的谈话成了对口相声，另外4个人不时地乐。他的思维太怪了！满脑子歪理儿，一肚子“坏水儿”！

天渐渐黑了，他还是一副“与老师斗其乐无穷”的样子。在我苦口婆心教育他们之际，他阴阳怪气地来了句：“班主任老师，我这么晚还不能回家，我妈妈会着急的。”我说：“我两岁的儿子在家等妈妈，也会着急的。”他一愣，脸红了。我就势收兵，说：“看在你一片孝心的分上，今天就到此为止，都回家吧。”他们拿起东西走了，没关门，也没跟我说再见。

秋风起，吹得我阵阵心凉，中途接班，真是“后娘”难当啊！

我回到桌边发现了一件毛背心，是那小子的。给他送去？不！冻死活该！可又一想，这也是孩子，万一感冒了我会良心不安的。于是我跑下楼追到校门口，喊住了他：“你的衣服！”他一愣，含含糊糊地说了句：“谢谢老师！”

我回到办公室刚坐下，他们几个人气喘吁吁地就跑上来了。他说：“老师，今天是我错了，以前也是我错了。”举手之间，转眼之间，就让困扰我一个多月的局面豁然开朗了。我细细想来，原来他认识到老师是因为他的错批评他，因为他的人而关心他，才会感动，继而理解了老师。从那之后，他对我口服心服，成了我的左膀右臂。

对事不对人，不带成见，没有偏袒，这种教育态度在转化后进生时屡试不爽。

营造“大写”班级，享受幸福人生

闫广芳

名师简介

闫广芳，槐荫区第二期“名班主任”。1999 年 7 月从山东师范大学毕业后一直在济南市济微中学任教。任班主任 14 年来，她所带的班级曾两次被评为“济南市优秀班集体”，还获得“槐荫区优秀团支部”“槐荫区道德先锋号”称号。她曾获“济南市优秀班主任”“槐荫区优秀教师”等荣誉称号；参与多项省市级课题研究，撰写的论文曾获中国教育学会一等奖；所主持的新型家长会被济南教育电视台、《齐鲁晚报》等媒体报道。

教育是一种唤醒。教育的最终目的不是传授已有的东西，而是要把人的创造力量诱导出来，将生命感、价值感“唤醒”。

——斯普朗格

我曾经看到过有人这样描述当班主任的历程：一年而志于学；三年而立；六年而不惑；十年而知天命；十五年而耳顺；二十年而从心所欲，不逾矩。我在班

主任岗位上走过了11个年头，带过3届学生。9年之后，真的是“十年而知天命”。在不断的反思中，我也在逐渐完善自己的职业理想：营造“大写”班级，享受幸福人生。

谈到自己的反思，我总是不得不提苏联著名教育家苏霍姆林斯基，他在《给教师的建议》一书中的那句话让我醍醐灌顶：“只有教师关心学生的人的尊严感，才能使学生通过学习而受到教育。教育的核心，就其本质来说，就在于让儿童始终体验到自己的尊严感。”

一、自下而上培育爱的土壤

我尝试与学生一起解读严格的学校制度，把“形而上”的意识通过学生自己的理解，演变成“具体可感”的班级规定，继而量化为具体的行动。

通过学生民主提议、归纳集中，我们制订出自己的班级综合素质评价条例，尽可能全方位评价学生，根据条例执行情况统计分析班级幸福指数和愧疚系数，让学生既有“紧箍咒”减分的约束，又有“取经成佛”加分的激励。

每周五下午公布周成绩，让学生在“修行本”上记录自己的幸福指数和愧疚系数，然后在周末日记中写下自己的心得体会和下周目标。

在每月最后一天，综合整体情况后按照A占30%、B占40%、C占30%的比例划分等级，让学生再次记录和反思。同时将全部过程性数据和最终等级评定结果以群邮件的形式发到班级家长群中，让家长们及时了解情况并在群里交流。

在期末各项评优时，这个结果将作为重要的参考要素，避免了以往评优时只注重最终投票结果而忽略过程的弊端。借助这种评优方式的改变，我给予学生的是一种新的理念：民主投票式的期末评优，关注的只是冰山一角，而那沉在水下的主体才是最关键、起决定作用的部分。学生因此更加关注自己平时的表现，这也算是践行了萨克雷的名言：“播种一种行为，收获一种习惯；播种一种习惯，收获一种性格；播种一种性格，收获一种命运。”

有了严而有格的班级规定，就有了爱的土壤。

二、 自上而下传授爱的智慧

有了爱并不等于有了教育，表达爱需要智慧。真正的爱心往往需要高超的教育智慧来承载。

在刚开始我担任班主任时，我不知道对学生应该宽容。我对所有的学生十分严格近于苛刻，要求所有的学生都要做到“守规守距”，希望最后一名学生也能够像“第一名”学生那样完美，学生稍有逾越就会遭到我的“狂轰滥炸”，甚至大动干戈找家长。这些换来的只能是学生对我的畏惧和疏远。我开始抱怨学生的不理解，开始感到迷茫和失落。这样的状态让我总是陷入梦想与现实的极大落差中不能自拔，总是处于一种“不尽如人意”的沮丧懊恼中。如今想来，我感觉自己真是愚蠢至极。

之后，我进行了一次彻头彻尾、冷静深刻的反思。我回忆起一些同事对我的评价：“是一个认真的人，一个眼里容不得沙子的人。”已毕业的学生与我交流时，也说我是“完美主义者”，追求“完美”。我反复品读“认真”“眼里容不得沙子”“完美”几个词语，终于发现了自己的不切实际。于是我开始尝试改变。

1. **我学会了宽容**

苏霍姆林斯基说：“宽容能触及儿童自尊心的敏感角落，有时宽容引起的道德震动比惩罚更强烈！”尝试了对学生进行不同标准的评价和不同特点的教育方式后，我认识到，学生真的不是一块可以任意搓揉的泥团，而是有着自己独特个性的“根块”。我们的班主任工作应具有“因势象形”的根雕艺术，应是“一把钥匙开一把锁”的智慧。只有这样，才能够实现双赢，甚至达到“相看两不厌”的境界！

2. **我学会了换位思考**

后来，当我作为母亲坐在上幼儿园的儿子的座位上开家长会的时候，真正从家长的角度感受“教育”时，忽然有了一种醍醐灌顶的感觉——原来自己做班主任工作的最大问题就是从来没有站到学生的角度去换位思考。

在我尊重了学生的个性后，也领略了换位思考的魅力。站在学生的角度去思考，开展班级活动就变得容易多了。在“多事之秋”的八年级，我总是关注有关青春期教育的最新研究成果，选择恰当的时机对学生进行心理健康教育。

当有1/3学生进入“心理性断乳期”时，我适时开展了“亲情体验，学会感恩”的主题班会。在层层铺垫后，“亲情连线”环节化解了学生与家长的隔阂。

进入青春期之后，男孩和女孩的生理、心理发育不再同步，于是我在班里开展了“传女不传男”的女生专场讲座。等到男生“滞后”的青春期到来时，我又开展了“传男不传女”的男生专场讲座。这两个讲座让学生对男女生交往有了正确的认识和评价。

3. **我明白了教育是一种唤醒**

德国的著名教育学家斯普朗格曾说过，“教育是一种唤醒”。我引导全班学生去发现自己和同学身上的闪光点，然后发扬光大。就这样，一路走来，学生们心中的爱开始萌芽，并逐渐成长为参天大树。于是，我班无人看守的“诚信小店”悄然开业并茁壮成长，成为学生诚信教育的小基地。

4. **我学会了用爱心铺设赛场**

王金战老师把“优等生”和“后进生”分别形象地比作“马”和“牛”。他说：“马和牛赛跑，牛肯定输，但这不能够证明牛的无能，只能证明组织这种比赛的人的无能。”

我们的班级都是“鸡”“兔”同笼、“牛”“马”共舞的。成功的班主任会用好积极心理学原理，通过各种活动在不同的场合去张扬“马”的速度和“牛”的耐力，哪壶先开提哪壶，扬其长避其短。抓住孩子的闪光点，以亮点克服劣势，才能让每个孩子脸上露出成功的微笑。

我牢记这样一句话：“你把班上的每个学生都教育成了班上第一名的学生的样子，你的教育就是失败的。”所以我全面衡量每一个学生的家庭背景、家长素质、家长对孩子的发展期望、学生自身的智商和情商，然后分门别类，擦亮眼睛去分析、审视他们，我将班里的学生大体分为5种基本个性类型，并据此设计出5种个别教育方案：

听话型——大约占1/4，以鼓励、肯定为主；

冲动型——大约占1/6，注意多交流，激发感受，使之多些理解，鼓励的频率要更高一些；

表现型——大约占1/6，适宜因势利导，让他们在满足表现欲的同时不断进步；

倔强型——大约占1/6，需要动之以情，迂回讲道理；

低沉型——不到1/4，迫切需要的是唤醒他们的自信心，让他们明白自己的优点，争取做到稳重而不自卑。

如此分析之后，期望各不相同，在承认差异的基础上尝试对他们采取不同的教育方式，大家都不用再背负着自己无法承载的包袱前行了。

我让大家结合自己上学期成绩和自己能够承受的努力极限，选择自己的A、B、C等级，然后在成绩上按照他们的自选等级进行评价。这样即使在班级里排到后1/3的学生，也能够成为C级中的领跑者，他们还可以选择晋升到B级。一个学期下来，真的有学生晋级成功，有的学生还连升两级。

为了设计出更多样、更合理的“赛场”，我还苦心孤诣地设置各种平台让孩子们展现自己的风采，以“我是神拖手”“我是清洁卫士”“我是诚信小店董事长”“我是绿色馆馆主”“我是书法家”“我是学科泰斗”等各种方式评选“年度感动班级人物”，积极传递正能量，把原本一味针对问题的教育转变为不断品味幸福和快乐的教育。

短短一个学期，不同个性的学生都得到了应有的提升，具有“马”的潜质的学生跑出了“马的速度”，具有“牛”的特性的学生释放出了“牛的力量”。

三、心心相印激活爱的源泉

李镇西老师曾经说过：“爱的教育，最终目的应该是使学生在感受到教师无私的爱后，再把这种爱自觉地传播给周围的人，进而爱我们的社会，爱我们的民族，爱我们的国家……”

在潜移默化中，学生们心中的爱开始萌芽，我开始有意借助各种机会激发这份爱使其成长为参天大树。我不仅不吝惜对学生付出自己的爱心，还尽可能以学生认可的方式去表达。我坚信自己的学生总有一天会感悟到这种爱的智慧和哲学。

寒假期间，我的腰椎间盘突出症发作，春节过后我就一直在理疗。开学后由于数学老师休班，我便打消了请病假的念头，但是每天中午必须去理疗，中午的盯班成了问题。我找班干部商量，大家说：“我们一起上阵，老师，您放心去理疗吧！”

一个月后，我理疗结束，中午又可以去盯班啦！但这时学生已经习惯了自律，几个班干部和平时因各种纪律问题而经常被我找来谈话的学生把我拉到教室门外说：“老师，我们看您上课有时还坐着，中午还是休息去吧！好好睡个午觉，我们能管好班级！”

我知道，教育是爱的共鸣，是心与心的呼应。我也期望通过尊重、理解学生并给予其真挚的爱，拨动他们情感的心弦。但我从来没有想过他们的回报会如此迅速和真诚——与我相处不到一年的学生，在我身体最虚弱、心灵最脆弱的时候帮助了我。从未有过的幸福感扑面袭来，让我高兴得一塌糊涂。

俞敏洪曾说：“为自己的生命留下一些令自己热泪盈眶的日子。”这一天，应该就是我生命中最让我热泪盈眶的日子，而这是与我接触不到一年的学生留给我的！

四、做“大写”的人，经营“大写”班级

一位哲学家曾经教导他的学生：要想除掉旷野里的杂草，方法只有一个，那就是在它上面种庄稼。教育学生最好的方法就是首先用美德去占领学生的头脑。于是，主题班会上，我们讨论并确立了自己的班级精神——做“大写”的人！引导学生从小行动中去践行“大写”班级风范，认识到“做‘大写’的人，就是要远离平庸，不断战胜自己的惰性，克服自己的不良嗜好”。我更把一种做人的理念传递给学生：“万事的根本是做人，做人就要做‘大写’的人，兢兢业业做事，踏踏实实做人！”

从主动绕行学校跑道而不斜穿草坪，到班级“诚信小店”的正常运转并扩大经营，再到诚信考场的开设，我和我的学生一步步走在“大写”人生的幸福之路上！现在，学生们时常与我探讨：“老班，我们‘大写’班级还能够开创哪些新纪元呢?”是的，我也时常在想这个问题，我们“大写”班级的步伐已经很坚定地走过了一段路程，下一步，我们还要继续探索！

正如鲁迅所言：“伟大的成绩和辛勤的劳动是成正比例的，有一分劳动就有一分收获，日积月累，从少到多，奇迹就可以创造出来。”经过一年多的酝酿和实施，八年级上学期学生的日记中陆续开始出现“‘大写’班级”的字样。在一次班级精神问卷调查中，我班99%的学生提到了我们的班级精神“做‘大写’的人”！现在“营造‘大写’班级”的理想已经在他们的心中扎下深根！当他们谈到自己所在的八年级二班时，总是自豪地称“我们的‘大写’班级”！

苏霍姆林斯基在写给女儿的信中说：“做一个幸福的人，只能是在你成为有智慧的人的时候。”是的，我教龄13年，在班主任的岗位上已经走过了12年。从最初的抱怨倦怠，到今天的享受幸福，是因为自己开始运用教育的智慧去践行爱的教育。两年来，我与我的“大写”班级一路走来，让我彻底走出职业倦怠期的阴霾，每天沐浴着清晨的第一缕阳光，更收获着心灵的幸福与感动！

附：我的教育故事

跑操冲击波

学考体育测试迫在眉睫，学校要求九年级学生在大课间跑步锻炼。可是总有几个体育成绩在临界点的学生跟不上队伍，有的半途停下，有的以各种理由放弃跑操。终于有一天，我发火了，没想到竟形成了一阵冲击波，学生们将这件事情写在了日记里。

我想，有的学生是体育天赋差，没办法，而有的学生则是有这个能力却不去跑，这就是因为懒惰心理，是他们没有集体荣誉感的表现。而这些学生恰恰都是女生。她们的自愿放弃，使整个班级跟着退步，而她们的奋起，将会使整个班级奋起！曾几何时，“传男不传女”的讲座让我明白了阴盛阳衰的可怕，男生变成了“难生”，全因男生没有那种拼搏精神，在一些方面有所让步。但现在不同了，我们男生渐渐回过神来，一步一步地赶上！男生没有中途放弃的，男生也没有自甘堕落的，因为我们不再是“难生”！

曾几何时，再回到那个第一；曾几何时，找回那个自己；曾几何时，变回他们自己；曾几何时，再懂得放弃……（任欣垚）

今天老班发火了，因为女生跑操的事情，话说得很直白……但是，老班，说句心里话，您有几句话说得确实有点过火了，有点伤人心了，虽然知道您是为她们好。

班级进步的道路上，我们不允许任何人掉队，为了不影响大部队的进度，那么就请老班稍微放慢脚步，多些鼓励，同我们一起，一点一点进步。因为我们是一个集体！任何人都可以放弃我们，但是班主任你不行，要放弃，我们也绝不允许！（李梦晴）

看到这些滚烫的文字，我想起了当时的一幕幕，于是打开博客，写下了自己的反思：

说实话，发过火后我也内疚！当我看到玉洁可怜兮兮地站在走廊里向隅而泣时，我的心也在流泪！当我看到郑爽满脸茫然猛喝水时，我的心也一直在颤抖！你们都是我疼爱的孩子，两年来我都把她们当作手心里的宝一样呵护着！当看到自己的宝贝被自己伤害得六神无主时，我自己也痛彻心扉！同时，我也知道，还有更多的旁观者的心灵在悸动……

我深知，尽管自己对成绩的不满意埋在心底，自以为深藏不露，但是“情郁于中，自然要发之于外”，于是就伤害了自己至亲至爱的孩子们。每次发火之后，总是担心是否会让孩子与自己之间产生“心结”，所以每次总是想方设法去弥补和修复。每每在课堂上看到曾经被自己训过的孩子将头深埋在别人的背影里，自己也感到一阵阵的愧疚！

看到大家日记中的“跑操冲击波”，我百感交集！每个学生都很在意我的情绪，我的情绪是“大写”班级的晴雨表。我要学会克制，“强迫”自己与人为善，与我的“大写”班级和谐相处！

可爱的孩子们，在最后“厮守”的100多天里，我们每个人都要努力成为其他人心目中最温馨、最柔软的回忆！

最后与大家共勉：把自己开成花，你就永远走在春天里！

明天早自习后我要外出开会大概一天，最晚家长会前回来，我把儿子托付给办公室的老师们，把你们托付给你们自己！

老班不在家的时候，记得做最好的自己！

永远和你们心连心的老班

2011年11月24日夜

我被学生调侃两三事

今晚注定又是一个不眠之夜。我坐在电脑前，打开自己的博客，又一次清点自己的职业幸福，就像窗外山东大学齐鲁医院上空闪烁的霓虹灯，仿佛也在诉说着自己冬日的温情。今天就说点“大写”班级的那些事吧！

在我职业生涯的第二个“十年”，我与48个学生走到了一起，从此就开始了我们3年的“厮守”。这也是我尝试“蜕变”的第一年，一年过去了，我看到了胜利初现的曙光。回忆一起走过的日子，最值得追忆的还是曾被孩子们调侃的那些事。

一、跑道上：我曾经是个“反人”①

我通过主题班会确立了班级精神——“做‘大写’的人”，引导学生从小行动中去践行“大写”班级的风范，去争做“大写”的人。当学生习惯性地走在学校操场的跑道上，看到其他班级的同学穿越草坪（我们学校从校门口到教学楼门口的“捷径”）时，他们心中升起的不是抱怨，而是“我是‘大写’人”的自豪！就在这样一些小事中，我和我的学生一起走在“做‘大写’的人”的幸福之路上。

有一天中午，我到传达室签收一个快递包裹，慌乱中穿越了草坪。当我浑然不觉地回到办公室时，两个学生面带“诡异”的笑容走进来，欲言又止：“老班，我们刚才看到了……”

“你们看到了什么？”我丈二和尚摸不着头脑，急忙问。

---

① “反人”：违反“大写”班级规定的人。

“我们看到了刚才草坪上有个人影……很熟悉的！”

我猛然醒悟，连连道歉：“我错了，我不该走草坪，我接受班规的惩罚！我以后一定改！”

“没关系，下次记住就可以了。老班要记住呀，不要破坏掉我们‘大写’班级的风范呀！”

“我一定记住，我们要用小行动践行‘大写’班级风范！”

“老班，再见！”

这是我从教11年来，第一次被学生“调侃”，可是出乎意料的是，我没有任何不适，而是暗自窃喜。望着他们“幸灾乐祸”地走出办公室的背影，我欣慰地笑了。从他们刚才清澈的眼神里，我读懂了什么是“亲密无间”；从他们“心满意足”的背影里，我明白我已经走进了学生的心里——我不再是学生心目中的“严”师，而是他们可以无话不说甚至能够以正当理由调侃的“老班”！

二、语文课上：我仅仅是个“俗人”

教学朱自清的《背影》，识记“橘子”这个词语时，学生提出疑问：“老师，‘橘子’的‘橘’和‘桔子’的‘桔’有何区别呢？”

“我‘知不道’，还是查一下字典吧！”我说。“知不道”对于我班学生来说是心照不宣的“暗语”，翻译成文言文就是：“余知而不道也！”

于是，学生纷纷开始查字典，一阵紧张忙乱之后，学生恍然大悟“橘”俗作“桔”，原来，我们一直是俗人！

“同学们，以后，我们要做儒雅之人，就应该把‘桔子’写成‘橘子’，记住了吗？”

“记住了！”

我继续讲《背影》这篇课文。谁知板书时，我却习惯性地在黑板上写下了“父亲为我买桔子”！板书尚未完毕，学生已哄堂大笑，齐声高呼：“俗人也，俗人也！”

这回轮到我恍然大悟了，于是慌忙更“桔”为“橘”，同时自我感慨：“一个做惯了俗人的人，学做儒雅之人非一日之功也！难呀！要不停地修炼方可！”

纯真而又灿烂的笑容再次洋溢在学生的脸庞。

这是我从教11年来，第一次被全班学生集体调侃。同样，在时间似乎停顿的那几秒钟，我和学生都没有感到任何的尴尬和不安。

课后回到办公室，我依然在回忆、品味这段与学生“水乳交融”般的情感插曲，这也许就是我所期待的“无缝对接”课堂吧！只要一直这样，也许真的就可以与学生一起营造“相看两不厌”的境界！

打点智慧行囊，快乐行进在路上

宛翠霞

名师简介

宛翠霞，济南市槐荫区第二期“名班主任”。1994年7月毕业于济南大学，在济南第十二中学任教至今。任班主任16年，坚持以人为本，关注学生全面发展。所带班级以乐观、积极、向上为特点，所带班级曾多次被评为济南市优秀班集体。曾获“济南市优秀班主任”“槐荫区优秀班主任”等荣誉称号。

虽然智力教育的一个主要目的是传授知识，但智力教育还有另一个要素，比较模糊却更加伟大，因而也具有更重要的意义，古人称之为“智慧”。你不掌握某些基本知识就不可能聪明，但你可以很容易地获得知识却仍然没有智慧。

——怀特海

我曾看过这样一句话：“一个没当过班主任的教师，是一个不完美的教师；一个想逃避班主任复杂工作的教师，是一个得不到教育之乐的教师。”是啊，教师的工作本来就

是忙碌而繁琐的，班主任作为学生发展的“重要他人”，更是任重而道远。

我曾经就为是否当班主任的问题感到困惑，一位智者的话让我茅塞顿开。他说：“老师，你不是圣人，你生来不只是吃苦、受累，你还要会享受生活，享受教育!”在班主任这条路上前行，与其背负沉重、步履艰辛，“衣带渐宽终不悔，为伊消得人憔悴”，还不如打点智慧行囊，轻松上路，做一个幸福的班主任。

让学生感受老师的人格魅力，让爱心的阳光普照生命的每一个角落，用欣赏和探索的眼光去发掘年轻人的潜力，用欢愉的心情去营造充满快乐的班级氛围，与学生一起成长，一起发展，一起享受幸福的生活，感受真正的教育之乐!

一、 爱与责任， 大智慧

班主任受欢迎的程度，一定程度上取决于他对学生的态度。爱与责任就是班主任赢得学生亲近、喜爱、信任的法宝。

苏霍姆林斯基曾说过：“热爱孩子是教师生活中最主要的东西，没有爱就没有教育。”的确，爱的力量是无穷的，爱心是无限的。爱是教师与学生沟通的桥梁，只有爱学生，才能使其“亲其师，信其道”。每个班级总有着性格各异的四五十个学生，他们或坚强、或脆弱，或个性张扬、或沉默内向，对待不同性格的学生，班主任要有一颗细致温暖的心。在他们悲伤的时候，给予快乐；在他们无助的时候，给予支持；在他们失意的时候，给予慰藉；在他们自卑的时候，给予鼓励……这会让每一颗稚嫩的心灵都照进阳光，让阳光下的日子更加灿烂美好。

一名班主任要广受学生的喜爱，爱心是基础，但仅仅有爱心是不够的，还必须要有对工作的责任心。责任心是驱使我们做好工作的动力，也是使我们赢得学生尊重的基础，它来自于对学生的关爱和对本职工作的热爱。

每一个学生都是充满独特个性色彩的生命体。他们有思想、有情感，需要鼓励与喝彩，渴望重视与关心。教师要有一颗悲悯之心，尊重、欣赏学生，关注学生的生命进程，开发学生的智慧潜能。因此，班主任不仅要培养会学习的学生、有文化的学生，而且更应该培养会幸福生活和能自立自强的学生。

班主任肩负的不仅是教师的工作，更是千万个家庭的希望。陶行知先生说："教师的职务是'千教万教，教人求真'，学生的职务是'千学万学，学做真人'。"陶先生也说过："在教师手里操着幼年人的命运，便操着民族和人类的命运。"马卡连柯也说："教育工作中的百分之一的废品，就会使国家遭受严重的损失。"对民族的高度使命感和对学生的高度责任心，要求我们必须做到"学高为师，身正为范"，必须本着"服务学生，服务教育"的宗旨，善待每一个学生，关注每一个学生的个性发展，激发、充实学生的生命，"协助孩子们用自己的力量生存下去，并帮助他们发展这种精神"（蒙台梭利），从而"让每一个学生在学校里抬起头来走路"（苏霍姆林斯基）！

二、 适时的表扬， 画龙点睛

杨晓华老师说："表扬是甘露，但是过多了则会成了水患。批评是整理枝叶，只有去掉劣枝坏叶，才能使花开得更美。"批评需要表扬的铺垫，没有表扬作铺垫的批评，容易扼杀学生向上的积极性；同时，表扬也需要批评的衬托，没有批评作衬托的表扬，显得软弱无力。只有表扬和批评结合使用，才能取得良好的教育效果，才更能够使学生容易并乐于接受。

我们班里有一名男生，学习成绩不好，面对即将到来的生物、地理结业考试，别的同学都在积极备战，而他却无"事"一身轻。不过他有一个很大的优点，就是热爱劳动并善于筹划调度，别人干不了的事，他总能轻松而高效地完成。有一天，班里的电教橱坏了，当我们一筹莫展的时候，他居然轻轻松松地修好了。在感到惊喜的同时，我知道我的机会来了。"厉害，这么难的事情你都能轻松搞定！"当着全班同学的面被表扬，他很高兴。"你看，这么高难度的事情你都能完成，还有什么事是你做不到的呢？不就是个生物、地理结业考试嘛，前几天你放松自己，是不是也要在这最后的时候轻松搞定啊？我看好你哟！"他嘿嘿地笑了。10天后，他胸有成竹地走进了考场……

每个学生都有自尊心。老师只要善于从点滴小事中寻找积极成分，增强学生的自尊心，就能在学生心中点燃希望之火。

三、幽默，班级生活的润滑剂

根据某中学面向学生的调查，“对学生真诚相待，富有幽默感，课堂上充满快乐”以68%的得票率，被排在“心目中好老师”评选标准的第一位。

著名学者海特说：“幽默是一个好教师最优秀的品质之一。”幽默可以使教师产生亲和力，是师生关系的“润滑剂”；幽默可以营造欢快的氛围，化解尴尬。一次，班里的一名女生，不知道为什么，在教室里哭个不停，我把她带到办公室想问问她究竟是怎么回事。当时办公室里的老师都在，无论我怎么问，她一个字也不说，就是哭个不停，整个办公室的气氛十分尴尬……我扳过她的肩膀，看着她，对她唱到：“轻轻地捧着你的脸，为你把眼泪擦干……”结果，全办公室的老师都笑了起来，她也破涕为笑……

幽默还可以把严肃的批评轻松化。我们学校严格执行学生日常行为规范，尤其对学生的发型要求非常严。有一天，一个男生新理的发型不合要求，我决定和他谈谈。谁知我一说发型他就急了，说：“我昨天刚理的！”看他明显不配合，我决定采取迂回方式：“你知道咱们学校的要求吗？”“知道！”“那理发师知道咱们学校的要求吗？”我又问道。“不知道！”我同情和气愤地对他说：“孩子，我知道，这事不怪你！怪就怪那个理发师！不但害你挨批评，而且还把我们这么帅的小伙子整得这么难看，这不是破坏咱们的形象吗？你告诉我，这是在哪儿理的，下班后我找他去！”一听我这么说，这个男生不好意思地嘿嘿笑了，说：“你可别，老师，怪我没说清楚，明天我就让你看我的新发型！”“呀，真是善良的孩子！那我就等着看帅哥的新形象啦！”我一边笑着夸他，一边暗暗窃喜：搞定！

四、“不经意”的小惊喜，炎炎夏日里的冰镇饮料

每天固定两点一线的生活，慢慢地会让学生滋生一种倦怠感。平静的湖面要有微风拂过，才能有波光粼粼的美色。班主任善于刻意制造一些小惊喜，会为学生的生活增添些许不同，这就像炎炎夏日里的一杯冰镇饮料，沁人心脾的爽快也许能为学生制造一种意想不到的情绪体验。

2013年的五四青年节，我们班召开了“我的青春我做主”的主题班会。这是孩子们生命中的第一个青年节，他们很用心地做了准备，由五四精神延伸到责任意识，由责任意识延伸到现实中的实际行动，可以说，他们考虑得面面俱到。我边听着他们的策划，边微笑着，不语。有的学生沉不住气了，问我：“宛老师，这是我们过的第一个五四青年节，你就不来点表示吗？到时候，你会做什么？”我说：“你们长大了，我看着就很高兴！”孩子们看上去有些小小的失望。但是，那天班会进行到最后，当我怀抱满满一捧玫瑰花走进教室的时候，孩子们兴奋到了极点。

教育不是无谓的牺牲，而是高层次的享受；教育不是无聊的重复，而是富有意义的创造；教育不是无奈的谋生手段，而是多彩生活的展现。教师一生不一定要干成什么惊天动地的伟业，但应当如百合，展开是一朵花，凝结成一枚果。班主任的工作不仅充实而且富有光彩，班主任的人生不仅幸福而且不朽。那还犹豫什么？让我们打点智慧的行囊，轻松上路吧！

附：我的教育散文

我为你们的青春喝彩

我为你们的青春喝彩！我的孩子们，我喝彩你们的青春年少，我喝彩你们的激情四射！

今天，是一个迟到的青年节送上我迟到的祝福，玫瑰代表着我的祝福。它娇艳花瓣上的露珠就像我看你们时熠熠闪烁的眼神——我的眼神真的是这样的动情吗？动情的是我的心啊！我激动的心啊，跳啊跳啊，跳得我脸颊红了，心儿醉了，眼睛湿润了……

我可爱的孩子们啊！去年的你们，还在把你们鲜艳的红领巾郑重地折叠收藏，你们欢呼：“我长大了！”那天，你们告别了自己人生中最后的一个儿童节。我跟你们说：“明年，你们就过青年节了。”你们笑了。会吗？

一个人会在一夜之间长大吗？我还跟你们说："明年，我要给你们一份青年节的礼物。"你们还记得吗？——你们大喊着："宛老师，我们不要棒棒糖！"

是啊，你们长大了，我那些可口的棒棒糖已经不能满足你们的愿望，口齿间的香甜，已经不再是你们的最爱，你们想要什么？真的想要什么？

我想了很久准备了很久的言语，此时竟已不知如何表达……

就在昨天，我想到了玫瑰，想到了那象征着热情和真挚的玫瑰，只有那象征着爱的花朵，也许才能表达我对你们的爱——爱你们的纯真心灵，爱你们的蓬勃生机！我深爱着的你们不就是那娇艳绽放的玫瑰吗？我说："你们的青春，必然会像玫瑰一样，美丽而不张扬，热情而不疯狂，你们青春绽放的日子啊，必与灿烂同行！"

当我怀抱一捧玫瑰面对你们的时候，孩子们啊，你们是否看到了我眼中晶莹的泪水？是否感受到了我心中的阵阵悸动？我在用一个青春的符号向你们展示，在用一个青春的音符为你们鸣奏！我可爱的孩子们啊，在你们青春启程的路上，可听到了我声声的祝福？

人的一生，有很多的第一次。但请一定不要忘记：你们的第一个青年节，有过你们多少稚嫩的豪言壮语！有过你们多少似懂非懂的人生哲理！请不要忘却，第一个青年节，第一支玫瑰，是我亲手放在你们手心的。你们手里握着的是你们的青春，也是我为你们青春的喝彩！

我爱你们，爱你们可爱的心灵，爱你们不断成长的青春岁月！

孩子，我就这样走近你

孩子，请允许我这样称呼你，并不是因为你小，也不是因为我老了，我就是想把你当作我的孩子，所以我喜欢这样称呼你。

孩子，知道吗？我也曾经年轻过。当我大学毕业，刚刚踏上工作岗位时，我也才20出头——你们威严的宛老师啊，当时仅仅21岁，是咱们学校最年轻的老师呢！虽然因为太年轻，我曾经把自己刻意装扮得那么严肃，可是，每周“班级信箱”里的一封封信笺，是不是让我们相互吐露了心声？小小的笔尖，在一张张信纸上驰骋，我的世界你们来过，你们的故事我也用心阅读，心灵的沟通让我们手拉手一起走向了成熟！

还记得吗？1995年的母亲节，当时那还是刚刚时兴的“洋节”，我在给自己的妈妈和未来的婆婆准备康乃馨的时候，也替你们给你们的妈妈每人准备了一支康乃馨——我对你们说，要懂得感恩，懂得父母的含辛茹苦！你们的妈妈收到鲜花，是不是也觉得幸福满怀？

孩子，你是哪一级的？初三接班，我们才走到了一起。我记得你是个脾气特别不好的丫头，和同学闹了别扭，你的武斗胜过了文斗！你说，自己从小没有妈妈的关爱，你不想被别人小看，所以你要用霸道证明你的存在。于是，办公室就成了我们秘密的心灵花园。每次和你坐在办公室，我总是微笑着听你宣泄，让你痛快淋漓地发泄你的不满。看着你一蹦一跳离开办公室时的背影，我在心底轻轻地对你说：以平静的心对待一切吧，善待别人就是善待自己。

那天在课间闲聊，你们问我：“宛老师，你有QQ号吗？你会上网吗？”哈哈，时间过得真快，步入中年的宛老师，让你们感觉到了我们之间的距离？“有啊，可是我也不是很在行，你们能教我吗？”诚恳谦虚的态度，让你们有了强烈的满足感和自豪感，于是，你们很快成了我的“QQ好友”！你们教我截图、教我装扮空间、教我用最漂亮的信纸写日志，玫瑰园里，你们还把自己精心培育的玫瑰赠给我！于是，在你们的带领下，我也成了遨游网络的“电脑高手”。我经常去你们的空间踩踩，一边踩一边细细品味你们的思想、你们的变化；我也不断充实着我的空间，我知道，你们也是经常来踩的。我的每个感受你们也应该非常清楚，空间相通，会不会让我们心灵相通呢？

那天，我们都在线，你的头像不断闪动，“老师，在吗？”“在啊。”“我想和你聊聊，可以吗？”——许久了，我酝酿了许久的计划，今天终于能实现了！惊喜、兴奋，我怎能拒绝？“好啊！”爽快地应答，我们的交流就是从那天拉开了序幕……

那天，你问我，男女生之间的相互喜欢，是不是就是大人常说的早恋？我跟你说，你们这个年龄阶段，异性之间的相互喜欢，是一种欣赏，是生理和心理走向成熟的表现。欣赏，是一种更高层次的喜欢，它让你看到了一个人身上的闪光点，看到了一种品质、一种性格，那是一种对美的欣赏，那种美“可远观，不可亵玩焉”。

我问你，班里这么多男生女生，你们不是相处得都很好吗？大家相互欣赏、相互信任、相互帮助、共同进步，你们不都是很好的朋友吗？何必给自己扣一顶大大的帽子呢？这种负担，你不认为是多余的吗？——你笑了：“呵呵，老师，我明白了，谢了！”

你们就是一群孩子啊，既调皮又爱面子。犯错了，你会在QQ上给我发个鬼脸，然后说：“老师，我错了。能原谅我吗？”“会啊，那要看你准备怎么弥补、怎么改变啦！”第二天，你乖巧地坐在教室里，上课——纪律良好，自习——纪律良好，作业——完成优良。于是，我在同学面前故意说：“呀，你看×××，犯了错，我还没批评呢，就已经知错就改了，真是一个懂事的孩子！”我们都为你鼓掌，而你，却笑着羞红了脸……

你们也会问我：“宛老师，平时闲暇时间，你都干什么？”——是啊，我会干什么呢？我会看看书、翻翻杂志、上上网、看看新闻、写写日志、听听音乐，偶尔还会玩点小游戏放松一下。

你们的兴致来了：“宛老师，你喜欢什么歌啊？”“宛老师，你喜欢看什么书？”“政治老师的语文功底行吗？”……哈哈，你们这群可爱的孩子啊！围在我的身边，让我都不知道该回答谁的问题好了。我说，我喜欢看《格言》，然后，我发现你们手中就多了新出版的《格言》；我说，我昨天听了《星空物语》，你们就大叫：“哦，老师，你好潮啊！”我们还相约一起写命题作文，政治老师的文采究竟怎样，我不知道你们的评价，但是你们用心写的文章，却让我欣赏、欣慰了很久……

孩子，请允许我这样称呼你，并不是因为你小，也不是因为我老了，我就是想把你当作我的孩子，所以我喜欢这样称呼你。其实，我更想的是不断地走近你，走近你们的世界！你们的世界生机盎然，我也会把我的世界营造得青春洋溢，两个世界的相互融合，可以让我们在阳光下共同幸福地生活……

用心、用智，轻松经营班级

张红

名师简介

张红，济南市槐荫区第一期“名班主任”。先后在济南槐荫中学、济南第十二中学任教。担任班主任24年，所带班级多次被评为“济南市优秀班集体”。曾获“济南市优秀教师”“济南市优秀班主任”“槐荫区新城道德之星”等个人称号；在第二届槐荫区班主任素质大赛中荣获一等奖，并被评为“最具魅力班主任”。

妈妈说：我只是告诉自己，当我做一件事的时候，我就要尽力去做好它，比如我这辈子做了你的妈妈，这是我无法选择的事，上帝把你给了我，我的孩子，我就必须尽力做好你的母亲，我做到了。

——《阿甘正传》

班主任面对的是一群依然幼稚但却渴望或者自认为长大了的学生，这些学生无时无处不给我们的教育管理制造着新矛盾，不断地提出费人心思的新问题。这些矛盾和问题，往往是我们班主任开展工作的创新源泉和管理水平不断提升的强大动力。优秀的教师会让学生永不“安心”，但不会让学生感到厌烦，而是让学生感到被挑战。所以说，创新的契机其实就在我们身边，当我们翻箱倒柜忙于寻找创新契机时，一些最和谐自然的教育资源或许正从我们身边悄然溜走。

一、班主任要做“有心人”，让德育“活”起来

德育不能单靠说教，要将我们的教育做得有血有肉，就需要教师做有心人；德育要以设计学生参与的活动为依托，在活动中渗透德育思想。没有精彩的校园生活，就没有学生终生难忘的亮点。没有学生体验的活动，就没有德育。

1. 教育要与孩子成长的需要形成“共振”

开学第一周，学校要组织为期一周的军训，这是班级组建后的第一次活动。在全班同学还互不相识的情况下，大家就要离开父母，同吃同住。为了让学生感受集体的爱与温暖，使同学之间的关系更亲近、融洽，增强班集体凝聚力，军训前一天，我组织开展了主题班会活动——让我牵着你的手。

我首先带领同学们完成一个游戏：一部分同学将眼睛蒙上，扮演盲人，另一部分同学扮演聋哑人，随机牵着一名扮演盲人的同学，按照老师指定的路线走向终点。期间，他们要穿过低矮的横杆，通过只容一人通过的两棵小树的夹缝，还要不断转弯、上楼梯、下楼梯。扮演聋哑人的同学只能通过自己的肢体语言把信息传递给他牵手的同学，到达终点后再换另一组同学。活动中所有同学都有一次扮演盲人和聋哑人的机会。

然后，我们回到教室，我让同学们说说自己的活动体验。有的同学说：“眼睛被蒙上后，本来自以为熟悉的环境完全变了样子，我根本不知道自己身在何处。当有人牵着我的手时，我立刻觉得有了依靠，不害怕了。”还有的同学说：“为了不让同学受伤，我跪

在地上慢慢抬他的腿，上台阶；在穿过横杆时，我怕碰着他的头，就弯着腰用我的上身保护他。”通过这样的亲身体验，大家真正领悟到了自己所在的是一个团队，也体会到了什么叫信任。最后大家手牵手唱起小虎队的歌《让我牵着你的手》。

军训期间，班里的同学互相帮助，获得了最佳方队奖。教官送给大家的一句话就是：“因为你们团结，所以才战无不胜！”

2. 班级活动应当注重学生体验

班集体是学校开展教育活动的基本单位，班集体的建设与班级中每个学生的成长和发展具有直接的关系。而活动是集体的生命，是实现集体目标的有效形式，是打造良好班集体的有力手段。

初一阶段是小学升入初中的转折点，养成教育尤为关键。叶圣陶先生认为，教育就是养成良好的习惯。陈鹤琴先生也指出：“教育一个人要从小就注意，讲话怎样讲，批评怎样批评，做人的态度，对人的礼貌，以及一切的一切都要从小养成。”

七年级学生好动、好奇、好表现，自我意识又强，课堂上倾听能力的培养是养成教育中不可缺少的。初一刚刚接班不久，我就发现课堂上孩子们发言踊跃，气氛很活跃。可存在的问题是：一个学生的发言还没有结束，其他学生就迫不及待地举起手，声音此起彼伏，唯恐老师看不到自己，只顾着自己表达，根本不理会其他同学的回答内容。为了让学生认识倾听的意义，我设计了名为“学会倾听”的主题班会，收到了意想不到的效果。

班会分为四个环节：

（1）活动体验——演讲比赛

班会前一天，我选择了两名学生（其中一名是平时倾听习惯特别不好的小鹏），要求他们精心准备两分钟的演讲内容，在班会课上比一比谁的演讲更精彩。两名学生做了充分准备，还为演讲配了优美的音乐。

在他们演讲之前，我偷偷告诉其他学生：“小鹏演讲时，你们不必认真听，可以东张西望，左顾右盼，写作业……但另一个同学演讲时，你们要全神贯注地听。”

首先是小鹏进行演讲，大家按我的要求自顾自地做着自己想做的事儿，全然不顾及小鹏投入的演讲。演讲不到半分钟，小鹏就看着我不知道该怎么办了。我鼓励他说："坚持!"他又面对无视他的同学演讲了几句，眼里含着泪坐到自己的座位上一言不发了。第二个同学开始演讲了，同学们都挺直了身子，认认真真地听起来。还没等这个同学演讲结束，小鹏就气冲冲地喊道："这不公平，为什么我演讲的时候你们不听?"

这是本节课设计的一个至关重要的环节，旨在引导学生进行自我批评、自我暴露，让学生有知不足而后进的思想。设计方案时我充分考虑到活动课最核心的两个要素——活动和体验，通过创设一定的心理情境，唤醒学生内心深处的一些心理体验。比起老师的说教，作为处在成长中的有自我教育可能性的受教育个体，学生更需要的是"润物细无声"的无痕教育。

(2) 活动体验后讨论

活动的目标在于让学生通过同桌讨论、小组讨论、全班自由讨论，达到相互接纳、相互包容、情感互动的目的。无论演讲者还是倾听者都体验了不同的倾听态度和倾听行为带来的不同感受，学生们通过讨论对什么是不良的倾听行为、什么是良好的倾听行为有了清晰的认识。

(3) 介绍倾听的方法

通过欣赏公益广告《倾听》和有声小说《窗边的小豆豆(节选)》，让学生体会倾听不仅仅是一种习惯，更是一种尊重，倾听还会让我们收获友谊和真情。

通过欣赏喜剧小品《竹竿与猪肝》，让学生进一步感受倾听是一种重要的学习习惯和学习能力，同时教给学生上课怎样倾听才是高效的。

(4) 重温倾听的魅力

最后，我请先前演讲没有获得成功的小鹏重新走上讲台再做一次演讲，要求同学们身体前倾，屏息关注他的眼神，情感随着他的演讲而起伏：如果他高兴，请报以会心的微笑；如果他悲哀，请陪他垂下眼帘。之后，我还要求同学用一两句话评价小鹏的演讲。演讲结束后，请小鹏说出自己的心情。

班会课所要达到的教育目标远远不是在短短45分钟时间内就能达到的。班会课后，我又趁热打铁开展了"每日新闻演说"活动，利用早自习前5分钟，请每一位同学轮流做新闻发布；开展了倒计时提醒活动，当班级再次出现你一言我一语、无所顾忌地争论的状况时，班长立刻起立开始5秒倒计时，提醒大家安静下来。通过一段时间的训练，上课纪律好了，越来越多的学生养成了专心听讲的好习惯。

二、打造有特色的班级文化

著名教育家杜威曾经说："学生在学校可以同时受到两种教育，获得两种知识；一种是有意识地学到的知识，一种是无意识地学到的知识，有意识地学到的知识是专门的学习学到的，而无意识学到的知识是他们受到人文环境的影响，在环境中看、听、与人交往时所获得的知识。"杜威先生在这里所说的人文环境，其实就是我们经常谈及并且努力实施的班级文化建设的主要内容。

校园文化、班级文化建设不仅仅是办壁报、张贴名人名言。我们的校园内到处都是标语、名人名言，但学生却熟视无睹，谁会去关注它呢？又有多少人会去理解、诠释它呢？

"今天你以学校为荣，明天学校以你为荣！"这句话在大多数学校都能见到，但却很少有人能将它放在心中，更别说将它当成一种精神动力了。我们教师必须引导学生共同创建班级文化，赋予自己的班级文化以独特的精神内涵，塑造自己的班级精神，打造自己的班级特色。

班集体是学生发挥创造力、开发潜能的重要场所，班集体又因其不可动摇的精神内涵决定了学生的个性发展。因此，打造有特色的班级名片是班集体建设的重要一环。创建特色班集体方法有很多，我觉得特别有效的有以下几种：

1. **夸大其词**

一个健全的集体在班级建设中离不开正确的舆论导向，它是一种无形的力量，能把不良思想消除在萌芽状态。班主任要善于捕捉舆论的焦点，善于发现学生中一个个小小的闪光点，并把这些"点"刻意地加以放大，班级的强项就被"夸"出来了。

在班级大课间活动时，我们班学生原来集合站队总是拖拖拉拉，体委整队多次也不见效。周二的微机课后正好是大课间活动，学生下课后早早就到操场上准备课间活动，我走过去，兴奋地冲大家说："我们班是第一个来到操场的，我们要让其他班的同学看看优秀班集体是怎样做的，好吗?”听到我这样说，学生立刻自觉地站好了队伍，还不时互相提醒保持队伍整齐。班会课上，我把学生大大表扬了一番，还说：“今天我们班的队伍是全校最棒的，校长都在打听最先站好的那个队伍整整齐齐的班是几班呢?”我把当时我照的照片展示给他们看，有的学生不满意地说：“队伍还是有些歪。”我接着说：“我希望明天你们能做得更好!”第二天我们班的学生不仅第一个来到操场，而且队伍排得像一条直线。后来我才发现，原来班干部在前一天用皮尺测量并标记了每个同学的位置。多么用心的班干部，我们班的队伍就这样成了全校的榜样。

在班级舆论的建立过程中，老师积极暗示多一点，学生的态度就会积极一点儿，久而久之，班级的强项就越来越多。要知道，学生生活中处处有闪光点，学习上有强势学科，运动上有强势项目，活动中有自己特色，作为班主任不要觉得自己的班级一无是处，而要善于“夸大其词”，因为孩子们的优点等着你去发现、开发、培养。

2. **人弃我取**

别人不重视的事，就是我的突破口，这就叫“人弃我取”。

有些班主任对班级壁报、黑板报不愿过问，但我认为班主任应该重视第一次的墙报。我总是指导学生精心完成第一次黑板报、第一次壁报。有了第一次做榜样，下一次时学生就不敢怠慢，总是想方没法要出得比上一期好，所以我们班的各种墙报越办越精彩，在各种评比中所向无敌。评委们只要看到我们班的名称，不用多看就可能给高分，因为第一印象已经形成，这就是品牌的力量，这就是“班级名片”。它是一个班级的骄傲、是学生引以为豪的资本，是团结全班学生向着更高目标迈进的起点。

3. **常规事情程序化**

班主任每天需要处理的事情太多、太杂，有的班主任整日忙碌，却还是无法把班级管理好。我认为问题不是出在学生身上，而很可能是出在班主任自身。作为班主任，我们要经常反思自己的管理控制能力，再小的事情中也蕴含着智慧。一个智慧的班主任一定是一个善于动脑筋的人。

安排卫生扫除时，我事先会把所有的工作都仔细想好，把每个人的工作都分配好，把进行大扫除的流程计划好。比如，我会先要求每个学生将自己的桌椅擦干净，然后要求扫地、擦窗户、擦门、擦黑板的学生在限定时间内完成各自的工作，最后是拖地。拖地的人分成三组，依次将地面擦一遍，这样，教室的地面就拖了三遍，每个人都是干完就走，所以动作就快。我会安排一个学生专门负责检查，每个人干完后需要经他检查，过关了才可以离开。卫生委员留到最后检查收尾。这样的卫生扫除既快又干净。

我们的教室在休息日经常用做社会上一些考试的考场，还有期中、期末考试，考场的座位安排和平时不一样，每次都要调整。我们班的学生都了解这个基本程序，他们知道不同形式的考试对考场要求不同，知道自己桌子应该摆放的位置。因此，不管是哪种考场安排，只要几分钟，大家就能将考场桌有序地安排好。

一个智慧的班主任应该是调度有方的，这样才能在各种活动中有条不紊、忙而不乱地开展工作。班级管理工作虽然琐碎、繁杂，但却充满了挑战和乐趣，班主任只要用心、用智，就一定可以将工作做得轻松，就能成功地经营好班级。

附：我的教育故事

我不要与你们有“鸿沟”

随着年龄的增长，我与学生间的沟通无形中多了些难度。为了赢得学生们的信任，开学那天，我在黑板上写道：“因为相聚，所以珍惜，记忆中最闪光的一页，会是我们一起走过的日子。”之后面对50张稚嫩的面孔，我准确无误地叫出了所有学生的姓名，学生们惊喜的表情、感动的眼神，让我感到此时此刻我们的心是贴得那么近。

但接下来的事却没有我想象的那么顺利，那条似乎无法逾越的岁月鸿沟总会在不经意间横在眼前。笑笑的故事就令我难忘。

班里有个女孩儿名叫笑笑，从来不交作业，问她原因也总是闭口不答，让她交作业，她点头答应了可接下来却再也没了音信。办公室里我苦口婆心地跟她谈了两节课，也没能换来笑笑一个字的回答，我恼火了，冲她大声吼道："今天作业交不上就不要回家。"谁知她竟然跑出办公室，回到教室拿起书包就走。她的倔强让我突然意识到她一定有难言之隐，却又无法表达，无处倾诉。

我真怕自己的一时冲动影响了孩子，忙跑下楼去拦住她。四目相对，短暂沉默后，我说："也许老师没能了解你的真实感受，你跟我回去吧，我们好好聊聊，请相信老师一定能帮助你！"笑笑哭了，抽泣着什么也不说。

笑笑虽然回来了，可积聚在她心里的秘密一定还在不时地困扰她，怎样才能走进她的内心，走进所有孩子的内心呢？

在我利用一切机会了解学生的时候，又有一些现象引起了我的注意：课间我走进教室时，本来三三两两在一起高谈阔论的学生一下子就散开了；体育课上，本来打打闹闹的学生看见我来了，就会下意识地立正站好。我有那么可怕吗？我反思自己：我每天带给他们的微笑似乎并没有减少啊！

通过与学生深入交流，我了解到：他们拒我于千里之外的原因是害怕自己谈论的话题、自己的心事不仅不被老师理解，反而会引来老师的责备和训斥。看来，我缺少的是能让学生信赖并让他们产生倾诉欲望的亲切感。如果学生连自己的老师都不能信任，那么肯定会对他们的人格发展造成不利的影响，而这是我所不愿见到的结果。

为了缩小与学生之间的鸿沟，为了拓宽与学生交往的渠道，我开始关注娱乐八卦、网络游戏、动漫。我发现这些新鲜事物对好奇心强的中学生有着无限的吸引力，单靠说教来阻止他们沉迷游戏或追星是行不通的。教师必须走进孩子们的内心，才能真正明白他们的思想，并进行有针对性的教育辅导。课余时间，我和学生一起谈论他们感兴趣的话题，他们还主动邀请我加入他们的QQ群。学生们了解到老师的年龄虽然比他们大了许多，但有着与他们相同的生活情趣。这种相同的生活情趣拉近了我们的距离，慢慢地，学生们开始信赖我了，也愿意接受我的观点了。于是，我开始介绍自己读过的书，培养学生的阅读习惯，引导他们从游戏、追星的盲目中走出来。

与笑笑的交流也在信任中以书信的形式进行着。她已经开始交作业了，她的作业本中经常夹着漂亮的带着香味的信纸，向我诉说她的故事：小学四年级时笑笑的爸爸妈妈离婚了，一次放学回家，她的车子坏了，无助的她只好请班里的男生帮忙，碰巧的是刚走到校门口，被下班的妈妈看见了，不了解真相的妈妈不问青红皂白就打了她。原来她的叛逆是对妈妈的一种反抗。一天，我又收到笑笑写的一封简短的信，信中说："老师，我妈妈要走了，她不要我了，她不再爱我了。"一个本来就生活在单亲家庭的孩子，现在又面临着与母亲分别的痛苦，真不知道她怎样面对以后的生活。我在教室找到笑笑，说："老师知道你舍不得妈妈，老师批准你现在就回去陪妈妈，等妈妈走了再回来上课。你要理解，妈妈离开你肯定有她的原因，但请你相信妈妈是爱你的，因为全天下的母亲都爱自己的孩子。"

看着笑笑远去的身影，我下定决心一定要让她成为一个内心充满爱与快乐的女孩！

打造个性飞扬、健康向上的班集体

徐新

名师简介

徐新，济南市槐荫区第一期“名班主任”、济南市第二期名师人选、济南市优秀教师、济南市优秀班主任、济南市教科研先进个人。任班主任25年，所带班级被多次评为“济南市优秀班集体”。2010年校内领衔名师工作室，积极开展教学研究，探索科学育人之路，主持市级“十一五”重点课题“初中生沉湎于网络的原因及对策的研究”，多篇论文在省、市、区获一等奖。

教师要像对待荷叶上的露珠一样，小心翼翼地保护学生的心灵。晶莹透亮的露珠是美丽可爱的，却又是十分脆弱的，一不小心露珠滚落，就会破碎，不复存在。学生的创造心灵，就如同露珠，需要教师和家长的加倍呵护。

——苏霍姆林斯基

光阴似箭，日月如梭，转眼间我从事班主任管理工作已经有25年了。从多年的班级管理中，我逐渐感觉到，严厉的“警察式”或溺爱的“保姆式”班级管理已经严重影响了学生的身心健康。在班级管理实践中，我逐渐形成了自己的班级管理特色，坚持以学生发展为中心，坚持“科学民主”的管理原则，尊重学生的个体差异，照顾后进生。

一、制订适合本校本班的发展规划

奋斗目标：打造个性飞扬、健康向上、能打胜仗的优秀班集体。

阶段目标：

1. 我的班级我做主，人人有事干，事事有人干。通过学生来管理学生，初步形成科学、民主的班级特色。

2. 用心关注每个学生的健康发展。

3. 形成团结向上、互帮互助、永不言败的班风，在学校和班级各项活动中，展示班级朝气蓬勃的特色风貌。

二、让学生成为班级的主人

没有规矩不成方圆，管理班级也不例外。每当我新接一个班时，在了解学生的同时，开篇第一件事就是与全班同学一起制订班级共同奋斗目标、班级规章制度、班训、班级口号等。大家的班级大家管，所有规章制度全都是在广泛征求所有成员意见的基础上制订的。这样做既激发了每个学生内心的集体荣誉感和责任感，又促使每个学生都能自觉遵守“班规民约”，积极为班级争光。

如我们班的班训为：天道酬勤、恒者能胜；班规为：选择适宜的方法自主学习，选择文明的方式与人交往，选择健康的活动充实自己。一段时间下来，这些班级常规已基本内化为学生自觉的言行。

在我们班级，人人有事干，事事有人干，每个人都有各自的任务。例如，有专门负责桌椅维修的桌长，有专门打扫厕所的所长，有专门负责摆放自行车的车长，更有常务班长、值周班长、值日班长、黑板长、花长、暖气长、（计算）机长、锁长、（垃圾）篓长、组长等，分工明确，学生也以主人翁的姿态履行自己的职责，共同管理班级。大家把自己真正当作了班级的主人，即使班主任不在，他们一样把班级管理得井井有条。

为了管理好我们的“家”，多年来我积极进行大胆的民主管理，充分发挥每个学生的作用。实行“值日班长”和“班级日志”制度，每个人轮流当值日班长，负责班级管理和班级日志的记录，充分实现了每个学生当家做主。通过学生自主地对班级日常事务进行管理和记录，贯彻“人尽其才，物尽其用”的原则，充分挖掘班级人力资源，使全部学生以积极的态度自觉自主地投入到班级管理中去。

三、用心关注每个学生的健康发展

魏书生说：“民主管理与科学管理是班集体这只鸟的两翼，缺少任何一方，班集体就无法腾飞。”因此，我在班级管理中，既实行民主管理，又讲究科学的育人方法。

学困生因为各方面表现较差，常常在班级中遭到其他学生的白眼。他们在同伴中找不到自尊，在自己身上找不到自信，在老师面前更觉得羞愧。但他们也渴望能像优生一样，每天在课堂上高举双手、胸有成竹地回答问题，得到老师同学赞美的目光。可是他们不行，他们在课堂上表现的机会越来越少，信心慢慢丧失……

我们作为老师，应该怎样帮助学困生改变这种状况呢?

首先，要在学困生身上寻找闪光点。学困生并不是什么都差的孩子，教师要尽力从他们身上找到闪光点，发挥他们的长处，以此来培养他们的自信心。比如，有的学生绘画很好，那就多让他出出板报；有的学生热爱劳动，那就把集体劳动的指挥权交给他；有的学生喜爱运动，那就让他当体育委员；有的学生有艺术特长，那就找机会让他抛头露面；有的学生有管理能力，那就委以重任。

找到了闪光点，放大了长处，他们就拥有了自信，也就有了前进的动力。

其次，在学习上给予学困生更多的关心和帮助。我充分发挥优生优势，在班里成立了“一帮一合学互助组”，把学困生与优生一个个结成对子。每次考试后，给予学困生进步的小组一定的加分和物质奖励，变学困生“单兵作战”为“团队集团军作战”，这既可以让学困生感受到班集体大家庭的温暖，又可以及时检查所学内容，为他们掌握科学有效的学习方法提供帮助。

每次考完试后进行成绩分析时，我从不把全班成绩公布出来，这样会给学困生留下面子，保护他们的自尊。

再次，注意说话的分寸，以长补短。拿捏好说话的分寸非常关键。教师要注意克制自己的情绪，哪怕后进生做出再惹人厌、惹人烦的举动，也一定要用有修养的语言鼓励学生有错就改，而不是动辄威吓体罚，以势压人。用“犯错误请表演节目”“没守纪律亮亮绝活”等“以长补短”的方法教育学生，既淡化了后进生的逆反心理，密切了师生、同学之间的关系，还调节了班级气氛，使学生在愉悦中受到教育。我对后进生的尊重、鼓励和关注使我和他们的感情与日俱增，几个调皮学生的转化也终于让任课老师露出了笑脸。

四、通过活动教育学生，增加班集体凝聚力

班集体是个大家庭，学生生活在一个快乐、幸福的大家庭中，心情愉快才会健康成长。我深知开展丰富多彩的班级活动对学生的健康成长的重要性。它既能培养学生之间的团结协作精神，使学生在活动中受到教育，同时又能挖掘学生的潜能，培养学生的创新精神和实践能力。

我们积极开展各项活动，每周的班会就是学生彰显自我的平台：我的班会我做主、我来当老班、书法展览、故事会、日记接力、课本剧表演、新闻发布会、爱绿护绿、知识抢答、青年志愿者、经典名著我知晓……这些活动既能帮助学生在快乐中巩固所学知识，又多方面地提高了学生的能力。

在学生逐渐趋向成熟的特殊时期，也就是八年级上学期，我还专门策划了“我的未来不是梦”的主题教育活动，让学生设计自己的人生发展规划。这项活动让我大开眼界、激动不已。我没想到自己的学生的人生目标是那么宏伟，没想到自己的学生的理想是那么远大，没想到自己的学生的

内心是那么丰富，没想到自己的学生为他们自己设计的明天是那么精彩……一沙一世界，一鸟一天堂，通过我的学生，我仿佛看到了祖国灿烂辉煌的明天。

附：我的教育故事

体验是学生成长的基石

“体验就是一种跳跃，它不在意跳起的高度，在意的是腾空时的感觉和如何腾得更高！”

2010年夏天的一天，我所带的班级学生毕业了。本来以为应该顺理成章地带初一新生班，我却突然接到校长的通知：“初一（3）班现在问题比较严重，家长意见比较大，原班主任已经不适合继续担任该班的班主任，经校务会研究，大家一致认为你是最合适的人选，希望你能够接受这个任务。”这真是给了我个措手不及。

初一（3）班是全校最让人头疼的一个班，很多老师一提到上这个班的课就头疼。初一短短一年的时间，这个班学生的学习成绩在全校排倒数第一，更严重的是，在这么短的时间里，这个班竟然发生了因学生在课间打闹而造成学生脖子被扭伤和学生头被磕破两起安全事故！这是任何老师都不愿意带的班，但我不得不服从组织的安排，不得不对学生负责。

中途接班，找好切入点成为摆在我面前的棘手问题。

一个偶然的机会让我与这个班的学生提前进入了角色。8月的一天，我接到了学校领导让学生参加军训的通知。为了通知到每一个学生，和班长商量后，我加入了这个班的班级群并在群里发了通知。学生们兴高采烈地参加了军训，但我却在加入班级群的一段时间里发现了有的学生存在过度上网的问题。有的学生竟然从早上8点到晚上一直沉湎于网络游戏，这样怎能把学习成绩搞上去？

初中生正处于人生观、价值观形成的关键时期，这个阶段是个人成长中的一个自我整合、多力塑造的重要阶段。处于这一阶段的青少年好奇心强，情绪与情感丰富，渴望交流，但缺乏社会经验，自制力较差，缺乏对是非、曲直、美丑的辨别能力，容易受不良诱惑的侵蚀。如果引导不力，很容易导致他们行为失控。

发现了这一问题之后，虽然才刚刚上任，但我觉得自己必须马上进入角色。我首先想到的就是做家长的工作。我希望通过家访或电话联系，获得家长的理解和支持，让他们多监督孩子。但是过了一段时间之后，我发现效果并不明显。

9月的一天早上，我走在寂静的校园里，远远地就听到有女人的哭声。原来是我们班学生小胡和他的妈妈在那儿，我赶紧迎过去。小胡妈妈擦了擦眼泪，气呼呼地拉着小胡的手，三步并作两步地走到我跟前，气愤地说："老师，我是没办法了！我和他爸爸都是下岗职工，靠卖菜来养活家里。家庭条件虽然差点，可为了他的学习，我们什么活都不让他干，还给他报了辅导班。可是这周六下午辅导班的老师打电话给我说他没去上学。他爸爸扔下手头的活去网吧找了很久才找到他。问他从哪里弄的钱去网吧，他说是平时我们给的饭钱，他没买饭省下来的。"她继续说道："老师，我们没办法了，他爸爸病倒了。你打也行骂也行，只要把他教育好，怎么都行!"安慰了小胡妈妈一番后，我便把她送走了。

我想起了3年前，我所教的班也有个与小胡家庭背景相似的学生，叫阿策。他通过体验生活、感受亲情，最终改变了恶习并考入了山东省实验中学。于是我继续沿用以前的办法，拿出了这篇使无数人落泪，也曾经使我们班学生中考前斗志昂扬的文章——《爸爸，您的爱是我一生的动力》，一边递给小胡一边说："今天我请你朗诵一篇文章。"他没有推辞，念了起来：

初三的生活对我来说是很轻松的，因为我早早地便被大家认为是"病入膏肓"的学生。老师常说："他？考学难啊，他是吃不了苦的。"

因此，我对自己一点责任感也没有了，每天晚上，我只写完明天要交的作业，便早早地睡觉去了。

寂静的夜晚来临了，时钟刚敲过9下，我的上下眼皮便开始打架了。我想，我该睡觉去了，让那该死的课本见鬼去吧！我站起身，向客厅走去。我自认不是个男子汉，上了中学还怕黑夜，所以爸爸每天都会在客厅看电视，以此来振作自己的精神，好陪伴我学习。我走到房间门口，但听不到一丝电视的声音，奇怪，爸爸难道睡觉去了吗？我心里竟不由得生出一丝反感。可推开房门，我却见爸爸正坐在沙发上。

电视还开着，音量已被调低到了极限。爸爸的两只手托着腮，身体微微晃动。我喊了一声"爸！"但是爸爸一点反应也没有，似乎什么也没有听到。客厅里很暗，只有电视发出的微弱的光。爸爸看电视从来不开灯，因为他总怕浪费电。我走近了才发现，爸爸居然坐着睡着了。他的确太劳累了，头上已然有了白发，在外劳作了一天的他，手都已经冻裂了。想到他为我做了这么多，我却……我不忍心再想下去，又轻轻唤了一声"爸爸"。他的眼皮先是抖动了一下，然后努力睁开了，露出了布满血丝的眼球。他看到了我，说："要睡觉了？我去帮你铺被子。"他用一只手撑住沙发，挣扎着要站起来，猛然间身子却没有站稳，向前倾去，我赶紧扶住他。爸爸苦笑了一下说："你爸真不中用，连这点小病都扛不住了。"我这才突然想起，爸爸已经感冒两天了。爸爸说："我去给你铺被子。"

我的泪水快要涌出来了，我说："爸爸，我再看会儿书吧！"爸爸愣了一下，然后应道："好……"

那一夜，我第一次学习到午夜，我对着天上的星星发誓："从今以后，爸爸的爱将成为我一生向前奋进的动力！"

当念到第5段的时候，小胡的声音哽咽了，他的泪水像断线的珠子掉到了纸上，渐渐地，他念不下去了……

我用脸盆给他端来了洗脸水，先让他洗去眼泪，然后慢慢等他安静下来。我说："我也希望这是你一生的动力。"他激动地说："老师，您放心吧！"

想教育好学生并不容易。原以为从此之后小胡过度上网的问题能得以解决，我却怎么也没想到，仅仅一周之后，小胡妈妈又因为这事找我了。这次他不去网吧了，改成到同学家上网玩游戏。我这才感觉到小胡的问题根本不是一朝一夕就能解决的。我重复着对小胡妈妈的劝慰，送走她后便和小胡谈起了心。我了解到了，小胡之所以喜欢上网是因为他对网络的好奇和周末在家的孤单。再对照他近来的学习成绩和表现，我决定带他亲身体验父母卖菜的生活，让他感受父母的不易。

我首先和他的父母进行了沟通，他们很赞成我的做法。在做小胡的工作时，他一开始没吱声，似乎不赞成，我想他应该是感觉面子上过不去。最后我承诺在他亲身体验父母卖菜生活的那天，我也会去，他这才勉强同意了。

虽然周六早上下着小雨，可是6点半我就到了小胡家。他有些吃惊，有些激动地说："老师，下着雨，你还来了？"我说："君子一言，驷马难追！"我和他的父母帮着小胡把菜装上了车。按事先约定，他自己穿上雨衣，一个人出发了，我们远远地跟着他。直到下午两点，饥肠辘辘的小胡终于卖完了一车蔬菜。去掉成本，他净挣了31元8角5分。小胡脸上充满了喜悦，他激动地落下了泪水："老师，我什么都懂了，放心吧，我会给你一个惊喜的！"

从那以后，小胡妈妈经常给我打电话，告诉我小胡在家的表现，小胡再也没去上网玩游戏。期中考试时，他在年级排名进步了57名，给了我们一个惊喜。

通过这一个案例，我更清楚地认识到体验对教育的重要性。我经常在节假日，在家长的配合下，利用社会资源，让学生走出学校，到社会生活实践中去学习、去体验、去感悟，使他们最终学会与人合作、与人交流、学以致用。在参加青年志愿者活动时，学生感受到了奉献的乐趣；参观济南二机床集团有限公司，观看了工人挥汗如雨工作的场景以后，学生体验到了"辛苦"的内涵；参观济南佳宝乳业有限公司牛奶生产过程之后，学生懂得了健康的重要性，对生物学科的学习热情更加高涨；通过到社会福利院慰问孤儿、孤寡老人，学生品尝到了助人为乐的滋味；通过为家长洗脚、做饭菜、整理家庭卫生等活动，学生越来越成熟了……

"让德育像呼吸一样自然；让德育与学生心灵无缝对接；让德育富有魅力和效力。"为此，我一直在努力！

让班级活动成为班级管理的珍珠链

刘媛

名师简介

刘媛，济南市槐荫区第一期“名班主任”。1998年7月毕业于济南大学，任教于济南第二十中学，现为学校教务主任。担任班主任11年，所带班曾被评为“济南市优秀班集体”。曾获“济南市职工职业道德建设先进个人”“槐荫区优秀教师”“槐荫区教科研先进个人”等荣誉称号；获得第二届全国主题班会录像课评比一等奖，济南市优秀班会比赛一等奖，参与多项省市级课题研究。

个性在任何方面都不是先于人的活动而存在的；个性也和人的意识一样，产生于活动。

——列昂节夫

上大学时，我曾经读过苏霍姆林斯基的书。苏霍姆林斯基笔下的班级生活非常美：在校园幽静的角落里，学生们信任地将记录着自己内心世界活动的诗篇低声吟诵给教师

听；在明朗的早晨或朦胧的傍晚，师生一块来到牧场或森林里，做游戏、听音乐、编故事；在天气晴朗的日子里，教师和学生一起在潺潺流水的小溪旁，在雪中盛开的报春花中寻找春天；在初秋恬静的黄昏，师生来到他们亲手创造的充满魅力的角落与夏天告别……

怀着憧憬与梦想，大学毕业后，我成为了一名教师。工作的第一年，学校就安排我担任班主任。那时候，班里总会出现这样那样的问题，我就像灭火器一样刚灭了这里又灭那里，工作毫无章法，我疲于应付，忙得焦头烂额。

送走第一批学生之后，我开始反思，班主任工作应该是超前的，我不要做滞后的"灭火器"！苏霍姆林斯基笔下的班级生活再一次浮现在我的脑海中……

我认为首先要改变的就是我的工作方式，于是我选择了班级活动。

班级活动是一种教育活动，也是一种生活。说它是教育活动，因为它时刻在追求教育效果，关注活动是否促进了学生的发展；说它是一种生活，因为它是学生在学校的一种生活方式，需要关注活动本身的趣味性与活动的美，让活动给学生带来更多的快乐。

我相信，活动最能育人，班级活动可以带动班级管理。成功的班级活动能使学生增长知识、陶冶情操、锻炼能力，加深师生之间的理解和信任，增强班级凝聚力，并给学生留下深刻而美好的回忆。

一、 主题教育活动

主题教育活动的核心是主题班会。成功的主题班会令人难以忘怀，教育效果明显，它通常需要花费班主任和学生大量的时间，对师生素质和班级气氛都有很高的要求。

主题班会所选择的主题既要让学生感兴趣，又要对学生起教育作用。筹备、开展主题教育活动，对于全体班委也是一个锻炼的机会。在这个过程中，每个班委要各负其责，材料准备、板报宣传、主持人的选择都由他们决定。我们班每一次的主题教育活动都是学生自己准备的，这有利于他们能力的提高，也更能保证主题教育的效果。

有一次，我们班里一位学生的脚骨折了，需要大家的帮助，于是班委策划并召开了“与人玫瑰，手留余香”的主题班会，号召大家帮助那些需要帮助的人。孩子们的能力超出了我的想象，虽然他们的有些想法还很幼稚，但是他们的诚意，他们的执着感染了参加班会的所有人。这时还需要我们老师不停唠叨吗？这次班会学生所获得的教育效果比唐僧式的唠叨有效得多。

其实，让学生主持班会也是一个教育理念的问题。有的班主任觉得让学生准备班会会耽误学习时间，所以不仅不会放手让学生参与，甚至自己都不做准备。事实上，在主题班会的准备与召开过程中，学生筛选材料的能力、语言表达的能力、分工协作的能力都能得到极大的锻炼。我们在教学时应做到三个观念的转变：变说教为活动渗透，变单一教育途径为多种教育途径相结合，变被动接受为主动吸收。

2008 年上半年，我所带班的学生临近毕业。4 月份我们班要参加全国班会课录像比赛，尽管此时我和全体班委不可能耗费太多精力去准备，但经过 3 年的锻炼，我的学生早已知道如何在最短的时间内准备好一节班会课。最后，我们班获得了全国一等奖的好成绩。难怪毕业时，我的学生都说自己是带着很多荣誉离开济南市二十中学的，其自豪之情溢于言表。

同样是 2008 年，我代表槐荫区参加济南市主题班会比赛。我和学生们经过商量，决定以奥运精神为主题召开班会。

我们先一起观看了奥运会精彩视频片段，大家感受到了运动员在奥林匹克这个大舞台上奋力追逐自己梦想的精神。然后我让学生发言说自己喜欢的奥运明星，并说明自己喜欢这位奥运明星的理由。学生们喜欢的奥运英雄，都有着令世界瞩目的成绩，在这些运动员身上，都有一种勇于挑战、永不言败的精神。这些奥运英雄诠释了奥林匹克精神，即追求更高、更快、更强。于是，我们得出结论：奥林匹克精神的第一重内涵——超越极限，奋勇拼搏。

之后，我话锋一转："博尔特只有一个，菲尔普斯也只有一个，在赞叹竞技体育取得的成绩的同时，我们也需要思考，超越人类极限不是每个人都能做到的，难道奥运精神仅限于此吗?"

于是我说出了我自己喜欢的一名奥运选手——埃里克·莫桑巴尼。这是一位来自赤道几内亚的选手，一个业余游泳的黑人小伙子。他参加了男子100米自由泳比赛，但他此前从未参加过50米以上的游泳比赛，因为赤道几内亚没有这样的标准泳池。莫桑巴尼在比赛时游得很慢，但却赢得了观众的掌声!

学生通过分析发现，虽然没有超越人类极限，但是莫桑巴尼突破了自我，超越了自我。对他来说，能完成比赛本身已经是一种超越了。正如奥运之父顾拜旦所说："奥运会重要的不是胜利，而是参与。"因此，超越自己、不断进步，这是奥林匹克精神的第二重内涵，也是奥运精神的真正体现。

奥运精神对于学生的实际生活又有着怎样的意义呢？学生们纷纷说出了自己生活中的一些事例。

一位学生介绍了丘索维金娜。她超越自己的体能极限，33岁当上妈妈后仍然活跃在体操场上。她所做的这一切都是为了她的儿子，那她认为这是一种负担吗？不是。她告诉我们，当心中有牵挂、有信念时，我们所做的事情就不是一种负担，而是能让人获得快乐的事情。

我迅速将丘索维金娜的快乐转移到学生身上，说："现在你们进入初中已经3个月了，学习负担比小学时重得多，应该以怎样的心态去对待这个问题呢?"

学生们得出结论：享受学习的快乐，享受成长的快乐，快乐可以化腐朽为神奇，快乐可以给我们增添无穷的力量。丘索维金娜面对那么大的困难都还在享受体操带给她的快乐，并获得成功，我们更应该以快乐的心情、积极的心态对待学习、生活，过好每一天。

活动效果基本达到，但是还不理想。于是，我找了全班跳远最厉害的学生和一位普通的学生来做游戏。他们跳远多次，成绩差距都很大。再给跳得近的学生几次机会，结果是，虽然他仍然超越不了跳远厉害那位学生，但是，他自己的成绩却一次次在提高。

学生们达成共识：也许我们超越不了别人，但是只要有目标、有信心，我们就可以超越自己。学生们纷纷制订出自己的目标，写下来并张贴在教室后面的墙上。

我和学生一起做了一个实验，杯子里装满石块之后，还可以倒沙子，还可以倒水。学生们得出结论，很多事情虽然看起来已经达到了极限，实际上还留有很大发展空间。

曾经，我们认为珠穆朗玛峰是不可征服的，南极极点是不可穿越的，但是现在，珠峰已插满了各国国旗，南极极点上也留下了点点足迹。这一个个曾经的不可能，现在都已变得平常无奇，不经意间我们就会发现，我们超越了极限，让不可能成为可能。我们的生活和学习也是同样的道理，有时看似达到极限了，其实只要敢于超越，我们就会有意外的收获。

这节班会课的意义不在于它得了奖，而在于通过它，学生改变了对学习、对生活的态度。

还有一次令我难忘的班会。

进入初三了，每个学生对自己买的参考书都“敝帚自珍”，不愿意与其他同学分享。当时恰逢九·一八事变纪念日，于是我召开了“难忘九·一八，合作则共赢”的主题班会。班会的主题看似是要对学生进行爱国主义教育，但实际上，其中还蕴含着我的其他想法。

初三学生对九·一八事变已经不觉得陌生了，因为他们在初二时就学过这一内容。简单提问后，学生就回忆起了这一事变的过程和影响。在这节班会课上，我单单追问造成这种影响的原因。学生们都知道是蒋介石的不抵抗政策和“攘外必先安内”的政策让整个东北不到半年就沦陷了。随后日本更加猖狂，想要继续侵略华北。在七七事变后，国共实现合作，建立了抗日民族统一战线，最终才取得了抗日战争的胜利。之后，我又举了“一根筷子易被折断，十双筷子抱成团就很难折断”这个小例子。学生们经过一番讨论，认为在中考来临之际，大家应该携起手来，加强合作，共同面对困难与竞争。这一次，我搞了活动延伸，让学生课后交流学习方法、辅导书籍等。通过这次班会，大家明白了团队合作的重要性，更体会到了双赢带来的收获。

二、例行性班会

例行性班会主要用于讲常规，制订或修订班级公约、各项规章制度，制订班级工作计划，对考试情况进行分析等。主要目的是规范班级的集体行为，确立班级的常规管理模式，使班级形成正确的舆论导向，培养良好的班风。其实，班级的民主管理主要是通过例行性班会实现的，没有这种班会，就没有民主管理，就没有学生的自我教育。例行性班会有事则长，无事则短，教师也可以在班会上处理班里的一些突发事件。

有一次收校服费，大部分学生都及时交了，只有几个学生没有带钱。因为学校要求每班必须收齐钱以后，才能交上去，所以我们班先收上来的钱只能由我先拿着。我用报纸把钱包起来，说："我只能先保管好这些钱，然后等这几个同学交上来了再交给学校的会计。"每到课间，我就拿着钱到班里转一圈，上课时我也带着，下课时我还故意说："不能忘了这些钱。"到别的班上课前，我也是先到我们班里报到，告诉他们我要拿着这些钱到几班去上课了，这些钱不是小数，我不敢把它放到办公室，害怕丢了。这样，那几个没交钱的学生很不好意思，下午就都交上了。结果碰巧那天学校会计得下午 4 点才能回来，所以一下午我又像早上一样，带着钱来回跑了好几趟。这一天，学生亲眼看见了这些钱给我带来的不方便。

到了下一次交钱的时候，我开了一次 10 分钟的班会，让大家把上次交钱给我带来的麻烦回顾了一遍，大家你一言、我一语，说得很透彻。最后我说："明天一早，组长收好钱，交给班长，班长收起来交给我，我交给会计室。"结果第二天早上全部的钱一次性收齐了。我问有个经常爱忘事的学生这次怎么记住了，他说晚上他们组有个同学给他打电话提醒他了。

我们一直在说，一个班要有班级凝聚力。它看不见，摸不着，那什么是班级凝聚力呢？同学之间的善意提醒就是其中一个方面。

三、其他班级活动

我们班还有许多其他的班级活动，如"课前一支歌"、出版班级日报、联欢会、春游、知识竞赛等。这类活动既使学生享受到了活动的乐趣，也达到了让学生交流感情、促进班集体团结的目的，使学生在快乐中成长。

有的班级活动是为了增强班级凝聚力的，比如，学校举办的合唱比赛，每次我都亲自负责指挥工作，这样一来，学生的信心自然倍增，结果我们每次都能获得第一名。拔河比赛时，我比学生还紧张，在大家的共同努力下，我们班又勇夺第一名。

有的班级活动只是为了某一个学生。

我曾经组织过一次扫雪并送礼物的活动，就只是为了一个学生。我们班里有一个姓孙的学生，是个问题生。刚开学没多久，他父亲就来找过我，腰间带着匕首，向我示意不能对他儿子不好。没有多久，另外一所中学的校长打来电话，说该生把他们学校的玻璃打破了，我问他怎么知道是小孙打破的。那位校长说，这所中学所在的那条街上几乎所有人都认识他。我了解到，小孙生在一个不幸的家庭，父亲因为违法三次被关进监狱，母亲受到打击后精神有些不正常。一种强烈的责任感让我下定决心：心灵的创伤要用“心药”医治。

平日里，我利用课余时间跟他谈心，鼓励他，并在生活上关心他。记得一个冬天，他的手上长满了冻疮，我想买瓶甘油送给他，但又想这样的孩子自尊心强，会认为别人帮助他就是瞧不起他。于是在一次下雪后，我组织班里的男生出来扫雪，之后我买了很多瓶甘油，送给了所有参与扫雪活动的同学，并向他们表示了感谢。送到小孙手上时，我指了指他手上的冻疮，没想到他说了一句话：“老师，谢谢！我会努力的！”此时，我深切地体会到，一个老师只要以一颗真诚的爱心对待自己的学生，就一定会收到意想不到的教育效果。

当然，这个学生在学校里也没少惹事，但是每次通过沟通，问题基本上都能得到解决。有一次放学后，他与外班的一个同学发生了争执，打架了，有学生马上跑来告诉我，孙同学吃亏后就跑了，找不到了。我的第一个想法就是他回家了。我跑到教室一看，学生基本上都回家了，我满脑子想的就是“怎么办？他爸爸会做什么”。结果重新回到办公室时，我发现他在门口站着，我的心一下子放下来了。我问他为什么站在这儿，他说想回家呢，但是想先告诉我一声。这么一个冲动的孩子，遇到事后没有选择冲动地解决，而是想着先告诉我，这对我是莫大的信任。这个学生现在工作了，有一年教师节，他来看我，说他自己依然记得我送给他的甘油。这个“拆天拆地”的“英雄好汉”如今也成了栋梁之材。

班级活动的设计与组织，是一门科学，也是一门艺术。班级活动在学生自我教育中的作用是不可低估的，对德育工作的开展也有着明显的推动作用。这种形式的教育方式比生硬的说教要生动得多、灵活得多，能收到事半功倍的良好效果。

附：我的教育故事

杯子的故事

有一年教师节，我收到了一份特殊的礼物——已经毕业的学生送给我许多杯子。我不禁诧异，便问其中的一个学生为什么会送给我杯子。“老师，您忘了吗?”他的话让我想起一件我已经有些淡忘的事，而学生们却说，这件事对他们的触动很大，他们会记住一辈子。毕业之后，他们更能体会到老师当时那样做的良苦用心。

其中有个杯子是小杰送给我的。

小杰是一个非常鲁莽、冲动的学生。有一天放学后，小杰要回家，几个女生堵在教室门口跟他开玩笑，说：“我们说完话，你再出去吧。”小杰说：“你们让不让我出去？信不信我会把玻璃砸烂?”几个女生继续开玩笑，说：“你砸砸试试。”结果，小杰一怒之下，真的用拳头把玻璃砸烂了。

我该如何处理？批评？责备？第二天，我走进教室的时候，班里安静极了，小杰一直低着头。我让小杰把我的水杯从办公室拿过来，我估计他这一路上，拿着我的杯子肯定在不断揣测我到底要干什么。我把杯子放在讲台上，对大家说：“这个杯子，我已经用了两年了，我很喜欢这个杯子，一直用它喝水。”我边说着边拿起它，一松手，杯子“咣”的一声落在了地上。巨大的声音把学生吓了一跳，几十双眼睛齐刷刷地看着我。

教育时机已到，我知道他们会记住这个时刻的。我说：“一个完整的杯子，被我们不假思索地扔到了地上，这个杯子就碎了。它还能复原吗？它将永远不能复原！小杰，当你去砸玻璃的时候，你想过吗，砸碎的玻璃有可能会伤到同学，你的手有可能会受伤……人生也是这样，当我们伤害朋友时，有可能失去最纯真的友谊；当我们做错了事，有可能没有机会去弥补……冲动只会让你犯错。我们在做事情之前，一定要冷静地思考，冲动不仅解决不了问题，还会把事情弄得更糟。就像这个杯子，我将永远不能用它喝水了……”说完这些话，我让小杰把杯子碎片扫起来，希望他能记住这个时刻，以后不再这么冲动地做事情了。

这件事情过去很久了，我几乎忘记当时说了些什么，但是学生们仍觉得这件事就像昨天发生的一样，一板一眼地重复着我当时说过的话。

我真的被感动了，班主任到底是个什么角色？我自认为我最得意的事情是把他们送入了山东省实验中学、山东师范大学附属中学、济南第一中学等重点学校，但是他们显然不这么认为，他们认为老师处理问题的方式更深地影响了他们。

我深深地意识到，班主任是学生全面成长的引路人，是影响学生成长的“重要他人”。我们要全面关心学生的成长，不仅要关心他们当前的发展，还要关心其未来的发展；不仅要关心他们的身体健康，还要关注其心理健康。

用理解与尊重共塑班级新精神

黄文涛

名师简介

黄文涛，济南市槐荫区第二期“名班主任”，区优秀教师。12年初中班主任工作生涯中，他深入学生群体，了解学生学习和生活情况，创造性开展工作，研究和探索班级文化建设的方法和途径，积极指导班集体开展各项活动。2009年、2011年两次获“济南市优秀班主任”荣誉称号，2010年获济南市槐荫区“走青春路，做育花人”评选一等奖。

如果一个时代里，青春正万分艰难地被压抑着，这时代，怎样才可以朝气蓬勃？如果人群中，青春中的人们率先抛弃了理想，时代的未来又是什么？

——白岩松

我从1998年参加工作开始，未经选择就身不由己地做了班主任，一直到今天。在最初满怀热情与学生交朋友而受到严重挫败后，不知不觉间竟“成功转型”，慢慢形成了板着脸、用高分贝声音说话的“暴风骤雨”式的带班风格。带过几届学生之后，偶尔摸摸自己麻木的脸，瞅瞅无辜的学生，尤其是在听已毕业学生嬉笑谈论当年我给他们上“人生政治课”的情形时，我的心底便不由生出一种无奈。这种“无奈”中既有当年对学生发脾气的无奈，也有对自己班主任工作状态的不甘和反思。

尤其是在52级学生毕业后，我回想和学生一起走过的3年，不禁感慨万分。细算起来，我和他们相处的时间比我和家人相处的时间还要长。3年时光荏苒，他们长大了，我却好像苍老了许多。看着他们或欣喜或踌躇地拿着成绩单各奔前程，我不禁想起了3年来自己整日板着的脸和他们见到我时那战战兢兢的样子，我在松了口气之余，心中生出更多的是对他们的歉意。他们在校的表现及最后取得的成绩，其实远远超出了我为他们的付出。我心里常想：当初不该那样对学生，要是换个方式也许对他们更好……

办公室里的老师们偶尔会聊起自己孩子的将来。大家虽然也希望自己孩子能拿第一，但也知道这不是每个孩子都能做到的，所以作为孩子的家长，大家更多的还是希望孩子能够过得快乐，希望孩子做个有创造力、有个性、会生活的人。

这使我想到了自己的班主任工作，想到了自己的学生。我以往总认为学生都是桀骜不驯需要驯服的，是懒惰需要管制的，所以就用冷面孔、高声调来命令、呵斥学生。现在想想，如果我能转变一下自己的观念，把学生看作是有发展潜力的、有自主性的的人，给予他们更多的尊重，或许会获得更好的教育效果。

我不想自己的学生对班级缺少热情，我不想再继续忽视学生在班级生活中的感受。所以在接手55级5班的班主任工作后，我决心用我转变了的教育观来和学生一道共塑我们的班级精神。经过讨论，我们提出了要塑造“人人学会尊重，人人懂得尊重，在相互尊重中快乐成长”的班级精神，提出了“我的地盘，我做主”的口号。我努力让学生们明白，这个班级是属于我们大家的，我这个班主任只是其中的一分子。只有把班级交给学生，才能激发他们对班级工作的热情和创造力，他们在这个班级的学习和成长才可能是快乐的。

一、班级工作原则：煮酒“论”英雄

这里的“论”是讨论、争论的意思，“论”的目的是把班级话语权、建设权交给学生。我们班级内的一切事务都是由学生和我通过讨论甚至是争论决定的。

比如班干部的选拔。我们经过了学生自愿参选（只有愿干，才能干好)、军训以及开学后近一个月的考察、竞选、评选等过程，才成立了第一届班委会。我还把班委会成员名单打印出来贴在教室最显眼的地方。对于这些班委来说，这既是对他们的肯定，是荣誉，也是一种无形的监督。

之后，在班干部组织下，由班委会和其他学生代表组成了“55 级 5 班立法委员会”，开始着手制订班级各项规章制度，进行“班级立法”。我所说的“班级立法”包括明确班干部职责、纪律、卫生、宣传等的工作细则，确定包括班主任在内的班级所有成员的各项权利和义务。成文后打印出来，在落款处清清楚楚地打上“55 级 5 班立法委员会制订”的字样，张贴公示，正式施行。

“班级立法”由学生们共同参与，大家参与度极高，每个班级成员都对班级的规章制度进行了认真思考。因此，施行时遇到的阻力也小，学生也愿意遵守。这种做法，让学生们体会到了班主任对他们的信任与尊重，而作为班主任的我，也对学生们在整个过程中所表现出来的思考能力以及办事能力感到惊叹。

对班级的其他事务，如调位、监督落实班级规章等，我也都采取和学生讨论的方式进行处理，以理服人，不压制学生，让学生在与我进行讨论甚至是争论的过程中感受到我对他们的尊重，在“论”中真正明白做人、做事的道理。

我们还建立了班级日志，取名为“回声”，把它作为大家交流的一种手段。此外，班内板报还开设了“灌水有理”栏目，促进了学生思考、表达等方面能力的提升。

“论”英雄活动，增强了学生们的民主意识，更增强了他们的自律意识。纪律委员王子扬曾经告诉我这样一件事：他监督同学们自习的时候，发现班里有人小声说话，于是就在黑板上写下“君子自重”4个大字，之后就回到了自己的座位。我问他：“那效果呢?”“很好，没说话的了。”他很自豪地说。

我惊讶于学生们的表现，更为王子扬的做法感到赞叹。有创意！这就是我要的创造力。王子扬告诉我：“在讲台上喊破喉咙、敲坏桌子管纪律多没水平，有理不在声高。”他的这些话更让我愕然。

还有一次，我在班级日志中看到有学生写了这么一句话：“上××课总是乱，5班的纪律到底是怎么了?”我就拿着本子到教室，将这个问题交给全体学生解决，随后在班干部的带领下，学生针对这个问题展开了自我反省，并提出了改正措施。在讨论时，我感受到了学生们流露出的对班级的真诚。

通过“论”错误，学生们都能心平气和地去正视自己的错误，心甘情愿地接受改正错误的方案。而以前那种大呼小叫、批判呵斥的教育方式，只会让学生“害怕”班主任，时间一长就会演变成为反感，持续下去还有可能产生敌对情绪，有的学生甚至有时会通过故意犯错来宣泄自己的不满。

二、班级活动理念：生龙活虎“现”英雄

学生们很喜欢军训时教官给他们的称号——猛虎5班。这个称号让他们觉得自己特别有活力、有能力。因此，我就利用各种机会开展多种活动，让他们表现自己。活动不以成败论英雄，而重在参与。比如召开“开学综合征”“我心中的奥运明星”“疼爱我的人——观电影《世界上最疼爱我的人去了》有感”等主题班会。通过这样的班会活动，给学生提供一个展示自我风采的舞台，让大家尽显所能，人人参与，教育效果非常显著。

三、班级人际理念：“你我皆凡人”

李宗盛的《凡人歌》道出了人生的感慨和无奈。而我想到的是，学生的能力有差异，性格也不同，他们和我一样都是平凡的人。因此，对学生，我们都应该抱着“都是平凡人”的态度来对待他们，而不能根据自己的喜好就

刻意将某些学生划为另类。47 级的小阳、49 级的小李等在当时就都被认为是比较特殊的学生。现在想来最大的悲哀，就是不知道什么原因，使原本来自于社会的压力和矛盾转化成了学生与老师之间的私人矛盾。等他们毕业后偶尔在路上与我相遇，对我或热情寒暄或形同陌路的时候，我总是会为当时师生之间尖锐的矛盾及他们对班级的冷漠态度而感到悲哀。因此，再接新班发现有这种特殊学生的时候，我首先想到的就是“你我都是平凡人”。

我也努力把这种观念传递给每一位学生，课上不遗余力地表扬性格内向学生的每一次声音微弱的回答，教学生要包容彼此，但不要纵容错误。

仔细想想，班主任工作，近到对学生的现在，远到对学生的将来，小到对班级，大到对国家，都有着深刻的意义，比单纯的传授知识意义更深远。

附：我的教育故事

如果可以重来

一位刚刚毕业的学生李某通过网络在贴吧发泄对我的不满，恶语传入我的耳朵里，激起了我的愤怒。和我搭档教这个班的同事走过来，也责怪这个学生不识好歹，并安慰我说：“不管他，幸好在你班里，要不然还不知道他要捅出多大的娄子，我挺佩服你……”

看着电脑屏幕上学生写下的发泄的话语，我能够感受到他内心的愤愤不平，而此时的我，在内心的怒火渐渐熄灭后，一种疲惫之感从心底袭来——

我从 1998 年参加工作开始就做班主任，一直到今天，各种学生都遇到过，其中也不乏像李某这样的学生。对于这些学生，我自认为一直尽守职责、严格管教，为他们的未来负责，但是李某的这些话语确实让我感到了愤怒过后的疲惫。这份疲惫中有伤心、有悲愤、有委屈，而更多的则是无奈，以及愧疚……

回想起自己刚接触李某时，对于他在小学时种种匪夷所思的劣迹，我已有所耳闻。当时的我比较严厉，信心满满地开始了对李某他们这批孩子的管教。

上课说话、随便走动位置、不交作业、顶撞老师、谩骂同学、打架，对李某来说是司空见惯的事。更过分的是，有一天早上，一位家长气冲冲地跑来向我告状，说他上小学的孩子放学乘公交车回家，到站时被同坐一辆车的李某拦住，李某逼着孩子多坐了好几站，吓得孩子不敢上学了。气愤的我叫来李某询问情况，可他却认为这不是什么错事，他说他只是想跟那个可爱的弟弟开个玩笑，既没有威胁他，也没有向他索要钱财，就不算什么错事。还有一次，有学生跑来告状，说李某擅自打开空调，只为了吹干自己刚洗完的手……种种事端接连不断，他的家长更是“护子”有方。李某的妈妈曾经躺在办公室地上为自己的孩子喊冤，说自己的孩子不写作业老师就让写检讨书，那是老师在故意为难她的孩子……

一次次地过招，我和李某从斗智斗勇到只斗勇，最后发展为冷战。出于对我在班里“威信”的考虑，我对他的冷漠态度渐渐使他在班里被“边缘化”，很长一段时间里，他默默地来、默默地去。尤其是到了初三，他的身影早已在师生携手奔前程的备考状态中被我们遗忘了。毕业后，许多学生偶尔提起他时也是对我表示钦佩，说正是在我的严压之下，李某才没能兴起风浪，给别的学生提供了一个良好的学习环境。

其实回想起与他相处的经历，他也有过天真的笑容，也有过举手表达自己看法的时候。记得在初一时的运动会上，他递给我一块口香糖，虽然规定比赛时不许带口香糖，但我还是接了过来装到了口袋里，并对他说了声“谢谢”，而没有批评他，在我的记忆中，他在那一刻露出了天真的笑容。那次运动会上，他出人意料地主动代替受伤不能跑接力的同学参加了接力比赛。还记得有一次，我们在课堂上讨论一个关于李白的问题时，他边举手，边喊着自己的看法，那次好像是被我以不遵守课堂发言纪律为由拒绝了……

想到这些，我那因看到他在网络上的激愤之词而引发的愤怒、疲惫都没有了，一丝莫名的悲哀涌上心头……

我想造成这种局面绝不只是学生单方面的原因。认真反思自己的班主任工作，我发现自身也存在很大的问题。随着当班主任时间的增加，我的激情已经渐渐消失，加之经常要处理工作、生活中一些琐事，我产生了职业倦怠感。我总是在不经意间忽视学生其实还是个孩子，是一个还需要我们帮助的孩子；我总是认为学生都是桀骜不驯或者懒惰的、需要管制的对象，而忽视了学生是有发展潜力的，是有自主性的；我总是害怕学生捣乱而始终对他们过于严厉。一切由我做主，最终导致他们对班级缺少热情，他们因畏惧我而应付我，不是因为从内心尊重我而听取我的意见，师生之间存在着一层隔膜。

其实每个学生的本质都是向善、向上的，正如作家周国平所认为的那样，教育即生长。从人文精神的角度来讲，教育的目标就是要提供一个良好的环境，让人身上那些最宝贵的价值成长、实现出来。事实上，人身上最宝贵的东西，包括人的智力品质和心灵品质，在一定意义上都是人性中固有的。

医者，需要仁心；师者，需要的是一颗父母心。我告诫自己：不管是哪个学生，都是正在成长的孩子，都需要我的呵护与真诚的引导；无论他们心智如何，我都要尽力让他们从我这位班主任身上获得前进的力量，感受到温暖。因为，他们还是孩子。

如果可以重来，我会改变。

尺素传情，架起亲师沟通的桥梁

于克欣

名师简介

于克欣，济南市槐荫区第一期“名班主任”。1997年7月毕业于济南师范学校，先后在济南市纬十路小学、济南市经七路第一小学任教，现为济南市泉城花园小学教导主任。任班主任15年，所带班曾被评为“济南市优秀班集体”，所带小队被评为山东省“优秀小队”“标兵小队”。曾获“济南市优秀班主任”“槐荫区优秀教师”“师德教风先进个人”“市区教科研先进个人”等荣誉称号。2011年参加了由东北师范大学承办的“教育部国培计划（2011）小学骨干班主任培训”。有多篇论文发表于《江苏教育》《中国教育报》《中国教师报》《上海教育》《现代教育导报》等国内知名报刊上。

真正的教育是一棵树摇动另一棵树，一朵云推动另一朵云，一个灵魂唤醒另一个灵魂。

——雅斯贝尔斯

对于班主任来说，每次接手新的班级，都是一次新的挑战。一个原本非常出色的班，孩子与家长会对老师有更高的要求；一个原本平常的班，孩子与家长也会期望老师能有画龙点睛的神奇能力；一个原本落后的班，孩子与家长也许已失去了前进的动力和信心……面对不同的班情，我们该如何做呢？

我原来所在的济南市经七路第一小学是以“学会对话，走向成功”为办学理念的。班主任在实践这一理念的过程中，遵循了“倾听、沟通、理解”三个递进的步骤。由此，我所理解的班主任工作的艺术，就是沟通的艺术。

“亲其师，信其道。”班主任在自己的工作中，如果能与学生、与家长通过各种有效的手段进行沟通，有了心灵上的交流，那么工作中复杂繁琐的一切，都将会变得简单起来。

班级管理中有效的沟通交流手段有很多。

传统的班级日记，以公开分享的形式，实现教师与学生、学生与学生之间的公开交流，默契的沟通悄无声息地得以实现，班级凝聚力悄然形成。

常用的家校联系本，可以让学生、家长与老师进行更为直接、密切的联系，让家校联系更通畅；还可以促进家长与子女之间的交流，提高孩子学习的自觉性和主动性，增强自律意识，有利于良好行为习惯的养成。

现代化的飞信，不但可以免费给手机发短信，而且不受任何限制，能够随时随地与好友聊天。其用于班主任工作的最大优势在于老师可以通过电脑以短信形式直接与多个孩子的家长进行联系，既便捷，又节省费用。

在和学生家长的沟通交流中，我用得最多的是书信。

百度百科中是这样介绍“书信”的：书信是相隔较远，暂时见不到面的人们相互交流情感与思想的工具。书信拥有悠久的历史且世界各国的人们都在使用，书信在人类的交流与沟通的历史上占有重要地位。在手机、电话与电脑这些简单快捷的交流工具遍布全球的今天，仍有一部分人情愿使用书信来互通信息。

一、亲师书信联系的优势

我认为，书信其实是我们在与学生、家长沟通中不应该被忽视的一种有效方式。

今天，各种现代化交流手段日渐普及，如短信、电话、电子邮件……这些交流方式虽然很便捷，但便捷快速的同时，多了即时性，却少了系统、深刻的思考，交流涉及的问题往往比较肤浅，交流双方难以深刻地梳理、表达自己的观点。

与之相对应的，用来密切亲师联系的书信，所承载的信息往往是经过交流者静心体察、深思熟虑的。同时，正是由于其交流目的明确，所以可以让教师全面、深入、平静（写信人与读信人双方）地与家长进行沟通。

而与家访、面谈等方式相比，书信更为方便、省时高效。尤其是在处理或解决某些特殊问题时，使用书信交流这样的方式，还能避免家长与教师面对面时的尴尬、拘束，往往容易拉近彼此之间的距离，增加彼此的认同感，提高交流效果。

娓娓道来的话语，洋洋洒洒的充满个人特色而又富有人情味的笔迹，看上去、读出来感觉是多么亲切、温暖！特别是在人们几乎都不愿意动笔写信，书信方式几乎已成追忆的时代，书信给人们情感上的惊喜与感动，会使我们与家长之间的交流变得更容易，甚至有事半功倍的效果。

二、 亲师书信联系的做法

担任班主任期间，我利用书信的方式加强与学生、家长的交流联系，做了许多尝试，颇有成效。以我 4 年前接手的一个班为例。

在还没有真正接触这个班之前，我就已经了解到，这个班学生的家长素质都相对较高，对孩子有很高的期望值，对老师要求也比较高，甚至有不少家长认为自己对教育的见解超过了老师。因此，与家长进行良好的沟通，获得家长的信任，就成为我当好这个班的班主任要走的第一步。

于是，我在接手之后的开学前夕，首先写下了第一封和家长交流的书信。信的内容没有大道理之类的夸夸其谈，而只是我这个初接班的“老班”对这个学期的一些想法、计划，琐碎随意，但自认为平和具体。结果我的真诚赢得了家长的真诚，家长的反馈让我大受感动。备受鼓舞之下，接下来的一个学期，我与家长、学生一直通过这样的书信交流方式密切着彼此的联系。

三年级是培养学生阅读兴趣，使其形成良好阅读习惯的关键期，所以我以“走近阅读”为主题和家长、学生进行了书信交流，交流话题涉及阅读兴趣的激发、阅读的重要性、个人阅读的方法、亲子阅读的方式等。这些书信不仅让我和家长更加了解彼此，还使家长更加重视孩子的阅读，让孩子们开始亲近阅读、享受经典，也让整个班级浸润在书香之中。

亲爱的家长朋友：

新的学期又开始了，简单回顾一下几天来的情况。这几天，孩子们上交了假期完成的各项作业，有感言、寄语、期末成绩手册、日记、摘抄、练字、寒假生活指导。除寒假生活指导还没有检查完，其余各项已经检查完毕。开学前夕，在各位家长和孩子们的支持下，我们按时填写了“绿色手机短信”。在此我要特别感谢刘子涵、宋云飞两位同学及其家长，他们对全班学生发来的短信进行了汇总统计，非常辛苦。

报到那天，刘子涵发现班级的窗帘脏了，和家长把教室的3个窗帘卸下来，拿回家进行了清洗，然后又在开学第一天的下午把窗帘装上了。非常感谢，非常感动！

这个学期第一周，我们组织的是个人积分换取粘贴画活动，每个孩子的作业、回答问题情况、纪律……都将统计在内，每个孩子因表现不同积分也不同。本周五，我会让孩子们把积分计算好，填到每个同学的联系本上，请家长关注。如果您有时间，可以在联系本上写写您的建议或对孩子的要求、鼓励等。谢谢！

教育方法交流：

1. 如何指导孩子阅读

很多家长都谈到，家里买了很多书，但是孩子就是不读。其实，阅读是需要引导的，需要养成习惯。引导孩子阅读，可以尝试以下方法：

首先，要营造良好的家庭读书氛围。在家中设立明确的读书时间，每天20分钟到30分钟即可，贵在坚持。其次，要注重读书心得的交流。家长最好与孩子共同读一本书，然后进行各种形式的交流。如谈论书中的人物，交流读后的感受。交流的时候尽量随意自然，就像平时说话一样，不要郑重其事。再次，家长要以身作则，经常写点读书随笔之类的文章，不要局限于读后感。可以专门准备一个本子，家长和孩子都往上写，既是交流，又是鼓励。另外，家长还可以带着孩子经常光顾书店。

最近在班里看到个别孩子在看《阿衰》之类的漫画，我大致翻阅过，发现对于孩子来说，这类书没有太多积极的意义。由此我也联想到孩子们的阅读取向问题。如果开始选择阅读就是比较低层次的书籍，那么以后也很难培养起高的阅读品位。希望家长在满足孩子阅读兴趣的同时，能够稍微注意一下书籍的选择。

2. 怎样改掉坏的学习习惯

习惯不是一天两天的形成，所以要改掉一个坏习惯，也同样需要比较长的时间。因此，我们可以采用一周改掉一个坏习惯的做法。比如，写作业拖拉，边写边玩。家长可以采用控制作业时间的方法，每天为孩子估算大致的写作业时间，如每天40分钟就能完成，但是孩子用了一个小时，那么超出的时间可以在周末孩子自由可支配的时间中扣除，让其读书或写家庭反思。每天把孩子超出的时间记录下来，周末统一回顾。

还有的家长反映孩子喜欢看电视，耽误了很多时间。对于这个问题，我的建议是：周一到周五原则上孩子不应看电视，周末可以适当安排。看电视既耽误时间，又影响视力，还会使孩子不愿参与交流，造成表达能力、认知能力不断下降。因此，对于电视，家长最好严格控制。

这些做法，需要家长付出很多时间与精力。但是，如果可以改掉孩子的一个坏习惯，还是值得家长付出的。不良习惯的改正是最难的，也是最重要的，如果您觉得您的孩子有一些需要改进的地方，我们可以共同商量一些具体措施与方法。

感谢您阅读完毕！让我们共同努力！

祝您愉快！

您的朋友：于克欣

三、 亲师书信沟通应注意的问题

没有什么方法是解决一切问题的“灵法”。再好的沟通交流手段，使用不当也不会收到好的效果，有时甚至会适得其反。根据我的经验，我认为利用书信与家长进行联系，应注意以下几个方面的问题：

（一）主题一定要明确

亲师沟通的书信不应泛泛而谈，所以一定要避免在一封信中涉及过多的主题，那样会冲淡交流的内容。比如，我们如果想要谈的是学习习惯的养成，那么就尽量不要再去交流其他方面的问题了。不然整封信内容就会比较琐碎，让人难以把握主题。

（二）一定要长期坚持

零星的、偶尔的一封信，很难一下子换得理解和认同。书信沟通这种形式，不一定用于时时事事，但在一定时间内长期坚持，比较容易收到良好的效果。事贵有恒，再简单的事情，如果坚持下去，也可以创造奇迹。既然选择了书信这种沟通方式，我们就要持之以恒——每周或每月交流一次。这样，家长、学生会形成一种自然的期待，我们的教育沟通也可以更加有效。

（三）内容应形成系列

每个学期应该根据一个主题进行一系列书信沟通，这样交流的内容会比较深入。比如，在三年级我们可以主要交流阅读习惯培养的系列内容。这样，一个学期结束后，家长、学生就对阅读有了比较深入的认识，同时信件整理完就是一份完整的方法指导，可以长期发挥作用。

（四）要注意结合实际

谁都不喜欢听别人讲大道理。很多班主任的交流方式之所以不被家长认可，往往是因为里面大道理过多，空洞说教、指责甚至命令、要求的话过多。良好的亲师书信中应该经常回顾学生或班级的一些事情，让家长感觉到孩子是被老师关注的，同时也让孩子、家长更加关注书信。

（五）专门设计回执很有必要

“告诉”，是单向的传达，“沟通交流”则应是双向的：有输出，有回馈。因此，我们与学生家长以书信形式就某些问题进行交流讨论时，可以设置专门的回执，让学生、家长积极参与，这是我们了解他们的思想、观点的途径之一，也对我们自身有着很大的启发和激励作用。

回执设计要方便裁切，这样可以使书信正文保留在家长手中。

多年来，重视书信交流基础上的多渠道亲师密切联系，让我的班级管理乃至学科教学工作受益匪浅。除上述经验外，我觉得做好家校联系，还需要特别注意这样一条原则，那就是尽量报喜不报忧。

是的，一定要尽量报喜不报忧。如果孩子真的有什么不良现象要向家长反映，可以先挑孩子好的方面说，让家长树立对孩子的信心，而不要让他们觉得自己的孩子这也不行那也不行，失去教育孩子的耐心。记得有一次，一名平时表现不怎么好的学生的家长来学校与老师进行沟通，听到他与另一位老师谈话时说：“我都没有脸来学校……”当时我就在反思自己平时与家长的沟通——发短信的时候是不是批评太多了，说他的作业有多少没写，字迹有多么潦草，态度有多么不端正……如果每个任课老师都发这样的短信给家长，半学期或一学期下来，还怎么让家长觉得自己的孩子不错，而且对孩子充满信心呢？因此，无论是平时的短信、电话还是家访，抑或是这种家校联系册、书信，要先挑学生的进步之处表扬学生，然后委婉地指出学生的不足，再对家长进行勉励，让家长看到孩子有进步的希望。毕竟“望子成龙”“望女成凤”是每个家长的心愿，这样做，不仅尊重了家长，更尊重了孩子，一定可以激发家长主动与我们沟通的意愿和孩子的上进心与主动性。

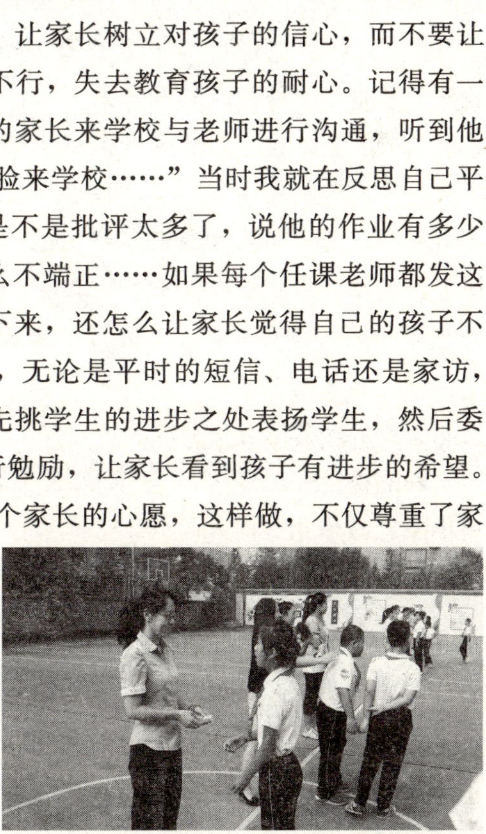

总之，无论采取何种家校联系的方式，我们的目的只有一个，就是为了孩子的发展。

附1：我的教育措施

“致家长一封信”（摘选）

（一）

亲爱的家长朋友：

您好！

转眼间开学已经一周了，总体来说，第一周的学习生活是非常忙碌而愉快的。简单回顾一下吧。

先从假期作业的检查说起。完成作业的过程就是孩子们不断思考、提高的过程，所以假期中我们给孩子布置了读书、写作、办小报等作业。为了丰富孩子们的假期生活，也为了让孩子们多一份体验，增长一份见识，我给孩子们布置了到家长的工作岗位上进行实践体验的作业，并让孩子们用照片记录体验的过程。从交上来的照片看，大部分孩子完成了，不过有的孩子可能由于种种原因没有到父母的工作岗位上去体验，而是选择了在家里、小区里体验。当然这样做也很好，相信他们通过体验活动有了不少收获。

其中有几个同学完成得非常出色：王相钧在妈妈的工作岗位上体验了护士的工作，张筱晗在自来水厂体验，周子放体验了医生的工作。这3个孩子在各自父母的工作岗位上进行了体验，我想他们的收获一定非常大，一定对自己的父母多了一份理解和体谅。这是多么难能可贵的经历啊！再次感谢家长的支持配合！

假期小报完成较好的有李景慧、张铭茜、周子放、徐睿昊、刘子涵、马小淳、尚泽龙、刘天硕。

另：《暑假生活指导》还没有收。

关于暑假作业的一些想法：

可能有的家长认为，暑假主要应该让孩子们休息，作业能完成就完成，完不成也不要紧。其实，暑假是孩子们学习生活的驿站，而不是学习生活的结束。孩子们认真及时完成作业，是良好学习习惯的延续。通常假期作业完成不认真的，开学后学习状态也不佳，作业完成也不及时。所以，希望家长们督促孩子利用周末好好整理一下《暑假生活指导》，把这项作业完成好。我也会及时反馈孩子们的完成情况。

开学一周，我发现有的孩子及时进入了学习状态，学习主动积极，与上个学期相比有了非常大的进步。开学以来表现好的有（主要是作业完成情况和上课听课情况）李文曦、杨晶雯、李心怡、周子放、张铭茜、刘子涵、王云飞、刘泽宇、王晶、耿雅婷、李昂、王源巍、王相钧、李亚宁、徐睿昊、马小淳。

特别感谢：

1. 刘泽宇同学假期腿部受伤，开学的前几天没有到校上课。但是这个孩子应该交的费用全都让班里的另一个孩子带来了。这看似是一件小事，不过可能有的家长知道，开学收缴费用对班主任来说是件大事，非常繁琐却又马虎不得。刘泽宇的家长在孩子没有到校的情况下，就把费用都交齐了，作为班主任我是非常感动和感谢的。另外，刘泽宇还在家长的指导下阅读了我送给每个孩子的那篇文章，我想，这是非常好的开端。

2. 关于家长联系本，上个学期，很多位家长一直坚持记录。我觉得这样做是给孩子做了最好的榜样。上次家长会我们也就这个问题进行过交流。这个学期的第一周，我还没有对孩子们提出要求，徐睿昊的家长已经率先完成了这项工作，写下了第一周的联系记录。这一周刘子涵、陈晓天的家长也及时进行了记录，非常感谢和感动。

关于家长联系本，我想多说几句——

家长的工作很忙，但孩子的教育非常重要，所以我们不应该在出现问题后再去想办法解决，更不应该在出现问题后置之不理。工作再忙，我们也不应该忽略了对孩子的教育，如果您发现了什么问题，遇到了什么困惑，都可以通过联系本与我交流。这样既节约了您的时间，又提高了反馈的效率，还能及时知道孩子在学校的表现。我在这里郑重承诺：只要是您在联系本上提出的问题，我一定进行回复。也希望您在百忙之中，关注孩子的联系本，如果我写下了孩子的不足，也希望引起您的重视。

3. 为了预防甲型流感，学校要求每个孩子建立体温记录本。为了您的孩子和更多孩子的健康，请您协助。

每天早上如实记录孩子的体温，并签名；到校后，我也会注意每个孩子的精神状态、身体状态，如果有特殊情况会和各位家长及时联系。另外，我会提醒孩子们勤通风、勤洗手，每天为教室消毒，确保孩子们在学校的身体健康。

4. 开学伊始，班里耿雅婷的父母就主动为班级制作了路队标志，非常感谢。

5. 李昂、刘子涵、李心怡、刘泽宇、张一辰在父母的积极支持下，拿来了肥皂、洗手液，供全班使用；刘子涵、党仁洄主动为班级的卫生箱带来了药品。

这些看似平常的小事，却体现出孩子们对集体的热爱。关心他人、主动为他人服务，是一个孩子优秀品质的集中表现，谢谢各位家长的教育、配合。

祝您愉快！

您的朋友：于克欣

（二）

亲爱的家长朋友：

您好！

最近发生了两件事情，带给我很多思考，想与各位交流一下。

1. 关于作业的尝试

首先我想说，孩子之间的差异是客观存在的。我一直认为孩子的智商没有太大程度的区别，他们各方面的表现和取得的成绩有差异，主要原因还在于他们个人的努力程度和学习习惯的不同。每个孩子都有自己的特点和优点，我从来不认为学习是评价孩子的唯一标准。

因为每个人掌握知识的情况都有所不同，所以孔子早就提出过“因材施教”的观点。现在几乎所有的班级都是布置同样的作业，我觉得这样做未必对每个孩子都适合。因此，在端午节放假期间，我做了一个小小的尝试——给班里的孩子布置了不同的作业。基础知识比较好的孩子，写两篇日记；基础知识相对较弱的孩子写一篇日记，再加上一些巩固作业。我的出发点是为了让孩子们都能在原有的基础上获得一定的进步，根据各自不同的情况写作业。但是我的做法并没有获得孩子们的认同——假期中，一位家长发来了短信，提到了孩子写不同作业的问题。我当时就与这位家长进行了沟通交流，家长非常通情达理，我获得了他的信任和谅解。

事后，我进行了认真的思考，我这样做，是否恰当？首先，分成两类作业，哪些孩子写哪些，不是孩子自主选择的，而是由我根据平时的教学掌握情况指定的。虽然我是为孩子考虑，但是却没有给孩子们自由选择的权利，这样做有些武断。其次，把作业分成两类的做法欠公平。看似只是作业分类了，但在孩子们看来或许也是把他们进行了分类，这样对孩子们的心理一定有影响。这样做的确不够恰当！

我想，以后在布置作业时，我还是应该站在孩子的角度多想想，尽力做到让每个孩子都能"认同"。我会根据孩子的听写、默写、背诵情况，先告诉他们全对的写哪些作业，错误在3个以内的写哪些作业，错误超过3个的写哪些作业……这样，孩子们一定会更加认同作业的内容，并且能够明白写作业的原因。

2. 关于电视台节目录制活动

昨天（6月4日）我们班的30个孩子作为观众参加了电视台节目录制活动。其实，在去之前，我还真不知道是去录什么节目，只被告知是关于国学的一档节目。节目的录制过程等相关内容，我就不在此赘述了。

根据孩子们平时的表现以及对国学的掌握情况，班里有30名学生去参加了节目录制。挑选的过程很难，因为不是让所有的孩子都去，而是需要"挑选"。虽然去之前领导给了指导：纪律好、学习好……但这对我来说，却是个难题。最后，还是选了30个孩子参加了节目，留下了19个孩子在班里……其实，这种"选拔"原本就是不公平的。每个孩子都应该有同样的参加活动的机会，可是我们所要面对的现实却是这样。有些时候，在现实面前，人的初衷总是被迫改变……

当天晚上，我收到了一位家长的短信，询问自己的孩子为什么没能参加节目的录制，我真是难以解释。总之，非常抱歉，没有让所有的孩子去参加活动（有两个学生主动放弃了，我也对他们进行了参加集体活动的重要性的教育）。

事后，我也进行了反思，我觉得自己对这件事情处理得不恰当，又犯了主观、武断的毛病，没有把孩子真正当成学校的主人看。我应该先征求孩子们的意见，听听他们想怎么选，或许他们能够提出更加合理的办法来选拔。

这两件事让我意识到，我是老师，而不是独裁者，我应该多听取学生的意见，不能自己说了算。为什么最近的两件事都处理得不恰当？也许是因为太把自己当老师了。

不过，请相信，我既然意识到了，就会马上开始改正的。

非常感谢两位发短信给我的家长朋友！

祝您愉快！

您的朋友：于克欣

（三）

亲爱的家长朋友：

您好！

最近我正在读《如何说孩子才会听，如何听孩子才会说》和《老师怎样和学生说话》这两本书，感觉它们都非常适合我，给了我很多启发。很多时候，我们讨论的都是“为什么孩子（学生）不听要求”这样的问题，却忽略了我们自己的表达与倾听。当学生（孩子）不愿意与我们交流，不愿意听从我们的要求时，我们不应该盲目地认为他们不听话，而应该想想他们为什么不愿意听，我们怎样表达他们才能听。这两本书就告诉了我该如何通过改变自己的说话、倾听方式来获得孩子的认可与信任。亲爱的家长朋友，如果您有时间，希望您也读一读这两本书，我们可以共同交流。

与班里的几个家长朋友进行交流的时候，家长们都谈到孩子只要是写完了作业，再让他复习就会遭到他们激烈的反对，于是家长觉得孩子不爱学习。其实对于这件事情，我们可以换个角度来考虑，我们上了5天班，到了周末本该休息了，却忽然被通知要加班，想必我们的心情也会变得很糟糕。对于孩子来说，也是如此——他们认为写完了作业该休息了，却又被告知还有作业要完成，怎么会不沮丧、不逆反呢？但是如果每天的读书或者每周的复习能够形成一种制度，如家长可以提前与孩子交流，共同制订读书、复习的计划（如每天读书20分钟，每周末复习1～2小时），并商量好奖励制度（保质保量完成，可以满足一个正当的要求）。这样，只要持之以恒，让这种学习、读书的方式自然而然成为孩子的一种生活方式，孩子也就没有了逆反心理，能够自然接受了。在此我建议不要制订惩罚制度，没有完成，要鼓励他们坚持完成，取消奖励即可。或者也可以通过家务劳动等合理的方式给予适度的告诫。

在教育孩子的时候，制订相应的规章制度是非常必要和重要的，这些规章制度能够帮助我们约束孩子和我们自己，避免遇到问题时，我们一时情急说出不该说的话，或者有伤害孩子的举动。所以，我们在制订这些制度的时候，一定要考虑好奖励和惩罚的方式，要和孩子共同商量、共同执行。

其实对孩子的教育，是需要有计划、有步骤进行的，不应该太过随意。制订的计划要落实到纸上，可以进行合理的修改，但是不能因为孩子一时的懒惰或者家长工作繁忙而落空。计划，是对孩子的要求，更是对家长的要求。教育真的不是一件容易的事情，需要您的坚持与付出！

期中练习回顾：（略）

亲子共读讨论：

首先，说一下什么是亲子共读。亲子共读，又叫亲子阅读，是指在家庭中大人与孩子一起阅读。可以是大人读给孩子听，也可以是孩子读给大人听，也可以是大人读给大人听，也可以是孩子读给孩子听，也可以是自己读给自己听（默读或读出声音）。除了“读”的形式，还可以有表演、绘画、做手工等多种形式，重要的是大人与孩子一起享受这个过程。因此，从广泛的意义上说，亲子共读可以理解为是大人与孩子分享心情感悟的阅读过程。

其次，谈一下为什么要进行亲子共读。亲子共读的目的，是为了充分开发孩子的潜能，让阅读成为孩子认知和交流的重要途径，成为童年快乐生活的一部分。我们要让孩子们成为自觉的、独立的、热忱的终身阅读者，让阅读为他们带来一生的幸福。此外，儿童的阅读，绝不是只在学校。孩子的生活，大部分时间还是在校外，与家人一同分享。培养孩子良好的生活与学习习惯，家长负有义不容辞的责任。儿童的阅读，既是一种学习手段，也是一种生活方式，家长有责任教会他们如何热爱生活、享受生活。

再次，讲一下常见的误区和困惑。有人认为亲子共读只适用于幼儿，等到孩子上学了、会自己认字念书了，就应该让孩子独立阅读，否则他们会养成依赖大人的习惯。其实不然，亲子共读适合所有年龄段的孩子，它的本质在于分享阅读的快乐。我们鼓励孩子独立阅读，而亲子共读正是培养孩子独立阅读习惯的良好方式之一。有人认为，亲子共读的目的是帮助孩子早点学会识字、阅读，因此在共读的过程中，应当着重帮助孩子认字、学会阅读的方法。其实，亲子共读的目的是引导孩子热爱阅读。在正常的教育方法下，孩子迟早都能学会认字，掌握基本的阅读方法。但是在我们周围，有太多会认字、会阅读而不阅读的人，可从来就没有热爱阅读而不识字、不会阅读的人。因此，我们需要教会孩子的是“爱”，而不是简单的“会”。大人在亲子共读过程中表现出的强烈功利心，往往是削弱孩子阅读热情的利器，其结果往往是，在孩子早早地学会了识字、阅读的同时，也丧失了自主阅读的热情。还有人认为，亲子共读是女人的事情。多项调查显示，目前国内接近九成的家庭由妈妈负责为孩子选书，而在进行亲子阅读活动的家庭中，也是近九成主要由妈妈担负为孩子读书的任务。绝大部分幼儿园老师和小学的大部分语文老师也都是女性。也就是说，在孩子出生后的至少八九年时间里，几乎全是女性统领着他们的阅读世界，所以有人认为“阅读是女人的事情”一点儿也不奇怪。但这对于孩子，特别是男孩来说，是一种不良的心理暗示。因此，在亲子共读活动中，男性——特别是爸爸们应当尽可能多地参与，为孩子们做出表率。有的人还提出：我们没有时间和孩子一起读，也缺乏经验，不知该怎么读。其实，人们都愿意将时间花在最值得的事情上，如果你将孩子的阅读看作最值得关注的事情的话，不就有时间了吗？而实际上，亲子共读并不需要太多时间，每天5～10分钟就可以，关键在于坚持。我们自身成长的经验是最丰富的宝库，请相信自己吧！

借鉴国外的一些成功经验，目前亲子共读主要有两种方法：一是大声为孩子读书，二是持续默读。这两种方法像一对不能分开的孪生兄弟，最好能结合采用。

先说第一种，大声为孩子读书，就是为孩子念书，读出声音来。建议家长在每天选择一个固定的时间，比如在上学前、晚饭后或临睡前，为孩子读一本书，每天至少 5 分钟。选择图书，主要选择图画书或其他适合大声读的书，关键是孩子喜爱的书。大声读的活动可以一直坚持下去，至少到孩子小学毕业。

再说第二种，持续默读，就是家长每天选择一个固定的时间，将其确定为默读时间，家庭的全体成员各自选择自己喜爱的书、报纸、杂志，安静地享受阅读，每天至少5分钟。在这个过程中，不提问，不讨论，不监督孩子的行为，也不要求做任何读书记录或写读后感。如有可能，这种活动最好一直坚持下去。

这两种方法，虽然看起来非常简单，但它们是目前在世界范围内，被认为是培养孩子阅读习惯最为有效的方法，既适用于学校，也适用于家庭。这两种方法也是耗费社会成本最低的方法，任何家庭和个人，只要愿意都可以实施，不需要特殊的组织，也不需要额外的设备投资，只需要大人和孩子，每天为这样的“仪式”准备几分钟的心情。当然，为孩子准备好书也是必要的。眼下，我们生活在一个信息化时代，孩子们被电视、电脑、电话、手机等电子媒介所包围，我们的生活和思维方式正在被深刻地影响着。为了能让孩子养成在传统阅读方式下静静地体验和思考的习惯，为了那些积淀至今的文明能走得更远，为了孩子的明天更快乐，请不要吝啬每天这短短的5～10分钟！

之所以大力提倡亲子共读，是因为亲子共读有独特的魅力和好处：(1)亲子共读可以增进情感，增进孩子与父母之间的亲密关系；(2)当成人与孩子共读的过程是愉悦且开放时，孩子们将会喜爱阅读，进而养成良好的阅读和学习的习惯；(3)可以丰富孩子的听觉及理解力，提高其语言表达能力，提升其写作能力；(4)文学是一个由想象构成的世界，所以有长久共读经验的孩子，其想象力、创造力将获得不断的滋养；(5)许多书本不仅可以使孩子增长知识，而且还带给孩子欢喜、智慧、希望、勇气、热情及信心，使孩子的思维活泼、多元、有弹性；(6)共读能提高孩子的学习、协调、沟通能力。

家长朋友们，有句话说得好：“再怎么忙也要看书，再怎么穷也要买书，再怎么没交情也要送书。”我想当我们的家长成为一个“读书人”的时候，他的教育也就自然而然成功了。我始终相信一句话：“爱看书的孩子，学习成绩不一定是最好的，但是他们肯定是最有前途的！”如果说天底下所有的声音中，读书的声音是最美妙的，那么父母大可不必担心自己的声音不够悦耳、普通话不够标准，只要是为孩子读书，父母的声音永远是最动听的。几乎每一个孩子都喜欢父母为自己读故事，因为亲子阅读的过程，给孩子带来的是身与心的享受。父母为孩子朗读是帮助孩子学习书面语言并与孩子交流的一种特别有效的方式。在阅读给孩子听的过程中，家长要根据孩子的理解能力、对故事的反应，随时和孩子进行交流，讨论一些相关的问题，也可以在阅读过程中让孩子跟着读他比较熟悉的读物。父母读一句，孩子读一句，孩子会逐渐在倾听中积累语汇，然后在不经意间应用和表达。这也是大声读给孩子听的优势之一。

祝您愉快！

您的朋友：于克欣

（四）

亲爱的家长朋友：

您好！

很高兴与您交流我与学生们上个星期的学习、活动情况。通过两周以来的交流，我感受到越来越多的家长注重孩子的发展了，注重孩子行为习惯的培养了，注重与孩子的交流沟通了，注重孩子的阅读了，注重……这一切让我充满了信心，相信孩子们也更加真切地感受到了来自家长的爱。谢谢您给我提出的意见，谢谢您来到学校与我交流，谢谢您通过短信、电话、博客和我沟通，谢谢您在孩子的作业本上写下的真诚建议……谢谢！

一周学习、活动情况回顾：

1. 学习进度

本周我们的学习进度加快了，第一组课文除了第4课《槐乡的孩子》没有学习，其余的文章包括“语文园地一”的内容已经学习完了。本学期的时间比较短，基本上要两周学完一个单元，相对来说，复习巩固的时间就比较少，因此，希望家长朋友能在每个周六日关注一下孩子的学习进度与学习质量。主要可以通过翻看孩子的作业本与大本作业、日记本来判断孩子的学习情况：大本作业可以反映出孩子上课听讲的质量与效率，如果成绩是优秀或者优减，表明孩子上课听讲非常认真；如果成绩是良好，表明孩子上课听讲情况一般，有注意力不集中或者走神的现象；如果成绩是及格或者不及格，则表明孩子上课表现非常不理想。作业本的成绩可以反映孩子写作业是否认真，有时有听写的作业，家长可以及时了解孩子字词掌握的情况。家长可以通过日记考查孩子表达能力与习作能力的提高程度。三年级，习作是重点也是难点，希望家长一定要及时翻看孩子的日记本。

2. 关于阅读

课前阅读我们一直在进行，阅读的内容依然是泰戈尔《飞鸟集》中的诗句。我已经让学生把句子抄在了记录本上，衷心希望您在方便的时候能与孩子探讨一下对诗句的理解。谢谢！

在上封信中我给学生们推荐了阅读书目，已经有家长给孩子购买了，感谢您！同时希望您能及时与孩子交流阅读感受，我非常愿意参与，期待看到您和孩子共同书写的读书笔记！

学校已经下发了每个班级共同阅读的书目，我们三年级的是《小王子》，希望您能为孩子购买。我会在每周的“多彩阅读”课上与孩子们共同阅读、共同交流。谢谢支持！

3. 日记交流

本周我们还交流了日记。因为很多家长觉得孩子日记写作有困难，希望我进行一下指导。今后，我会每周用一节课的时间对孩子们的日记进行集体讲评，还会让写得比较好的孩子进行朗读，全班共同赏析。这次我们共同欣赏的是这几个孩子的日记：李文曦、张筱晗、刘泽雨、刘佳沛、张铭茜。在读了日记之后，我进行了相应的点评和指导，很多孩子表示深受启发，相信学生们的日记写作能力会有一定的提高。

4. 关于上课情况

家长非常关心孩子上课的情况，实事求是地说，目前我们班上课的情况不是太理想。主要是纪律问题，现在语文、数学、英语课的纪律不错，但是其他课的纪律不好。很多任课老师都反映班级的纪律不行，孩子自己应该也有切身的体会。纪律的问题不是只表现在几个学生的身上，而是具有普遍性。因此，在最近几周，我会在纪律方面加强教育。违反课堂纪律或者校内纪律的孩子，我会在下午把他们留下进行个别教育。这一点希望得到您的支持与配合，如果孩子因为纪律不好被留下了，肯定会影响您接孩子的时间，请您见谅！纪律不仅仅是“听话或不听话”的问题，而是关系到孩子自我约束能力、自我评价与认知、集体感等多方面的问题。如果一个孩子只因为老师严格才遵守纪律，我想，这会影响到孩子以后的发展。

因此，我希望通过几周的努力，让孩子们养成遵守纪律的良好习惯。

向家长们介绍一下这两周以来在课堂上积极回答问题的孩子有刘泽雨、李心怡、李文曦、赵泰颢、刘天硕，比较积极的有陈晓天、尚泽龙、徐千澍、姚家傲、于荣浩。

5. 集体舞活动

班里有 7 个孩子参加了学校的集体舞训练以及比赛，整个过程是相当累的，学校的舞蹈老师和这些参赛的孩子都付出了很多。在付出的同时，相信孩子们也收获了很多：努力与坚持，团结与勤奋……谢谢各位家长！

6. 关于座位的安排

我会在最近给孩子们安排一下座位，尽量根据孩子的特点和集体的需要来安排，如果有不当之处还请您原谅，有问题也欢迎您向我提出。达到每个人都满意是不可能的，但我会尽量合理安排，请支持。

一些教育心得：

第一，成为孩子人格的榜样。最有效的家庭教育是家长人格的无声影响。最好的教育，莫过于感染；最好的引导，莫过于示范。在家庭教育中，父母的一言一行都在影响着孩子。希望家长们把对孩子的要求拿来要求自己，您希望孩子成为怎样的人，请您先做那样的人。比如，谁都希望自己的孩子语言文明，可是您的语言文明吗？谁都希望自己的孩子勤奋，可是您勤奋吗？要知道，嬉笑怒骂皆为教育，言谈举止都是影响。

第二，成为孩子的知心朋友。家长要主动、自然地和孩子谈心，要成为孩子的朋友，保持与孩子拥有共同的爱好、共同的话题。家长每天要和孩子有一席话、一段路、一盏灯——就是和孩子谈心、散步、读书。我们在多大程度上取得家庭教育的成功，取决于我们在多大程度上赢得孩子的心灵，而心灵只能用心灵去赢得！

第三，和孩子一起阅读。家长和孩子一起阅读，就是让家长以自己的行为给孩子做出示范，营造一种家庭的书香气。只有家庭的书香气，才可能熏陶出孩子的书卷气！希望我们的孩子能够有自己的书柜。建议家长能和孩子共读一本好书，和孩子一起交流、一起讨论、共同成长。

第四，和孩子一起写作。写什么？孩子写成长日记，家长写教育日记。一位河南焦作教科所的所长说，他每天给孩子写信，效果很好，多年顽劣的孩子开始理解他了，并开始积极上进。他在全市中小学家长中开展写教育日记的活动，效果也很好。一个父亲说，以前孩子犯了错误他说不了几句就要打骂，现在通过给孩子写信，他可以比较冷静、条理地处理问题了，孩子也少了抵触情绪。还有些家长，尽管文化水平不高，但为了孩子，他们一边查字典一边每天坚持给孩子写几句话。所以，我也提倡我们的家长每天给孩子写几句话。不在于你写多少，也不在于你写什么，而在于你的“写”本身就是告诉孩子：“我在关注你！”孩子每天也在写日记，可以和爸爸妈妈互相监督，展开比赛，共同成长。

感谢您的阅读！

祝您愉快！

您的朋友：于克欣

（五）

亲爱的家长朋友：

您好！

转眼间与您已经相识快半个学期了，相信您对我也有了一定的了解。这次交流一方面还是与以前一样，向您介绍孩子的学习生活，与您共同探讨孩子的教育问题；另一方面是向您征求意见和建议。

学习生活介绍：

家长会后的这一周以来是学校和我自己都比较忙碌的一周，由于外出开会、学校工作安排等原因，这周我在学校的时间相对少了一些，即使在学校，大部分时间也都是在上课，因此，我的工作显得比较忙碌，学生相对也有些浮躁。再次向您和您的孩子致歉！现在情况基本稳定了一些，所以相信在接下来的时间里我和孩子们的学习生活会更加丰富愉快起来！

1. 关于复习和巩固

我们本学期的语文学习内容较多，而学习的时间相对以往的学期又短了一些，我们的进度基本安排是两周学完一个单元，学习密度大，所以听写、默写的时间比较少。因此，本学期我基本每周都会布置相关的听写、默写、背诵之类的作业。非常感谢家长的积极配合，我看到很多家长在给孩子听写后，认真检查并督促孩子改正，还签写了相应的意见。可以说，通过这每周一次的复习巩固，这些认真的家长和孩子一直在进步。

谢谢家长的负责！您的认真是我的榜样，您的坚持是孩子努力学习的动力。

2. “班级小明星”评选

和上次评选一样，由学生自己评出了上周和这周的“班级小明星”，他们是李景慧、史雨、张铭茜、刘子涵、徐千澍、王晶、姚家傲、马小淳、张筱晗、刘泽宇、耿雅婷、李亚宁。

对这次评选的结果，可能家长朋友和我一样都发现了，其中新增的名字不是很多。也有家长向我反映，评选涉及的学生面较小，没有使大多数孩子受到鼓励。因此，下次的评选我们将改变这种评选方式，既评选优秀的，也评选进步的以及其他各方面突出的。比如，我们将设立“发言小明星”（主要从课堂回答问题积极的孩子中选）“劳动小明星”（主要从每周值日生中选）“体育小明星”（主要从下周五的运动会中选）……总之，我将设立更多的奖项，让更多的孩子参与，受到鼓励。

3. 第一次“班级现场作文”比赛结果

为了检验孩子们真正的习作水平，我们班组织了第一次现场作文比赛。比赛时间是一节课左右，比赛内容是写自己熟悉的一个人的一件事。通过这次现场作文，我发现有些孩子的写作效率需要提高，同样的时间内，有的孩子写了300多字，有的却只写了几行。有的孩子平时日记写得还不错，但是现场写得却比较一般，当然也有现场发挥不佳这个因素存在。总之，通过这次比赛，我对孩子们的习作能力有了更加深入的认识。我会在今后经常组织这样的比赛，督促孩子不断进步，也希望家长能够关注我们的比赛。这次比赛的结果我已经在全班公布并颁发了获奖证书。

本次获得班级现场作文比赛一等奖的有张铭茜、刘泽宇、李景慧、李亚宁、王相均。

关于课外阅读的一点建议：

孩子怎样读书才会“有用”？很多家长在和我交流时都会谈到关于孩子读书的问题。有的家长反映，孩子每天都在读书，怎么不见有什么提高呢？所以这次就和家长朋友谈谈如何让孩子在阅读中有更多收获的问题。阅读是否有收获，关键在于是否有思考。如果只读不想，那么所读内容就会如过眼烟云，不会在孩子的头脑中留下任何印记。只有读思结合，知识才会真正积淀在孩子的心里。那么我们该如何促进孩子的思考呢？

方法一：鼓励孩子建立博客，在博客中记录自己的读书感受、读书收获、读书疑问、读书思考。如果家长也能参与，效果更佳，也会使孩子更加有动力。

方法二：在交流中促进孩子思考。可每周选一个固定时间，全家人召开读书会，畅谈读书感受；晚饭后的散步中，平时的闲谈中，都可以和孩子谈论所读的书。前提是，孩子读的书，您已提前读了，这样才会有交流的内容，您才知道孩子的阅读情况。

方法三：通过家庭小报的形式展示阅读情况。可以和孩子约定共同办读书小报，相互观摩。

方法四：建立家庭读书笔记。准备一个笔记本，全家不定时、不定形式地在上面或写、或画自己的读书心得。很多年后，这将是您的家庭中最珍贵的记忆。

以上方法，都需要您的全力付出，为了孩子，请您试试看。您的付出，会让您的孩子在成长的道路上更加精彩！

虽然很多家长一直在鼓励我、支持我，但是我清醒地知道，自己的工作还存在许多失误、不足，所以希望家长朋友能成为我的一面镜子，为我指出不足，指明方向。请相信，您的直言不讳，会让我更加努力，会让您的孩子受到更好的教育。谢谢！

您的意见、建议：

在语文教学方面	在班主任工作方面

《小王子》阅读反馈卡：

关于这本书的阅读，我的建议：第一，不要读得太快，好作品需要慢慢体味；第二，您可以要求孩子读给您听，锻炼他的朗读能力，同时促进亲子交流；第三，一定要在读完一章或者一节之后进行书面或者口头的交流。

学生姓名：	家长姓名：	阅读进度（章节）：
您与孩子交流的问题、思考（请就具体的情节或者人物来谈）：		
您和孩子在阅读过程中的困惑（可以是对书的内容的困惑，也可以是指导孩子阅读时遇到的困难）：		

祝您愉快！

您的朋友：于克欣

附2：我的教育故事

意料之外

我自认为是个学生“不怕”的老师。因为，有时作业布置得多时，学生提出异议，我就减少一些；课堂上学生说出不同的见解，就算是错误的，我也决不批评；活动中学生们可以表达自己真实的感受，参不参加完全自由，我决不勉强他们……

邻班老师布置学生写“我与父母、老师”这一主题的作文，没想到学生们对自己的父母、老师竟然有那么多的不满意。于是，我也要求我们班的学生写一写。作文收了上来，学生们大多写的是对家长的“不满”，与家人的“争执”，只有一个学生写到了我。他写的是有一次，他作为小组长收作业，由于双休日作业种类特别多，快到升旗时间了他还没收齐。课代表催他赶快交，不用查谁没交了，于是他稀里糊涂地就把收的作业交了上来。我批完了作业，数了数，发现少一本，便问各个组长谁没有交。他硬着头皮和别人一样回答“全了”。当我经过核对发现是他们组少了一本时，我很生气，认为他不负责，根本没容他解释，立即让他和那个没交作业的学生都把作业再写一遍。但文章最后，他没有写对我这个老师的任何不满，反而认为都是他做得不对。我心里有一些诧异，想知道其他孩子对这件事情的看法。

我把他的作文读给全班学生听，让他们像往常一样自由地发表各自对这件事情的看法。出乎我的意料，孩子们侃侃而谈，一致认为他这个组长做得不对、不负责、撒谎，没有一个孩子对我没弄清事情的真相就处理的做法提出质疑。一时间，我沉默了。因为我知道，虽然小鑫（那个组长）做的有不对的地方，但是作为老师，我做的也不对啊！怎么能随意惩罚？怎么能不问清事情的经过就处理？怎么能不给孩子说话的机会？可为什么没有孩子对此感到不公呢？他们在我的心目中可是敢于说真话的啊！他们不是“不怕”我吗？

我很想知道答案。课后，我找了几个学生真诚地询问，一再表明自己绝无其他意思，就是想知道他们心里真实的想法。他们先是互相看看，又相互推来推去：“你说！”“你先说！”……“这件事，你们真的认为老师的做法无可挑剔吗？”“老师，其实你这样做，同学们认为小鑫很冤，你根本没了解清楚。”“可，大家都不敢说……”“不敢说？为什么不敢？你们不是经常对老师提出一些要求吗？不是经常随意表达自己的想法吗？我从未因此责备过谁啊！”“但是，老师，那是别的事，这可是说‘你’啊，谁敢呢？”……

原以为自己已经成为学生的朋友了，原以为自己的学生也把自己当作无话不谈的朋友了，可实际上呢？

一切都在意料之外！

孩子们的心里有一道明确的分界线，把我与他们分成了两个部分。我自以为已经走进了孩子们的心灵，但实际上，我只是“走近”了，并没有真正“走进”！他们可以同我谈同学、家长、社会，却从不说“我”的不对。真正了解孩子，成为孩子的朋友，真的不是一件简单的事情啊！

以“真诚”为主题锻造班集体

张莉

名师简介

张莉，槐荫区第二期“名班主任”。1993年7月至今一直任教于济南市经七路第一小学，连续20年担任班主任。所带班级曾被评为槐荫区“温馨班级”，两次获槐荫区“道德先锋团队”和市“优秀班集体”称号，被全国中小学班集体研究中心评为“全国优秀班集体”。张老师先后荣获市区“优秀班主任”“教育科研先进个人”称号；主持完成市级“十一五”规划课题“在主题对话教育中构建平等民主的班级文化实践与探索”。

君子养心莫善于诚，致诚则无他事矣。惟仁之为守，惟义之为行。诚心守仁则形，形则神，神则能化矣。诚心行义则理，理则明，明则能变矣。变化代兴，谓之天德。

——《荀子·不苟》

要做好一个班级的领导者而不是仅仅满足于当一个“管”学生的“孩子头儿”，首先就需要班主任将自己的教育价值观与学校、班级实际结合起来，和孩子们一道，共同确定鲜明的班集体建设主题。这是一个优秀班集体的灵魂，也是一个避免我们陷于琐碎事务以至于忙乱不堪的重要前提。然而教育的范围非常广阔，我们必须要找到一个切入点，以这一个点为引领，形成一种班级独特的风貌和精神，并且自觉不自觉地通过一定的形式影响孩子，使他们形成文明的言谈举止和良好的精神面貌，就像电视剧《士兵突击》里面那句“不抛弃，不放弃”一样，从而，最终影响孩子们的行为。

一、“真诚·善良”——我的班级建设之价值追求

学校的办学理念是“学会对话，走向成功”。我们将“学会对话”的过程分解为学会倾听、学会沟通、学会理解三个层次。在培养学生对话意识及对话能力的探索中，我慢慢注意到现在的孩子所普遍欠缺的一种品质——真诚。

我的班级（这个班我有幸从一年级入学一直带到六年级小学毕业）有47个孩子，他们思维活跃、求知欲强、个性突出、自信心强，但是随着他们年龄的不断增长，我逐渐发现班级中出现了一些不良的苗头：不懂装懂、“借”同学作业抄袭、捡到东西后自己留下来或送给朋友用、借了东西后不能及时归还……作为一名有多年经验的“老”班主任，看到这些现象，我心底总是充满一种莫名的惆怅。

古人云：“欲修其身者，先正其心；欲正其心者，先诚其意。”英国诗人杰弗雷·乔叟曾说：“真诚才是人生最高的美德。”现代社会呼唤真诚、重视真诚。真诚不仅是一种良好的思想道德品质，更是人与人交往的前提和基础。小学阶段是人生起步阶段，也是价值观形成的重要时期，是加强道德教育的最佳时期。这时候如果让孩子们更加深刻、深入地了解真诚、认识真诚的重要性和必要性，无疑是对孩子人生的道德投资，也将是我们身为小学教育工作者对传统文化传承作出的重要贡献，是我们为社会创造的最重要的无形财富。

有了这样一种感触与思考，经过与学生及家长充分的交流沟通，我们最终选择以“真诚”作为四班的共同追求，齐心协力打造自己的特色班级文化。为使这一追求更理性，我还在学校教科室的支持下，以“在主题对话教育中构建平等民主的班级文化实践与探索”为题申报了济南市“十一五”教师专项课题。

在我和这个班共同成长的6年中，“真诚”这一班级文化主题先是伴我们度过了中低年级。到高年级以后，我们感觉到仅仅“真诚”已经表达不了我们共同的追求，所以经讨论，我们又增加了“善良”这一关键词，将我们整个班级的价值追求最终定位为“善真”。

我有这样一种体会，那就是，正因为从带班初，就带领学生一起明确了“真诚”这样一个主题并且持之以恒地努力了6年，所以我们的班级精神面貌才会一直保持良好，我在班级管理中也没有陷入应接不暇、手忙脚乱的境地。

二、“我的地盘我做主”——我的班级建设之环境建设

苏霍姆林斯基说过：“孩子在他周围——在学校走廊的墙壁上，在教室里，在活动室——经常看到的一切，对于他的精神面貌的形成具有重大意义。”

经七路第一小学历来注重班级环境建设。学校专门统一装修了教学楼，尤其在教室墙壁设计以及室外走廊设计中，遵循的是“大框架、多留白”的原则。大的框架使我们不同班级的环境设计有了基本思路，较多的留白给予我们各班更多自主创新的空间。

区教育局“营造温馨班级、同构和谐校园活动”实施方案中提出，温馨环境建设要有一个鲜明的主题，要围绕班集体建设的目标开展。因此，作为一个以“真诚”为价值追求的班主任，我和学生一起，从内容到方法，着意创造属于我们自己的班级环境，不仅让教室的墙壁更美化，同时让它们会说话。

内容上，从左到右大体板块依次排列“真心话QQ地盘”“真才实学”“真爱无价”“真我风采”。我又根据室内各种设施的颜色，设计了标题的形状、大小、颜色，力图使教室呈现出一种自然、平静、整洁的气氛，体现

一种和谐美。

方法上，把教室还给学生，让教室成为学生成长的园地，让每一个孩子都能在班级中成长。面对学校刚刚粉刷过的雪白墙壁，我想：何不让学生自主承包教室的一块墙壁，成为他们自己的“地盘”，充分发挥他们的创造力，让教室里的每个“地盘”都彰显学生的个性？于是“我的地盘我做主”的活动诞生了。

我们设计了比较规范的“认领协议书”，我和学生分别代表甲、乙双方，明确了各自的权利和责任，在自愿的基础上还举行了“签约仪式”。第二天就有好多学生开始装饰自己的“地盘”了，有的介绍自己，有的就某事畅谈感受，还有的干脆将自己的爱好展示给大家……

“我的地盘”认领协议书

甲方：张莉

乙方：

为了使大家能更加真诚地交流、沟通，和谐地相处，切实增强班级凝聚力和向心力，让班级形成一种独特的风貌和精神，加快我们向“优秀”迈进的脚步，充分体现我们的平等与民主，展现“真诚的小主人”风采，经双方友好协商，决定签署以下协议：

1. 甲方权利义务

(1) 甲方须给乙方提供地盘（地盘在教室内四周的瓷砖上，块数不限，由乙方自愿选择）。

(2) 若乙方出现一个月不更换地盘内容的情况，甲方有权从乙方手中收回地盘，继续供其他同学使用。

2. 乙方权利义务

(1) 乙方有权在甲方指定区域内选择地盘，并本着“真诚”的态度自主布置自己的地盘。

（2）乙方必须在自签订之日起一周内布置完自己的地盘，以后及时更换。

（3）乙方地盘内容的最长停留时效为一个月，否则将由甲方收回地盘。若地盘使用权被收回，乙方想再度申请，须间隔一个月以示惩戒，由甲方派代表监督执行。

（4）乙方必须爱护公物，如出现损坏则按规定进行赔偿。

本协议经双方签订后生效。未尽事宜，由双方本着友好协商的原则进行协调。本合同一式两份，双方各执一份。本份合同到2009年7月1日自动废除。如果出现某方违约，按相关约定执行。

甲方（签字）：　　　　　　　　　乙方（签字）：

签订日期：　　年　月　日

通过“我的地盘我做主”活动，教室成为孩子们心灵交流的空间，它加深了彼此的了解，拉近了彼此之间的距离，促进了彼此的信任，为每个班集体成员的心理发展营造了积极的氛围。个性化的地盘，再加上窗明几净的教室、“会说话”的墙壁，处处都洋溢着浓郁的人文气息，为学生提供了规范而温馨的班级氛围，让学生一走进教室就能深切地感受到：这就是我们真诚的四班！

三、“班队委竞选”——我的班级建设之操作体系列举

有了核心追求，有了外在环境，温馨班级真正的精神体现还要看“隐性文化”建设，也就是我们区教育局“营造温馨班级、同构和谐校园活动”实施方案中提到的“软环境”。这才是班级文化的核心，是最能体现班级个性、代表班级整体形象的。

在“真诚”养成阶段，我们设定了合格、成功、优秀、卓越四级目标，从构建特色班级文化的角度出发，设计了一系列活动。这些活动从策划前与学生及家长沟通，到具体实施措施，再到学生及家长或任课老师活动后反馈，最后到我的总结与反思以及下一步活动构想等，形成了完整的资料包。所有这些活动，自成特色，如“班队委竞选”“擂台赛”“闪亮登场”“真诚问候”“近期之最”“星档案”“读书汇”等，同时又构成了我们策划

实施“真诚班级”创建的操作体系。随着年级升高，不断循环实施，促成了以“真诚”为核心的班级文化氛围的形成。

下面就以在班级建设中始终居于中心地位的“班队委竞选”为例做一下说明。

每学期开学第一周，我们都有固定的“机会来了”班队委竞选系列活动，意在鼓励学生积极参与，创建温馨、真诚的竞争文化。在岗位的设置上，除常规的班队委干部外，对于学生学习生活中所涉及的方方面面都设置了多种“岗位”，如报纸管理员、灯官、门官、图书管理员、安全提醒员、小通讯员、空管、智慧小天使、班级总管，还有讲台整理员、花卉浇灌员、多媒体保管检查员等，给更多的学生提供均等的锻炼机会，让他们发挥主动性，参与班级管理。这样就连平时学习、纪律自觉性较差的学生，态度也有了很大转变。

以下是部分同学的职务申请书。

申请人：赵立行

拟申请职务：大队委员

缘由：既然已经当上了班长，想再进一步更好地为同学、老师服务，为整个班级作贡献；也想让自己的潜力更好地发挥出来，看看有没有能力胜任这个职务。

申请人：何峻炜

拟申请职务：纪律委员中队长

缘由：在二至四年级时，我一直担任纪律委员，它已经成为我学校生活的一部分。我想继续担任纪律委员的职位，继续为班级贡献力量，请大家支持我。

申请人：彭馨洋

拟申请职务：学习委员

缘由：入学以来我一直担任班长和大队学习委员，有丰富的工作经验，年年被评为优秀班干部、优秀少先队干部；学习成绩突出，是老师的得力小助手、同学们学习难题的小帮手。我希望自己能够继续担任这个职务。

最终的竞选结果公布后，他们按捺不住内心的激动，写下了这样的话语：

票数统计结果出来，幸福云突然消失，我就得了3票。好想哭，坚持住，不能哭，会降低你在大家心目中的威信的。竞选结束了，可我却仍对竞选宣言记忆犹新：我努力，我能行，今天你只要投我一票，明天我给你一百个精彩。我会努力的，在下一次竞选中，我会展现真诚的风采。（赵文嘉）

不可思议！不可思议！我参选了两年的学习委员竟然选上了。当老师宣读竞选成功同学的名单时，我的心就悬在半空，一不小心，可能就会摔碎。当老师宣读学习委员的名单有我时，我的心里就像喝了糖水一样甜。（尹萍萍）

别人都看着我，好像在说："你没有评上学习委员。"我只是微微一笑，不想让别人知道我内心很脆弱，我只想让他们知道我是一个乐观、坚强的孩子。（查淑贞）

哇，张老师叫我统计呢！好激动呀。走上讲台，当把同学的选票一一用"正"字表示出来时，我有些担心，会不会没人选我？可是念头却很快打消了。对，就算没人选你，也不能自己放弃。我鼓励着自己……（杨天宁）

结果终于出来了！我在座位上看他们一个个当选，心里非常高兴。这没有什么不服气的，这才是我们心中的好干部，同学们认可的好少年。虽然我这次没有评上，没关系，只要自己努力，就没有干不成的事。（刘姝）

"好了，一共就这么多。"当我听到这句话时，心中的石头一下子落地了。我以3票的微弱优势连任班长，冰凉的颤抖着的手慢慢回暖，心中在呐喊：我成功了！几年的班级管理生涯让我对班长这个职务有了很深的感情，真难想象，如果班长不是自己，即自己没有当选，那……不管怎样，我的努力有了回报。加油！争取把这个职位发挥到极致。（赵立行）

我们班与此相关的比较具有创新意味的另一种做法，就是每年的班队委竞选，都要把家长邀请来，请他们谈谈对同学的认识，他们希望某一职位由谁来担任。这样做的目的一是激励学生回家后多跟父母介绍自己在学校的学习成长情况，二是促进家长对班级工作的关注，这也就等于促进了家长对孩子的关注。我们一直希望"形成合力"，合力不就是因为这样才变得越来越强大的吗？而我的这一做法，则使家长和孩子有了更多的亲子交流机会，也使孩子、家长主动地去关注别人，关注别人的优点。就现代社会所需要的"团队意识""合作精神"而言，这对于孩子的健康成长无疑是尤为重要的。久而久之，老师的真诚，孩子的真诚也带动了家长的真诚意识。现在，班级是“真诚的班级”，老师是“真诚的老师”，家长是“真诚的爸爸妈妈”，学生是“真诚的孩子”。有的小组给自己取的名字就叫作“真诚”“希望”，整个班级都沉浸在一种“真诚”的氛围里……

四、“真诚之星”——我的班级建设之激励保障机制

左拉说：“真诚是通向荣誉之路。”

孩子的成长尤其需要激励。我们将学期末评选“三好学生”改为评选班级“真诚之星”，具体分为读书、进步、书写、朗读、活动、助人、卫生、纪律、合作、礼貌10类，这一做法现在已经在全校推广普及开来。

为体现“层级递进、激励进取”的目的，我们设定只要学生通过努力，集齐了7颗“真诚之星”就可以换得一颗“彩虹少年星”，集齐了7颗“彩虹少年星”就可以换得一颗“阳光少年星”……

这样把长远的总体目标和中期、近期的具体行动目标相结合，由低到高，由浅入深，在让学生不断体验到成功喜悦的同时，促使他们一直处于不断向上的追求之中。这样一种朝气十足的梯度式评价体系的建立，激发了学生积极向上的强烈愿望，激励学生努力向“与善为友”“美丽人生的起点”进发，引导了健康班风的形成。

五、“这6年，这四班……”——我的班级建设之回顾升华

在我的班集体创建过程中，活动历来是很重要的组成部分。我以自己用心设计的种种活动，慢慢培育、呵护着孩子们心中“真诚”“善良”的品质幼苗。在6年将过、孩子们即将毕业的时候，我期望做一些事，让已经扎根在大家心间的这株幼苗更翠绿一些。因此，在学校领导的大力支持下，我们精心策划组织了自己班级的毕业教育系列活动。

我们除了通过在学校整体活动中秉承“我要为学校、为学弟学妹留下点什么”的思想亮出班级品牌、展露真诚风采外，还先后开展了“师恩难忘（印记、采访、合影）”系列活动，为敬爱的老师们“麻辣画像”——漫

“画”教师，写下一篇篇充满深情的文章。

为了积极拓宽班级教育活动空间，开发校外实践基地，保证温馨班级创建效果，延伸班级文化，我们在毕业前夕一起到森林公园认养了一棵小树，开展了“铭志于树，寄情于绿”的活动。大家一起把制作精美的认养牌，亲手挂在树上，给小树浇水，同小树合影留念，认真登记“我和小树一起成长”记载卡，为小树画像，测量小树的“腰围”，估算小树的“身高”……以养树来纪念友谊，表达真诚情怀，既为童年留下一份纪念，又让学生走出教室、走出学校后依然能沉浸在温馨学习生活的余味中。

同时，我们还建立了班级博客，为形成教育合力提供了网络平台。学生在校的各种场景，如上课、游戏、升旗、做操以及优秀的作业等都被拍成照片配上简短的文字上传到班级博客上，并鼓励学生和家长去看、去留言。

接下来，面向全区展示的毕业教育现场会无疑将我们的班集体建设之旅推向了高潮。深情的回顾，激情的表达，动情的诉说，将我们的心紧紧地连在了一起，因为，毕业不是句号，而是我们班集体建设又一个美好的起点。我们独特的、生机勃勃的学生，就是对班集体建设最好的诠释！

在我们班，一支有进取心、有责任心、有能力的班干部队伍成为带头人。学生积极向上、团结协作，师生相处得很融洽，增强了班级的凝聚力，提高了学生整体学习效率。温馨的班级文化建设给孩子们带来了无尽的激情和欢乐，给老师们带来的是感叹和惊喜，给我们大家带来的是新的精神风貌与心灵的成长！

接手新班以后，我继续进行“促进班级文化建设的主题教育活动设计与实施”研究，为了进一步验证、延伸“真诚”文化，我在以下几方面重点做了探索：

1. 激发学生的真诚意识：头脑风暴、环境建设——视觉冲击。

2. 课堂上随时提及：讲到《白杨》《桥》《将相和》等课文时，尤其是

《白杨》，赞颂了普普通通的边疆建设者，让学生进行小练笔，赞一赞祖国的建设者，引导学生认识祖国的建设者包括哪些职业的人，从而渗透职业无贵贱的意识；在送水叔叔来教室时，让学生真诚地感谢，并且现场采访那位叔叔："您是不是特别喜欢来我们班?""我们在真诚感谢叔叔的同时，自己也是面带微笑的，说明我们也很高兴!"使学生体会到那种真诚带来的快乐。

3. 充分利用班会课：学生自主申报，内容五花八门，有秀茶艺的，有展示神六飞天知识的，有展示圆明园知识的，有讲父母孩时游戏的，等等。

4. 个案追踪：小旗——纪律一贯较差，令人头疼的；小戴——家长特着急，孩子又很有上进心的；阿睿——以前很差，现在提高很快的；刘宇涵、何雅琦——优生提优的。

5. 突发事件的处理：利用课堂突发状况，训练学生的注意力以及自制能力、应变能力等。

6. 指导小干部工作：教给小干部如何当众讲话，传达通知，怎样处理个人与他人、个人与集体的关系，如何处理班级日常事务等。

7. 积极与家长沟通合作。

附：我的教育故事

水知道答案

炎炎夏日，一节体育课过后，每个人都恨不得抱着杯子"咕咚咕咚"喝个痛快，水在此时显得尤为珍贵。我就在这时迈进了教室，看到了以下一幕——

孩子们虽满头大汗，但一个个安静有序地排队等待，没有人拥挤，也没有人催促或吵闹。有 19 年"班龄"的我，出于职业习惯做出了凡是老师都会有的反应——夸奖："同学们，好样的！你们这么真诚地排队接水，简直是咱们班的一道风景啊!"说着，还拿出相机赶紧把他们的美丽身影定格下来。我本意是按照以前的步骤"拍照——上传——发博客"，广而告之，以示赞赏与肯定，顺便激励一下其他人。可是，就在我转身要走的刹那，无意中的一瞥，竟看到了更值得我"小题大做"的教学资源：第一个接到水的国良走了过来，他的杯子里竟然只有大约 1/4 的水！这点水，和他们如洗过一般打着绺的头发，红扑扑的脸蛋儿，顺着腮边往下流的汗水比起来，是多么微不足道呀！我接着看第二个、第三个孩子，像是约好了似的，他们杯子里的水都不算多。那一刻我的

心受到了触动："来，孩子，先喝一口水，然后到我这儿来好吗？"他们没太明白我的意思，却都赶紧喝了一口水，然后小跑到我身边，我赶紧说："不，请把你们的杯子一起带过来！"他们几个不明所以，其他的学生也不明白我葫芦里卖的什么药，都向我看过来。

感到成功地吸引了所有人后，在他们疑惑的目光中，我将前几名学生的杯子摆在了一起，然后二话不说，拿起相机，给这几个杯子来了个合影。随着"咔嚓"声响起，我听到了一个很小的声音说："噢，明白了，他们都接得很少，是为别人着想啊！"

"哎呀，对呀，饮水机里的水不多了，怪不得呢！"

"是啊，这才叫真诚！"

"就是啊……"

最有趣的是，就在我们拍照、议论的当口，后面一位好不容易接了满满一瓶子水的同学，因为不好意思了，一口也没喝，竟然非要把自己的水倒给别的同学不可……

我面带微笑看着、听着，心里有说不出的感慨，想到某书中说一个名叫江本胜的人曾对水做了一项科普试验，其结果向世人展示了一种神奇的现象：水能听，水能看，水知道生命的答案！果然，今天，同学们的水也能说话了！

想当初，刚刚送走了一个“大满贯”，接手了新班级，我是信心满满的。总想着无论学校给我安排个什么样的班级，我都可以接受，我都会继续进行“促进班级文化建设的主题教育活动设计与实施”研究，进一步验证、延伸“真诚”文化。于是在教室里，头脑风暴、视觉冲击一起上，激发学生的真诚意识；讲课文遇到相关内容时，我也不遗余力地渲染“真诚”；甚至送水的工人到我们班里来的时候，我也让学生真诚地感谢，并且对其进行现场采访。可是说实话，这个班的学生不论是学习还是习惯，都与我上一届的“爱徒”有着太大的差距了。我又是在他们五年级的时候任班主任的，他们到底能不能从心里接纳“真诚”，认可“真诚”，努力做到“真诚”呢？我不敢妄下断言。可是今天的这一幕，让我在彷徨、微笑、感动中发现了他们心底清澈如山泉的真、善、美。古人云“以水为镜”，不就是因为水能映照人心吗？他们的举动，让我更加坚定了自己的选择，更加深信每个孩子的心灵都是像水晶一样清澈透明的。

现在，路在脚下延伸，而我刚刚起步！路在脚下延伸，而我正在铺路！

一棵树，一席话，一段路

杭州二中叶翠微校长曾说过这样一句话：“板凳坐得十年冷，办学要看十年后。”意思是说，教育是否成功要看毕业以后的学生。无独有偶，一份教育材料中也提到过美国对学校的评价，标准有三：一是走出这所学校的学生对这个学校的认可度；二是该校所在社区对这所学校的认同感；三是走出这所学校的学生对母校的回报率。可见，他们所关注的都是让学生在校园生活中体验到关怀、成功和愉悦，努力做到让每一位毕业生带着对母校的眷恋，带着对老师的感恩离开学校，再带着感恩的心回归母校。于是，随着6月脚步的临近，作为一个毕业班的班主任，我也在深深地思索着：如何对我的学生进行毕业教育？让他们为母校留下些什么？我们又该为学生种下一颗什么样的种子，让他们带着什么踏入下一所学校呢？

当我放眼窗外，看到满院子的绿树翠草时，心里一动。植树造林、绿化环境是每个公民义不容辞的责任和义务。在世界各地环保问题日益突出的今天，每个人都有责任让我们的子孙后代拥有一个良好的环境。我们何不通过一个“我与小树共成长，绿色家园携手创”的活动，加强大家的环保意识，把绿色理念更广泛地传播开来，让我们的孩子在心中播下一颗绿色的种子，让孩子的身、心、灵得到全面的发展呢？于是，2011 年 3 月 27 日，在一个绿意渐浓、阳光灿烂的日子，我们经七路第一小学善真班的部分学生与家长和老师一起到西郊森林公园举行了“铭志于树，寄情于绿”——小树认养暨爱心捐助活动。

之前，有关植树、认养树木的活动等早已不是什么新闻了，但是我们是教育者，怎样做才不会流于形式，才能挖掘出更多的教育资源，实现教育功能的最大化呢？与学生以及家长进行了一番商量后，我们首先分组对适宜在泉城生长的树种进行了初步调查研究，认为法桐、银杏、杨树、柳树、白玉兰等都可以。那么到底认养什么树最好呢？接着，我们又充分发挥学生家长的力量，通过一位学生在园林部门工作的亲戚，对各树种进行了细致的分析。在他的建议下，我们选择了生命力强、树龄长、全身都是宝、粗细适中的朴树。确定好树种后，选址、制作认养牌的任务就交给“家长委员会”成员了。接着我们则“走近”了即将成为朋友的朴树——开始调查研究朴树的生活习性等相关知识，还提前从网上下载了朴树的一些图片，了解了朴树的诸多功能，策划了认养誓言：“今天共沐阳光雨露，明日同为栋梁之才！”并填写了“与小树共成长”记录表。

那宝贝朴树逐渐在我们的心里扎下了根，3 月 27 日成了我们共同期盼的日子。

3 月 25 日，班里一位叫天宁的同学突然对我说：“老师，我妈妈说认养朴树那天她也能去，但是，她想把她资助的一个小孩儿也一起带过去，行吗？”我一听，不由对孩子妈妈的爱心赞叹不已，忙说：“怎么不行啊？欢迎！感谢你妈妈也给我们上了一课！”看到她高兴的样子，我接着说，“你看，我们善真的集体既然能为小树献出爱心，又怎么会拒绝一位小伙伴呢？这样吧，你了解她的情况，先给同学们简单介绍一下，再由班长跟同学们商量商量，看看我们怎么表达我们的心意，好吗?”接下来，大家就紧锣密鼓地张罗起了捐助事宜：同学们认真准备，班长负责收集、登记捐助物品，中队长安排几个同学一起把物品带过去，天宁与妈妈负责接送他们。最后，最重要的是，大家还互相提醒，一定不能让这个小妹妹心里产生压力或自卑感，我们约好了，即便是捐赠给她东西，也一定说是作为大哥哥大姐姐向她学习的一点心意，一定要请她讲讲自己如何独立、如何克服困难的故事……听着同学们的言语，看着他们忙碌的身影，我也不禁为这个临时的决定而倍感欣慰。这真是一段爱心插曲呀，我们对 3 月 27 日又多了一份期待!

此次活动，由“家长委员会”联系、策划、组织，既能突显“家长委员会”协助学校教育的功能，又能密切亲子关系和师生关系。同时，为家校协手办教育创造良好的条件——家长成了学校的伙伴，积极参与学校事务，承担应尽的责任和义务，成为学校的智囊团，为孩子的成长创造了更优良的环境。最重要的是，也拓宽了家校合作的内容和方式。

把认领牌挂在认领的树上，寓意与树木一起茁壮成长。我们希望通过这样的活动，让学生认识到，自己的成长如同小树一样，既接受来自社会各方的呵护与关爱，又要经历风雨的考验。通过认养小树，给小树施肥浇水，还能让学生体会家长和老师的辛苦，感受成长的意义。在毕业前组织这个活动，不仅可以使树木得到及时、周到的养护，同时学生还可以铭志于树，寄情于绿，以养树来纪念友谊，表达善真情怀，与树木同成长，为童年留下一份永久的纪念。

从此，在我们的心中，有一抹绿色，是因我们而苍翠的；从此，在我们心中，有一个共同的梦想，是我们要追求的；从此，在我们的心中会觉得盛夏里有清凉，有新鲜的空气……

做有情有智的班主任

郭传荣

名师简介

郭传荣，槐荫区第一期“名班主任”。1990年7月毕业于济南幼儿师范学校，先后在济南市道德街小学、济南市小辛庄小学、济南市阳光100小学任教。任班主任23年，所带班级多次被评为“济南市优秀班集体”，个人优秀事迹被济南都市台、济南教育电视台和《都市女报》等多家媒体报道。曾获“济南市优秀班主任”“槐荫区优秀班主任”等荣誉称号；多篇论文获省市区一等奖。

行为胜于言论，对人微笑就是向人表明：“我喜欢你，你使我快乐，我喜欢见到你。”

——卡耐基

小学班主任面对的是6～12岁的孩子。6年中，孩子们在言谈举止、心理、生理等各方面都会有很大的不同。所以班主任必须抓住孩子们的特点，采取适合他们的方式、方法开展教育教学。

一、做个有情有智的班主任，引导学生快乐自主成长

做了20多年老师的我，最崇尚的一句话是苏霍姆林斯基说的“真正的教育是自我教育”。不管老师有多爱自己的学生，学生早晚会离开老师走向社会，教育的最终目的是使学生实现自我教育，能够独立应对社会生活中发生的各种各样的情况。

班主任工作是重要而琐碎的。说它重要，是因为学校里千头万绪的工作，无一不是由班主任引导学生完成的，完成得好坏，直接影响学校的各项工作。说它琐碎，是因为班主任工作是管理人的工作。班主任面对朝气蓬勃、有思想、有感情、自我表现欲强却又自律性较差的各类学生，迟到早退、打架骂人，这个学生成绩优异、那个学生不爱完成作业，你瞪我一眼、我撇你一嘴……每一件事单独看来都是微不足道的，可是每一件事都可能成为学生思想行为变化的导火索——处理得好，一件琐碎小事就可能成为支撑学生成功的基石，学生会步步向前；处理不好，一点微不足道的失误就可能成为学生下滑的推手，他们可能由此跌入人生的低谷。

我们要做个有情有智的班主任，才能引领学生快乐自主发展。有情有智即心思细腻、情感丰富、拥有智慧，这才足以引领学生在快乐中自主成长。

（一）确定自己的角色定位和工作理念

小学班主任看起来没有什么大不了的，但真正做起来却不容易。应定位好自己的角色，不做居高临下的师长，而做学生的朋友。我们要做的是为学生明确前进方向，在求知道路上始终陪在学生身旁。当他们遇到困难时，伸出援助之手帮一把或出言鼓励、给予动力；在决策上尊重学生，允许他们阐述自己的见解，主意要让他们自己拿，甘心做个引导者。这样我们的学生才会有自主能力，才能做到自觉主动发展。

23年的班主任工作中，我逐步找到了自己的特色，坚定了自己的班级管理理念——快乐自主教育。感受不到快乐的人是不健康的人，面对压力，

只有快乐的人才能从容应对，尽己所能充分展现自己的人生价值。没有主见、做事不能自理、为人不能自立、学习不能自觉的人是很难取得成功的。

（二）心态决定工作状态

既然选择了教师这一职业，就应该用自己真诚的心去对待学生，我也是一个母亲，将心比心希望别人对自己的孩子怎样，我就用怎样的心态去对待我的学生。就像照镜子一样，拥有什么样的心态决定了我们作为班主任拥有怎样的工作状态。

保持愉快的心态，对我们的学生怜惜、疼爱、赏识，尽己所能、千方百计地引领、陪伴他们的成长。这样，收获的不仅是快乐的工作经历，我们还会因为有无数个令我们自豪的生命活跃于社会的各个角落而感到欣慰。班主任切忌带着低落情绪从事教育教学，它不仅影响工作成效，更有可能让我们因为情绪低落而产生冲动，造成说话过头、好事办砸的情况。曾读过林语堂先生的《鲁迅之死》，对于书中提到的“气大伤胃、伤肝、伤脾、伤肺的说法及先生因气而死”之说颇为赞同。

所以我认为班主任应该快乐一点，每天带着微笑面对学生，用发现的眼睛去看学生的闪光点，放大优点，包容学生的不足，给他们改正的机会和时间。

（三）上好自己执教的课是关键

千万不要小觑我们的学生，虽说他们只是6～12岁的儿童，但他们已经有了分辨能力，既会察言观色，也会和父母朋友滔滔不绝地谈论自己的老师。更何况他们背后还有智囊团（他们的父母、爷爷、奶奶、姥姥、姥爷）！对于老师的一言一行，孩子们都会与家人分享，低年级的学生尤其如此。

分享的过程即是评价的过程。学生人数乘以6，有了这样高的关注度，我们不上好自己执教的课怎么能行？怎么能有威信？

上好自己执教的课，是让学生认识、了解进而崇拜老师的最直接的途径。我的课堂不是“标准”的语文课堂，作为担任着班主任工作的语文老师，借用语言文字旁征博引、旁敲侧击是常事。我在课堂上使用的幽默语言让学生乐于抬头听讲，我对学生的尊重使学生愿意就自己感兴趣的问题谈出自己的见解。

二、巧用心理知识，引领学生自主管理

小学高年级的学生，其学习习惯、行为方式已基本定型。对于老师，他们也有了自己的定性思维和完整的衡量标准。想让他们能够“亲”我这个老“师”，“信”我所言之“道”，就必须让他们接受我。这需要我了解他们，针对他们的特点开展工作，尽快与他们度过磨合期，形成学习的合力。

（一）情绪效应＋自己人效应＝朋友

新接手一个班级，怎么才能让学生们迅速接受我这个班主任和我的教育方式呢？

开学前，我制作了几份调查表，有目的地对学生的学习、兴趣爱好、特长及家庭背景等情况进行了摸底，并利用班务建言表，对学生的文笔、创造能力和对集体的认知、热爱做了调查。在短短3天时间里，我已经将学生个人资料和本人对应起来，可以指名道姓地和学生交流了。

人称“含笑哲学家”的古希腊哲学家德谟克利特总是笑脸迎人，不摆架子。我也是个爱笑的人，和学生们在一起，我始终面带微笑，即便是在工作开展不顺利或情绪不好的时候也注意调整。我希望用自己的微笑为学生的成长创造一个轻松的心理环境。

情绪效应拉近了我和学生的心理距离：课上他们会因我的微笑而信心大增，学习及表达欲望强烈；课间学生们也总是愿意和我聊上两句自己的事情。这时，我再使用自己人效应，效果更佳。

管理心理学有句名言：“如果你想要人们相信你是对的，并按照你的意见行事，那就首先需要人们喜欢你，否则，你的尝试就会失败。”在与学生交流的过程中，我把学生当成自己人，真诚地对待他们，学生也把我当作知心朋友。班主任只有走进学生心里，了解学生的心声，才可能管理好班级。

（二）链状效应＋从众效应＝良好班风

班主任应当努力把教室建设成一个温馨的学习场所，这不仅仅是我们工作的阵地，更是学生们在校学习和生活的舞台。我们学校的教室里，各项设施齐全，整体设计布置已经非常温馨，只是暂时还缺少学生们学习和生活的痕迹。于是，开学第一周，我就组织了“班务承包”活动，学生们分头设计、布置教室，一片忙碌中又让我观察到了哪些学生能力强、哪些学生热爱集体、做事尽心尽力，一举数得。

俗话说的“近朱者赤，近墨者黑”，在心理学上被称为“链状效应”，指人在成长中的相互影响作用。学生发展中的链状效应不是单方面的，既可以表现为思想品德的互相感染，也可以表现在个性、情绪、兴趣、能力等方面产生的相互影响。所以，我在安排学生座位时，让不同性格的学生坐在一起以相互取长补短，娇生惯养的学生与独立性较强的学生做伴，胆小畏怯的学生和勇敢坚强的学生交友……并经常问一问：“你同桌怎么样呀?”交谈中引导他们夸一夸同桌的变化及优点，肯定他们相互间的积极影响。

接下来，我又发挥从众效应的积极作用，有意识地通过班会、板报、班队建设等舆论阵地，大张旗鼓地进行宣传，不放过任何一个教育的契机，引导学生设计、开展丰富多彩的活动：教师节学会感恩，国庆节明白小学生该如何把爱国化成自己的行动，中秋节从月与诗中感受华夏文化的魅力，建队节学会自律和奋进……同时及时发现班上出现的不良倾向，对症下药，将其扼制在萌芽状态，以防止产生消极的从众效应。

（三）南风效应＋暗示效应＝不断进取

南风效应是以启发自我反省、满足自我需要而产生的心理反应。“南风”能达到目的，是因为它顺应了人的内在需要，使人的行为由外在要求驱使变为内在自觉行动。

在班级管理中，我注意到学生们大多不能自觉、自主学习，由于个性张扬，显得纪律松散，缺乏集体凝聚力。于是，我在尊重学生的人格和自信心的基础上，采取赏识教育，放大学生身上的优点，尤其是在纪律、集体意识和行为习惯方面；在情感上尊重、关心学生，采取个别谈话、集体阅读、共同讨论达成共识的方法，让学生意识到该怎样做；在行为上激励学生，容忍学生的缺点，给学生改过的机会。

一般来说，少年儿童因为具有向师性，所以容易接受暗示。我便常常使用语言暗示，适时表扬，暗示学生更加严格要求自己，其他学生也会向表现突出的同学学习。由于多数学生发散性思维发达，若课堂上用于组织教学的时间过多，就很难完成教学任务，于是我经常使用手势、眼色、轻咳、停顿、提高或放低音量等暗示手段，使学生集中注意力，同时增加讲课的趣味性，也使他们爱上了我的语文课。

我还在班里开设了图书角，开展了读报活动。我常常针对学生的某一缺点和错误，选择适当的电影、电视、文学作品或事例等，与学生边看边讨论，让学生在这种暗示下悄然形成正确的思想观念。我曾推荐学生看日本电视剧《女王的教室》，和学生们一起讨论该如何做好六年级的老师、学生，暗示学生们应该努力学习，做事要有担当。

（四）空白效应＋门槛效应＝主动发展

心理学研究表明，演讲过程中适当留一些空白，会取得良好的演讲效果，这就是空白效应。班主任尤其要善于留白。

在发现学生的不足时，我一般先不说出自己的观点，而只是摆出现象，让学生自己去想、去说，究竟该如何处理或补救。这样，学生不但有了表达自己意见的机会，还可以更自然地接受来自同龄人的建议。在班级小家务方面，如图书角的设立、壁报的规划、班级活动的开展等，都留给学生锻炼和实践的机会，绝不包办代替；在班规制订方面，我给学生思考分析的机会，让他们独立思考、判断和权衡，制订出自己认为最合理、最容易遵守的规章制度；在批评学生时，我也注意充分运用空白效应，一般是帮学生分析出错误原因后，给学生留出独自思考、反省的时间。然后再使用点儿门槛效应——心理学家查尔迪尼在替慈善机构募捐时，仅仅附加了一句“哪怕一分钱也好”，就多募捐到一倍的钱物。这就是著名的“门槛效应”案例，也就是由低要求开始，逐渐提出更高要求。我在对学生提出要求时，总会首先考虑学生的心理接受能力，要求尽量少一些、小一些、低一些，为学生设置的目标总像是头顶上的苹果，踮起脚尖就可以摘到，这样，学生自然就会愉快地接受并完成我提出的要求。

（五）问题学生的转化

1. 认可学生的差异

曾经读过《You Are Special!》（你很特别，与众不同）这个英文故事。故事告诉我：你是特别的，与众不同的，独一无二的。你就是你，不管你身上有什么优点和缺点。只要你能发挥出自己的特长，尊重自己的本性去发展自己，这个世界上谁都无法取代你！

正因如此，我喜欢我所有的学生。我喜欢个性张扬的他们，和他们交流，我会获得不一样的感受。我相信“天生我材必有用”，我的学生有善于倾听的、画画好的、写字棒的，有表达能力强的，有沉默无语的，有会打扫卫生的，有能带领同学们学习的……尽管他们展现在我面前的优势各不相同，但他们就是他们自己。在自己的基础上有所发展，这才是我要的快乐自主教育。

或许有的家长不这样认为。他们望子成龙、望女成凤，希望自己的孩子都能考上最好的大学、拥有最棒的工作、过最幸福的生活。这当然也是我的希望。但我们生活的这个世界，不仅需要高材生、尖子生，更需要在平凡岗位上勤恳工作的普通人。

前国务院总理温家宝曾说，要让人民生活得更加幸福、更有尊严，而实现这一目标首先就应该从孩子抓起，从教育抓起。幸福没有“标准”模式，不要让所有孩子在同一个标准下成长。我们培养的是人，不是工厂里从模具中生产出的机器零件，没有必要一模一样。

2. 学会读眼

眼睛是心灵的窗户，能反映出一个人真实的想法。教师，尤其是班主任，应该让自己学会读懂学生的眼睛，这样才能洞察他们的内心，才能走进他们心里。所以眼睛近视不算厉害的我也一直坚持戴眼镜——我想要清清楚楚地看到从我的学生的每一个动作、表情、眼睛中表达出来的心声。

3. 遇事有耐心，尽可能多交流

刚开始管理“小饭桌”时，我看到孩子们有玩三国杀的，有听音乐的，有玩手机游戏的，有下棋的，更有甚者，个别女生在吃饭间隙还会互相问旁边的伙伴最近喜欢谁、为什么又不喜欢谁了……很少有学生读书、看报。于是我便带领学生在操场上跳跳绳、坐在校园长椅上说说笑话，陪他们荡荡秋千、散散步、聊一聊最近班里发生的事情、把黑板写得满满的玩成语接龙游戏、谈谈最近读过的书……让学生学会正确的交流方式并慢慢养成互相交流的习惯。

4. **放大学生的优点**

我喜欢个性张扬的孩子，因为我相信没有自我的人肯定是庸庸碌碌之辈，没有创新性可言。可每个孩子的个性却不见得都是好的。调皮捣蛋的孩子我不怕，他们不断翻新的淘气花招会让我充满激情地去应对，让我的班主任生活丰富多彩。反而阿辰的我行我素、小马的装傻充愣、小志的叛逆、阿斌的憨厚神秘等，这些把自己封闭起来不理人、让人无法轻易走入内心的学生才是我的一大心病。于是，我时常关注他们，发现优点就使劲儿夸奖一番，无视他们那不理解、不接受、漠视的眼神。慢慢地，“单簧”开始变成“双簧”互动，他们也开始主动找机会和我说话。我也没有过分表现自己的激动，视情况采取倾听、反驳、不屑等态度，引得他们更加乐于找我倾诉。放大学生的优点，让他们慢慢拥有自信，知道了自己身上也有被别人认可的优点，他们当然也就乐意与人交流了。

5. **给学生一个舞台，学生还你无限精彩**

每次走进教室，看着学生们纯真的笑脸和那满墙的色彩斑斓，我内心都会充满喜悦。如今，间操、路队已经不用我操心，在体委的带领下，大家会迅速安静地站好队到指定地点候命；大课间活动的组织无需我多虑，有组织委员小志在前一天安排活动地点、布置所带用具；早读、午歌只需我倾听和肯定；下午到校后，一三五朗读背诵古诗词、二四学唱励志歌曲各有班干部负责；值日由组长全权负责，我只需抽查时赞美他们或稍作示范即可。

其实，只要放低自己的评价标准，使之更符合学生的年龄特点，不嫌弃学生，努力为他们创造机会，给他们提供发挥的空间，学生还给我们的一定是无限的精彩和愉悦的体验！

我有快乐，学生有进步和丰富多彩的童年生活，何乐而不为呢？

（六）家校联合促进学生发展

协调好与家长的关系，争取到家长的支持和配合，教育效果就会事半功倍。我个人认为，这首先需要教师尊重家长。

1. 尊重家长，诚心与其沟通

不少家长对孩子很偏爱，不希望任何人说自家孩子不足，所以说到尊重家长，班主任也要讲究方式方法。

与家长交流孩子的教育问题时，尽量先肯定其长处及进步。一定要介绍孩子的问题或过错的话，注意场合和方式，语气尽量委婉平和，尽量以情感人。

六年级的孩子已经步入青春期，逆反心理较严重。许多孩子宁肯把心里话告诉朋友也不愿向父母倾诉，有的孩子甚至开始抱怨父母这不好那不行。所以我对学生这样强调："不尊重父母的人，不配做我的朋友，连生身父母都不放在心里的人，会真正把我这个没有任何血缘关系的朋友放在心里吗？"

我在班里开展了"今天我当家""儿的生日娘的苦日""我要这样过生日"等主题实践活动，让学生亲身经历、体验父母的操劳。实践证明，教育学生尊敬父母，一方面可以提高父母在孩子心中的威信，增强其教育力量；另一方面，父母看到孩子在老师引导下越来越懂事、开始尊重自己，就会更加信任老师、感谢老师，从而引发亲师间更多的共同语言，形成家校教育合力。

2. 虚心听取家长的意见

能否虚心听取家长的意见，是教师能否密切家长关系、取得家长支持与配合的关键。

我们成立了班级"家长委员会"，经常召开会议，虚心听取家长给我们的建议。家长和孩子共同生活的时间比我们多得多，如同老师们平常说的，孩子们三分之一的时间在学校，而三分之二的时间在家里。因此，家长对自己孩子在行为、个性、习惯等方面的观察和了解要比教师详细得多、深刻得多，对孩子的期望比教师也高得多。一般来说，对孩子应该采用什么方法进行教育，可能家长比教师更有发言权。

3. 热心指导家庭教育

现在许多家长对孩子的关心已经变成了娇宠，苦口婆心的教育早就变成了放任。这样的家庭教育培养出来的孩子，往往很难适应学校教育，家长迫切需要从教师这里获取一些经验和方法。我们应当有理由、有信心，并满腔热情地指导好家庭教育工作。我曾经策划实施过“亲子同堂话教育”家长会，让学生的心声被家长们听到，让家长当面表达自己的期盼，对引导这一时期孩子与家长的和谐相处起到了很好的作用。

4. 真心表扬，树立家教的榜样

抓住各种契机在学生面前表扬家长，借学生这一纽带传递教师对家长的真诚敬意。我们班的家长高度支持班级工作，家委会成员不但为我们的社会实践活动提供场所，还出车出人负责学生安全；很多家教指导资料也是他们自发合作搜集的。

我经常在各种场合对他们表现出的这种热忱表示感谢，真心夸奖换来的是家长对班级工作更加热情的支持。现在，孩子们也在背后暗暗较量——比比谁的父母最优秀及谁对父母最尊敬，比比谁的家庭更和睦及谁的父母对老师最感激……

只有尽心而为之后，才会感受到班主任工作的乐趣。为了让学生更好地发展，让我们用情用智，挖掘每一个学生的潜力，让他们在快乐中变得自主，也让每一个学生、每一位老师都成为“自由”的人。

附：我的教育随笔

班干部的培养很重要

班干部是班集体的核心。在多年的班主任工作中，我深刻地体会到一个班良好的班风、学风的形成，与班干部良好的素质，与他们的模范、榜样作用，与他们在班中的威信和工作能力有很大的关系。要想实现班级的自主管理，培养一批素质高、责任心强的班干部并充分发挥他们的作用是班主任工作的首要任务。

一、甄选候选人

我们要选拔的是一批得力的小助手。想让班级形成怎样的氛围，班主任想打造什么理念的团队，都是选拔班干部候选人要考虑的因素。

虽说在学校教育中，学习成绩是考量一个学生是否优秀的首要因素，但我对于学习成绩的要求不是太严格，能够达到良好的学生都在考虑范围之内。我很注重学生的非智力因素，比如，待人是否真诚，有没有是非观念，做事是否用心，有没有吃苦耐劳的精神，思维够不够灵活，语言表达是否流畅，有没有个人特长等。

在选拔班干部时要注意，有的学生虽是学习成绩尖子，但骄傲自大，只顾自己，不关心集体，不关心周围事物，这样的学生慎选。应该把品行好，学习成绩优良，关心集体，热心为同学办事，能团结、帮助同学共同进步，有威信的学生选作班干部。这是搞好班级学生工作的基本保证之一。

考查了解是第一步。为了选出一支能身体力行、尽心尽职、富有创意的班干部队伍，班主任必须亲自观察和了解。调查了解的方式很多，班主任可根据实际情况灵活运用。

平时我们要细心观察学生们在学习及各项活动中的表现，认识他们的爱好特长。这种观察方式相对比较客观。在观察时，我们尽量不要参与活动。这可以保证学生有更自然本真的表现，使我们确定其特长和优点。

还可以通过找不同层次的学生谈话来听取意见。这种方法可以让教师从多方面了解学生的状况，不会产生偏听偏信的弊端，但也要注意，由于不同层次的学生有不同的偏好，他们可能更加愿意对自己喜欢的同学给出肯定的评价，对自己不喜欢的同学给出否定的评价。

二、明确职务职责

我一般会在班级里设置班长（全面管理，主要负责班级纪律）、组织委员（负责各项活动的安排落实）、学习委员（负责作业的收发、领读等）、体育委员（喊口令要响亮、有威信）、宣传委员（负责班级壁报等）、文娱委员（负责主持与音乐相关的活动、教唱班级歌曲）、卫生委员（负责班级卫生方面的统筹安排及检查督促）、小组长（一般为6到10人一组，组长负责收齐语文作业、检查课文背诵、组织安排小组活动)、副组长(负责数学、英语作业的收发，辅助组长开展活动)、各科课代表(负责检查课前准备、协助各科老师准备教学用具、收发作业)。

三、充分发挥班干部在班级管理中的作用

班主任要注重对班干部工作的指导与工作能力的培养。我在班级工作中，始终坚持对班干部“多指导、少包办”的原则。我的具体做法如下。

第一，重视小组长。

学生到校学习，最重要的是保证学习任务的完成。而小组长收作业，是和有限的学生打交道的最直接人。作为班主任，我先教给他们怎么收、怎么摆放、怎么做好记录，并给他们一定的权限。比如，看到书写不工整、作业态度不认真的，可以让他们返工，只要比返工前有进步就免于扣分。对于不完成作业的，除做好记录向老师呈交外，还要了解是什么原因导致他没有完成，是身体原因的限定时间补上，下不为例，本次忽略不计分；是忘了或没记作业的，由组长先找组员负责签字检查他每天记作业的情况，如再不完成，由我指定他的邻居同学帮忙记作业两份，一份放学后按时送交不完成作业的同学家长手中，请家长帮助督促。按交作业速度、质量分别为组长和所有组员加分。由小组长将作业送交到老师手中，包括收作业记录本(这样组长已做好作业完成情况、是否全交情况、书写质量等方面的检查，老师只负责对作业内容和学生的掌握情况进行检查即可，工作相对从容了许多)。

第二，纪律、学习、文娱委员要配合好。

班里的纪律委员一定要挑选成绩好、威望高、自我约束能力相对强、工作大胆、有头脑的学生来担任，因为纪律是顺利完成一切任务的保障。

为了保证早读、午自习、红领巾广播、间操在老师不在的情况下也能正常有序、高效地进行，纪律委员要帮忙组织同学，学习委员按早读安排领全班同学早读、练字(午自习)，不做间操的大课间，由文娱委员教唱、复习“每周一歌”，红领巾广播时间由纪律委员全权负责。对于不遵守纪律的同学，纪律委员做好记录，并在结束时，向同学讲明记录原因和采取的措施。违纪轻的同学写说明书向老师解释，分析自己的不足；较严重的交由老师处理，扣分事宜由老师决定。纪律委员可以给表现好的同学加分，每次不得超过3分。老师配合好纪律委员，按交上来的记录找同学谈话，做好纪律委员的后盾。一切即可有序、有效进行。

第三，宣传委员与卫生委员做好班级文化宣传工作。

让每面墙都说话，让班级的角角落落都能影响和促进学生的发展，这需要其他班委的团结协作。卫生委员是一个良好环境的保障者，他起到了对值日生的提醒监督、协调配合的作用，让个体与集体的发展能够齐头并进。宣传委员的责任最大且工作负担最重。板报、壁报对学生的教育作用是看不见的却是巨大的。每两周一主题的板报，事事关心角的当天报纸的购买、管理，以及每年大事记中学生资料的收集、展示都得由宣传委员来落实。班级事务就这样在老师指导下，由宣传委员落实得井井有条。植物角、卫生角（小药箱）、图书角也有专人负责，让花为班级添生机，让书为学生头脑充电。管理制度也有负责人组织全班同学共同遵守、执行。

班主任如果拥有了这么多助手，犹如无形中多了三头六臂，做起事来，自然事半功倍。当然，最关键的是锻炼了学生的自理、自立能力，让学生在自治中求生存、促发展。

给学生一个舞台，学生还你无限精彩

随着时代的发展，我认为教师不再只是传道、授业、解惑的单纯的“师傅”角色了。我认为时下的教师还有义务培养学生的想象力、创造力和实践能力。多给学生机会，让孩子在展现自我中寻求自己的发展之路，这才是“以人为本”的教育、有尊严的教育。

还记得学生刚入学时，我让这帮六七岁的娃娃用手中的画笔对着镜子把自己画出来，并用拼音和自己会写的字写上一句介绍自己的话。大多孩子听到我提出的要求，第一反应是一脸茫然，之后便纷纷求援。“老师，我不会画，怎么画呀?”我只能说：“回家先照镜子，再决定怎么画，想想你最想让老师和小朋友知道自己哪方面最棒，你就写些什么。”我给了孩子们一周的准备时间，结果等周一收作业时，只有7个小朋友上交了自己画得奇形怪状的图片。失望也好，无奈也罢，我没有批评他们，只是把首先交上作品来的李英姿、王梦琳、孙兆玉等同学大大地表扬了一番，并把他们的自画像张贴在班里的墙上。这一贴还真管用，课下孩子们围着画像笑着、议论着。第二天、第三天又陆续有孩子交上了自己的自画像。

看到教室墙壁那方寸之地让孩子们产生了那么大的积极性，我决定把整面墙壁都变成孩子们展示自己的舞台，让孩子们尽情展现自己的风采。

于是，“每日一星”个人评比栏，“我们是最棒的”小组评价表，“我是小小朗诵家”课文背诵情况表诞生了；“我们的画”“我会用圆拼图”“用树叶贴画”“首届书法比赛”等展示学生动手、动脑能力的作品陆续被宣传委员张贴到了墙上。看着孩子们一幅幅稚嫩的作品，我发现，孩子们每天都在进步，每个孩子身上都有与众不同的优点。

接下来，我把黑板也交给了孩子们。第一期出的板报主题是“我爱我班”。孩子们可以用自己的画和学过的拼音及仅有的几个会写的汉字写一句话表达自己对班级、对老师、对同学的爱。第一次，孩子们一齐涌向黑板，自顾自地写起来。别的同学写得如果碍自己的事，干脆就擦掉。看着黑板上乱糟糟的字迹和杂乱的色彩，我一时哭笑不得。是不是我的要求太高了，他们都还太小，还不知道如何表达出对班级的爱。我用了近 10 分钟讲了用色以及和同学合作时如何合理安排版面。接下来黑板报返工了，这次比上次看起来清爽了，写字的多了，画画的明显少了许多。版面虽说还是杂乱无章，但从内容看，大多数孩子知道应该用“努力学习”“和小朋友友好相处”“爱老师”“听老师的话”等话语来表达对班级的爱。

多棒的孩子呀！他们已经能够明白道理了。再督促他们的行动，相信孩子们的集体凝聚力会越来越强的。

第二期板报的主题是“我知道”。第一学期已经接近尾声了，该对孩子们所学的知识进行一次梳理了，于是孙兆玉负责写字，王梦琳负责写声母，孙元鑫负责写韵母，胡晓敏负责整体认读音节，周炀和李佳睿负责书写反义词，我负责书写主题。版面设计是由孩子们的设计草图组合而成的，清爽整洁的板报把孩子们所学的重点都包含在内了。

每次走进教室，看着孩子们纯真的笑脸和那满墙的色彩斑斓，我的内心就会充满无尽的喜悦。

做老班，挺好。

享受对话教育，用智慧建设班集体

吴圣琴

名师简介

吴圣琴，济南市槐荫区第二期“名班主任”。1991年7月毕业于济南幼儿师范学校。在济南市纬十路小学任教至今，担任教导处主任及六年级班主任工作。任班主任22年，所带班级多次被评为“济南市优秀班集体”，被认定为“全国优秀班集体”。曾6次获“济南市优秀班主任”称号，被评为“济南市优秀教师”。曾在全国优秀班主任大讲堂做经验介绍，参与多项省市级课题研究，多篇论文获省市区一等奖，设计的班队会获全国一等奖。

没有了对话，就没有了交流；没有了交流，也就没有了真正的教育。

——弗莱雷

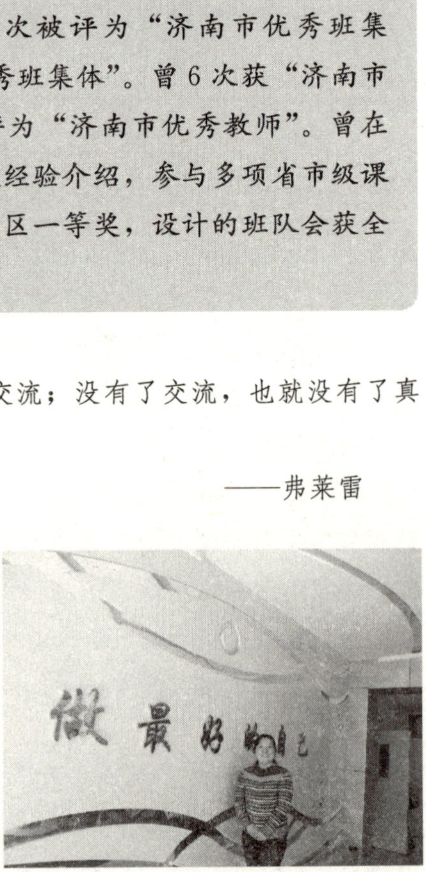

孔子曰：“智者乐水。”老子曰：“上善若水。水善利万物而不争，处众人之所恶，故几于道。”禅语曰：“善心如水。”班主任应像水顺势而流一样，因势利导，循循善诱，达到春风化雨、润物无声的教育境界。我教育学生为自己的成长负责，希望我的学生是善良的、思想开明的。这意味着我必须具备这些素质。小学阶段最重要的是习惯的养成，班主任不是管理者，应该是学生的陪伴者和引导者，亦师亦友，学会倾听，在陪伴中与学生共同成长。

一、用智慧与学生对话，让班级成为学生的精神家园

班集体是学生的第二个家，是师生共同学习、生活的乐园，它应该是孕育快乐、创造快乐、凝聚精神、升华人格的一片乐土。优秀的班主任应该想方设法创设出和谐宜人的班级环境、民主科学的班级管理氛围和充满活力的班级精神生活，这就要求老师做一名智慧型班主任。

（一）用心准备开学第一天

“良好的开端等于成功的一半。”师生的第一次见面如果能紧紧抓住学生，无疑会为班主任今后顺利工作奠定基础。

那么，班主任应该怎么做呢？很简单，让学生感受到你的关怀与期望。我送给学生的寄语是“做最好的自己，做一个善良的人”。如果是新接的班，我通常利用开学第一天的宝贵时间来介绍自己和学生经历的趣事或者原来班级的精彩之处，让学生对我的教育产生一种向往。如果不是新接班，我会选择自己假期生活中最快乐的部分与学生分享，比如，把自己旅游的照片做成课件给学生做介绍，让他们感受到我的生活热情。开学之初，先抓住学生的心，让学生兴奋、快乐地融入新的集体、新的学期，让他们有如遇知己的感觉，然后再完成常规工作。

准备好与学生的第一次见面，让学生佩服你。这就是所谓的“亲其师，信其道”。

（二）尊重每一位学生

有人说，逐鹿的猎人，眼里只有鹿；捕鱼的渔夫，眼里只有鱼。他们永远看不到真正的山水！在我看来，单纯的应试教育培养出来的人，眼里只有分数，没有性灵，他们永远也享受不了真正的生命对话。真正的生命

对话是平等的，我认为学生来到学校除了学习知识，更重要的是学会做人。工作20多年，我从不把学生叫到办公室进行批评教育，也不当着其他老师的面批评他们。我给每个学生进步的机会，如每学期初，写好给学生的第一封信，让学生感受到老师对他的关注。另外，值日班长制让他们享受到了平等的愉悦，生日派对让他们感受到了被尊重的快乐，每学期的“我型我秀”让他们有了成长的自信。

（三）值日班长制

把班级还给学生。现在的孩子都喜欢管别人，我呢，也没有剥夺他们的管理权利。当然，最初是因为班内有几个孩子不服从班干部的管理，我就尝试让这几个调皮鬼来管理班级纪律，没想到效果还不错。接下来，每个学生都轮流当班长，负责班级的一切事务，并记录一天的值日情况，记录的内容有同学表现、班级大事、值日心得。在六年级下学期，我还让家长参与记录班级日志，通过这种形式让家长了解孩子在学校的情况，并参与班级管理。不少学生在值日心得中都写到班干部的辛苦，并因此改正自己的不良习惯。

（四）班级生日派对

生日派对源自一位家长的来电。那天是景玉同学的生日，前一天我接到她妈妈的电话，说是孩子就要毕业了，想与同学分享在小学的最后一个生日。听了家长的请求，我这个当班主任的考虑再三，同意了。因为是六年级下学期了，有不少孩子提出一个建议：上半年过生日的学生带一个蛋糕到学校来与大家分享快乐。从3月份开始，陆续有孩子带来蛋糕，这一次我只是提醒家长：孩子既然提出来了，只要要求不过分，可以满足她的心愿，毕竟这帮孩子在一起呆了近6年。

放下电话，我召集班委会的几员“大将”到办公室，请他们简单策划一下第二天的生日派对。可能是因为在一起的日子不多了，大家既兴奋又感到任务比较重，都很珍惜这次活动机会。我像往常布置活动任务一样，与他们简单讨论了一下，便开始分头行动，没有过多询问。

第二天中午，家长送来了两个生日蛋糕，估计是知道人多，怕不够分。

下午两节课后，我和孩子们开始分蛋糕。派对开始，程序一个接一个，教室里一片欢声笑语……就在大家把蛋糕送入口中的一刻，体育委员大珂同学跑到前面大声说："别急，别急！我们还没有把祝福送给景玉同学呢！我宣布，送祝福！"他这一嚷嚷，同学们纷纷离开座位，把蛋糕抹到了景玉的脸上。这一下可不得了了，蛋糕还被抹到了身旁同学的脸上。任凭我怎么喊，大家就是不停手。孩子们边吃边抹，我只好站在讲台上品尝蛋糕。哈哈，就让孩子们疯一疯吧，那段时间毕业复习压力也不小。

"哎哟！"我一摸脸上，黏黏的。糟糕！不知是哪个坏小子把蛋糕抹到我的脸上啦！好小子，竟敢往"老班"的脸上抹！我一回头，正看到大珂同学冲我做鬼脸，又是这个调皮鬼！我冲他伸伸拳头，他一伸舌头跑开了。接着翔宇、小朱……学生们接连不断地来到我这儿，这下我可变成了花脸"老班"！我也不示弱，开始了反击。我们在教室里跑着，闹着，引来其他班学生驻足观望。

活动结束后，我和值日生收拾着教室，心想：这帮孩子就是不一样，竟敢抹老师，没大没小的。尽管这样，我还是很开心！这时，大珂凑到我跟前，悄悄说："老班，知道为什么抹你吗？"我看了他一眼，没吱声。他不好意思地说："我们觉得没有被抹蛋糕是一件很伤心的事，这证明他没有朋友，没有好朋友多孤独！"我心头一震，啊！在这个大男孩心中，我竟是他的好朋友！怪不得孩子们抹了我之后，都带着一种幸福的笑容跑开，这些孩子真是长大了！从认识这帮孩子的第一天起，每天阅读一个爱的故事，共同发现生活中美好的事情成了我们师生的必修课，这也让他们感受到了人间真爱，学会了感恩，懂得了真诚。从那天起，我们班把在一个月内过生日的学生集中在一天过生日，加深了同学们之间的友谊，拉近了我和他们的距离。

（五）"我型我秀"

爱好广泛是我班学生的一大特点。我要求每个学生都有特长，当然我也不例外。学生能歌善舞，我也不甘示弱。记得在教《唯一的听众》一课时，我带着学生一起欣赏小提琴协奏曲《梁祝》，让学生领略了音乐的魅力。因为家庭环境的原因，很多学生对此一无所知。我领着大家一起赏析，走进乐曲，大家知道了里面的故事，明白了乐曲的表达形式，引发了对乐器的兴趣。当初让学生学特长是为了让学生有事干，避免放学后到处乱跑，跑网吧打游戏。我的要求是至少要练字、画画。每学期我会组织一次“我型我秀”才艺展示。

在我工作的第10个年头，当时学生们面临毕业。一天，有个叫崔舸的学生悄悄来到我面前说：“吴老师，谢谢您！是您让我喜欢上了画画。”说完，他拿出一张素描，送给了我。那个大眼睛男孩儿，我是三年级开始教他的，他学习成绩一般，但字写得漂亮。有一次，我在全班学生面前说他的字写得漂亮，画画一定也不错。他记住了，让家长给他报了个美术班，没想到，一学就是3年。小学毕业时，已经画得很好了，后来他考大学也报了美术专业。没想到，我的一句鼓励竟使他走向了专业道路。我感觉，学生们在学艺的过程中，意志品格得到了磨炼，学会了吃苦，还提升了综合素质，感受到了学习的快乐，真是一举多得。

我班不少学生加入了校篮球队。他们几年如一日，无论严寒酷暑，坚持训练，为学校立下了汗马功劳。大部分学生的书法，无论硬笔还是软笔，都值得称道，多名学生先后多次获得国家、省、市级奖项。多才多艺的积累，得益于他们不服输、肯吃苦的执着精神。曾经，为了写出一幅满意的书法作品，数九寒天里，有的学生一身薄衣单褂一站就是三四个小时，直到最后那枚鲜艳的红色印章完美盖下，才离案休息；曾经，为了备战国际级机器人大赛，姜棣之为了克服自己起步晚、底子薄、手法生的缺点，硬是拿出“海绵里面挤时间”的拼劲儿，在保证学好课本知识的基础上，把平时和节假日里别人喝水、谈话、玩耍的时间都挤出来，把自己关在操作间里，专心编程，熟练安装；曾经，为了制作班级纪念册，朱俊杰同学不但自己上网搜索，还动员父母一起查阅家里的数套相关资料，成功策划设计了纪念册……班刊的发行，凝结每个“六一人”的汗水；运动会上的团结一致、努力拼搏，更成就了每个“六一人”。朱俊杰、姜棣之、李昊泽3名学生被评为“槐荫区小名士”，本班荣获“济南市优秀班集体”称号。下面这段话是学生们在最后一期班刊上写下的卷首语，表达了他们在创建优秀班集体中的收获：

海阔阔船无迹，天荡荡鸟无息。在记忆的溪流里，我们曾共同留下纸船的桨迹，它像无律的筝曲，拨动琴弦，似乎在心底还留存着美妙的回音。

也许在你不经意间，春风的氤氲气息将你朦胧的思绪唤起；秋叶的凋零败落让你苦苦追忆；长夜剪下一角，分享给我们快乐的记忆。

如今，当那近在咫尺的空气，凝结成轻盈的字迹。我们带你像寻找大陆一样寻找这6年的点点滴滴……

难忘“六一”，爱在“六一”！

二、用真情与学生对话，让学生摸得着你的关爱

我们教的学生正处在人生的起跑线上。童年应该是七彩的，在七彩的童年里，孩子应该活得像真正的孩子，这样的童年才是健康的。因此，在建设优秀班集体时，我和班干部开会讨论，并征集学生的想法，共同制订了班级规划，围绕平等、尊重的目标开始了快乐温馨的班级建设。生命在于运动，有人说活动是班级生命的源泉。我班的“快乐”系列主题活动就让我们拥有了快乐的班级，如每天的“师生共读时刻”“快乐游戏周”“好书推荐”“和远方的同伴有个约定”等手拉手活动，“我来做义工”“我读懂了你的家长会”“放飞梦想的班级论坛”“要毕业了”等实践活动。这些活动使每一个学生都感受到了学习生活的快乐，在班集体的建设中发挥出自己的潜能与创造力，成为这个班集体真正的主人。

这些活动给了学生一个个美好的回忆，特别是每月一次的“班内论坛”活动，在校内引起了轰动。每次论坛的坛主由学生轮流担当，论坛主题为校内外热点问题、国内外重大事件。为了搞好每一次论坛，学生们利用课余时间主动翻阅书籍，调查采访，查找资料，准备材料，可谓轰轰烈烈。最让我难忘的是那次主题为“直击利比亚”的论坛，因为这些孩子很关注时事，当时利比亚问题是一个热点问题，他们课余时间经常为此争论不休。为了正确引导他们，我提议组织一次论坛活动。活动前，我和他们一起搜集资料，从地理位置、人文环境、政治局势等方面对利比亚进行详细分析，把论坛主题定为“战与和”。在与学生一起准备的过程中，我被孩子们的热情感染着。精心准备后，论坛开始。3位坛主轮番上阵，以双方取胜的利与弊展开了一场舌战。在学生充分论战后，我又引导大家围绕“战争与团结”

的话题发表自己的观点，让他们懂得，世界的和平需要所有人的维护。一次次论坛，让学生开阔了视野，增加了知识，也学会了担当。我很开心他们没有把自己看成小孩，而把自己当作了社会的一员。

有一段时间，我发现学生喜欢讽刺、挖苦别人，老是来告状，我就给他们推荐了《水知道答案》这本书。书中介绍，水在将要结冰的时候，如果听到优美动听的古典音乐，就会结成有规则的形状；如果放一些节奏激烈或嘈杂的声音，结晶的形状就非常乱。由此得出结论，人也一样，喜欢听到赞美的声音。

我的目的是让大家注意语言美，学会欣赏同伴。有一个学生回家做了一个实验。有一天他就来找我，他说："吴老师，我觉得书里写得不对。我准备了3袋米，对着其中的一袋每天说些好听的话，而对另一袋恶语相加，还有一袋我置之不理，可他们都臭了。"我被这个学生的认真劲儿打动了，就鼓励他和其他几位同学一起查找有关资料。他回去查了很多资料，并同学组织了"科学与伪科学"的主题论坛活动。

其实论坛活动也是一种自我教育，活动中，孩子们学会了明辨是非，增进了同学之间的交流，提高了学习兴趣和社会责任感，激发了热爱生活的情感。丰富多彩的班级活动、平等的班级氛围，使孩子们获得了被尊重的快乐！在主题为"纬十小校园彩虹飞"的优秀班集体验收活动中，孩子们这样描述自己的班级：团结、热情、平等、喜悦、民主、坚持、胸怀、生机、必胜……在"六一"值得我们回忆的有太多太多。

三、用耐心与家长对话，引导家长与学生对话

在班级这个特殊的"家"里，家人不仅有老师、学生，还有家长。孩子在两个家中既有家长的陪伴，又有老师的陪伴。可以说家长、老师是孩子的引路人。

优秀班集体的建设更离不开家长的支持与参与。

我经常接到家长这样的电话："吴老师，孩子交给您了，他就听老师的。""老师，我的孩子不好管，您多费心。"最初听到这些话，我心中充满的是被信任的喜悦，静心想来这却是家庭教育的一种缺失。学校教育离不

开家庭教育和社会教育，家庭教育要起主导作用。我们面对的是各个层次的家长，怎样指导他们来教育孩子呢?

我召开了一次家长会，主题是“我读懂了你”。家长会之前，我组织了班会，班会内容是请孩子们寻找父母对自己的爱，把最想对父母说的话写下来。毕竟是第一次给父母写信，他们很安静地完成了这件事。看着孩子们写信，我感受着他们内心那条默默流淌的情感河流。

家长会上，我改变了以往的交流方式。第一项内容是送给家长一件珍贵的礼物，请他们打开自己面前的信封，看一看这份礼物。家长很奇怪，都在猜测是啥礼物，渐渐地，教室里安静下来，接下来是很长一段时间的沉默。这种沉默是一份感动，一种思考。我想，他们读懂了孩子的心声。接着请家长把自己读信的感悟和想对孩子说的话写下来，也可以反思在教育孩子时的过激行为。

第二天，孩子们来到教室的第一件事就是阅读父母的回信。同样，孩子们获得的是一种信任和尊重，有很多孩子失声痛哭。这是一种情感释放吧，他们读懂了父母对自己的爱，当然这里面也有尊重。

这是部分家长的真情告白：

“妈妈准时来参加家长会，没想到收到了精美的信封和饱含感激之情的信。我含着眼泪读完，心中久久不能平静。我和你爸期盼看到更加优秀的小伙子!”

“孩子，妈妈看了你的信，为之一震。你长大了，懂得了爸妈的辛苦，体会到了我们的良苦用心，妈妈真的很高兴！我对你很满意，妈妈以后会少唠叨，多理解你……”

“看了你写给我和你妈妈的信，我触动很深。你长大了，也懂事了。我俩确实交流得很少，以后我会多抽时间陪你。”

“妈妈看了你的信，没想到我们一点一滴的关怀，能让你有那么深的理解，妈妈真的很感动！妈妈眼睛湿润了，要不是有那么多家长在，妈妈会哭出声来。我女儿真得长大了，懂得爸爸妈妈的苦心了。”

“今天开了家长会，心里很不好受，觉得对你不够关心，总觉得你长大了。我们以后做朋友，有事一起商量，一起想办法解决，好吗?”

“儿子，读了你写给爸妈的信，爸爸这个 40 多岁的男人忍不住流下了眼泪。儿子，你真的懂事了！”

“以这种方式跟你交流还是第一次。看到你写给爸妈的信，很高兴也很激动，毕竟这是一种特殊的交流方式……面对风雨，爸妈愿意牵着你的手，与你共同去面对。”

聆听这心与心的交流，除了感动，还是感动。当心与心真诚碰撞后，擦出的是人间最纯美的爱的火花。这里面有温柔细腻的母爱，有深沉执着的父爱，更有孩子对父母的感恩！它在不经意间刻满了大家的心头……作为一名老师，为家长和孩子创造一次次心与心的交流，除了感动，还有一份浓浓的幸福流淌在心间……

刚接这个班时，很多老师都为我捏一把汗，因为六年级学生本就有些叛逆，而这个班的学生又个个有才，身怀绝技，像脱缰的小野马一样不好管。但我觉得，哪有心声不能聆听？哪有心灵不能理解？把孩子看作心灵上的朋友，在对话交流中善用智慧，就可以使师生形成一种默契，收获“用智慧开启智慧”相互造就的美。

幸运的是，我做到了。

附：我的教育故事

留盏灯，留扇门

人生的源头在童年，童年应该是七彩的。在七彩的童年里，孩子应该活得像孩子。活得像孩子的孩子，他们的童年应该有“乐”，这样的童年是健康的。儿童的健康成长需要一个有保障的家庭，在双亲的抚爱和教育下，孩子能产生一种安全感，从而自然健康地发展。不完整的家庭会对儿童的心理发展、学习成绩、品德行为等产生不利影响，这种不利影响会导致儿童心理、行为上的偏差。

一、个案描述

小云，女，六年级一班学生。上课基本能遵守课堂纪律，但常目光呆滞，神思游离于课外。具体表现有：端坐在座位上，弓着背，目视前下方，面无表情，目光不跟着老师走，听不进老师和同学们讲的任何一句话；当老师点名提一些简单问题时，她便慢条斯理地站起来，作稍息状，上嘴唇隐隐蠕动，但始终不肯张嘴说一句话，站得久了，还面带委屈；倘若坐累了，她便玩弄自己的文具，尤其爱把橡皮抠成颗粒状，老师提醒她时，她似乎也知道自己错了，耷拉下眼皮，嘴唇嚅动，但橡皮依然攥在手中。

课堂作业情况：看很久才开始动笔，书写速度很慢，常常其他同学都写完了，她才写完 1/4；批评多了，她就满脸敌视的样子。

课间活动表现：独自呆坐在座位上，不言不语，其他同学主动接触她时，表现冷漠。

家庭作业情况：作业本子卷成一卷，上面污迹斑斑；每天早上交作业时，总是以“忘带了”来掩饰自己没写作业的事实；即使交上了作业，也是丢三落四，不能全部完成。

家庭状况：母亲突发疾病离世，与父亲相依为命并常住奶奶家；父亲无正式工作，靠打零工挣取生活费；身体状况良好，较结实，无遗传病史。

优点：喜爱运动，爱好打乒乓球。

二、个案分析

首先，母亲在世时，父母因感情不和（父亲酗酒的原因），经常打架。孩子终日在这样的家庭环境中生活，幼小的心灵受到了极大创伤，情感早熟，失去了同龄小伙伴的那种纯真，开始对周围事物漠不关心；十分敏感，周围人对她的态度有一点变化，她都会记在心中，反复琢磨，认为别人都欺负她，歧视她，很自卑，这使她看起来终日若有所思。

其次，家长教育不得法。母亲去世后，父亲独自带着她，再加上事业没有着落，压力就更大，没有地方发泄就朝她撒气，动不动就对她拳脚相向，她常常要忍受莫名的责备。只要有一点行为不合其父的心意，她就会遭到苛刻、严厉的训斥。作业做的有一点不对，父亲就忍不住朝她发脾气，次数一多，她又没有进步，父亲最终恨铁不成钢，变得对她非打即训。而打骂更使得小云什么也不敢做，经常吓得好半天也回不过神来。家长越急，孩子表现得越无能。家庭的暴力倾向使孩子从小感受到的不是父爱和亲情，而是人与人之间的冷漠和无情，产生对生活、世界的抵触情绪，从而厌恶周围的一切，把自己封闭起来。祖辈总是溺爱自己的孙儿，小云的奶奶也是如此。孩子从小缺少完整的亲情，于是他们更疼爱孩子，生活上全方位照顾她。小云能做的，也不让做，都上六年级了，奶奶还替她整理铅笔盒和书包。孩子饭来张口，衣来伸手，各方面能力没有机会锻炼，人也越来越懒惰。

总之，小云基本品质不错，有改好的基本条件，只是教育者没有主动出击，寻找科学合理的教育方法，对症下药，而是要么迁就，要么粗暴干涉，完全被动地防守，使孩子不断退步。

三、指导策略

作为新接班班主任，在了解到孩子的情况后，我感到问题已经很难办了，必须尽快想办法改变局面。因此，平时我特别留心，认真观察，听其言，观其行，站在小云的角度去思考问题，努力理解她的思想，体味她的感情。

经过一个多月的研究，基本掌握了小云的真实情况后，我邀请她的父亲来学校交谈了近两个小时。他向我哭诉自己不堪回首的生活经历，并谈了小云对我这个新老师的印象。小云曾经哭着对奶奶说："吴老师对我真好，她最理解我！"这使我的心里很不是滋味，同时也增强了我帮助小云的信心。经过沟通，最后，我们达成了一致意见：

（1）对孩子的教育从零开始，首先想方设法抹去破损的家庭给孩子心灵蒙上的阴影，激发孩子对生活的热爱之情。

（2）转变教育方法，真诚地与孩子对话，循循善诱，细致引导，逐步使孩子树立进步提高的信心。

（3）转变教育态度（变严厉、愤慨、暴风骤雨为慈爱、温和、耐心），为孩子创造宽松的外在进步环境。

（4）由我班的家委会成员定期对小云进行心理疏导，让她感受到亲情的温暖。

我做了以下工作：

（1）注意关心小云的生活状况。阴天下雨时，我为她多准备一把雨伞；早上她没有吃饭，我就把早餐递到她的手中……在家里得不到的细致的父爱母爱，我在学校里对她进行补偿。

（2）积极发现小云点滴进步，及时给予表扬鼓励，帮她重新树立信心。上课时让她回答最简单的问题，不让她闲着，如读课题、读课文。一开始，她回答问题的声音极其微弱，在同学多次鼓掌鼓励后，她变得大胆多了，声音也洪亮起来，再加上她那标准的普通话，同学都向她投去惊讶、钦佩的目光。这些都使她的自信心重新点燃了。后来，上课时，有一次她竟然站起来举手回答问题，这是小云主动学习的一个信号。

我还有意引导她多读科普方面的读物。她喜欢这方面的知识，我就四处为她搜寻这些读物让她看，还帮她搞小发明，这使她与科学、智慧结成了亲密的伙伴，她越来越喜欢在知识的王国里遨游。

（3）在学生面前，我经常在恰当的时间里表扬小云的进步，特别是针对她的特长——打球，稍有进步，我就及时鼓励她。这样，同学改变了对她的看法，开始主动与她交往。

（4）有意做好学生工作，让他们主动找她玩，一起学习，一起游戏，让她感受到班集体这个大家庭的温暖。

（5）让她担任值日班长。她对这份令同学们羡慕的工作十分负责，公正、公平地记录班内的情况，逐渐有了责任心，有了荣誉感。

（6）鼓励她积极参加家委会组织的实践活动，让她感受到自己是集体的一员，与其他同学同等重要。

（7）与家长保持密切的联系，互通小云校内外表现，及时调整教育策略，做到持之以恒、科学灵活地实施教育。

四、结论

经过一年的教育帮助，小云无论在学习上还是心理上都有了明显变化：

（1）上课精力集中，主动发言。课堂上经常能听到她精彩的发言。

（2）作业写得快多了，字也写得比较认真，能按时完成作业，作业质量提高，作业本也整洁了许多。前几天，她还为作业本包上了封皮。

（3）课下主动与同学交往，少了傲气；与老师说话时，她也不像以前那样心神不宁，自然多了；在家里，她能体谅爸爸的苦心，帮家长做力所能及的家务，如洗衣服、买馒头等。

（4）责任心强了。老师交给的简单任务能很好地完成，在家委会组织的实践活动中表现突出，主动与其他家长谈心，懂得了感恩。

五、启示

（1）走出学校与家长建立更紧密的联系。由于各种原因，单亲家长与校方缺少联系，教师应积极地跟这些家长取得联系，对孩子的情况进行及时反馈，让他们知道教师理解做家长的难处。

（2）加强信息交流。我们有意帮助学生，就要尽可能地获取与他们有关的信息，更好地了解他们。同时，教师必须向家长及时提供至关重要的信息，尤其是学生的行为或学习出现问题时，单亲家长更需要尽快得到这样的信息，以便有效地与校方配合。

（3）要对孩子的成绩给予充分的认可和鼓励。大多数双亲家庭中，教育在家庭生活中占中心地位。但在父母分居或离异的家庭，日常生活的规律被打乱，教育的地位受到影响。尤其在单亲家庭形成后的关键时期，家长更要注意认可孩子的学习成绩，表达自己的喜悦，并给予适当的奖励，这能帮助学生认识到教育的重要性。另外，教师也要对这类孩子多多关注。这些孩子已经意识到自己家庭的特殊性了，并且在同学及周围人中间感受到了异样的目光，对生活、学习失去了信心，这就需要老师给他们展示自己的机会，让他们得到同其他同学一样的认可和鼓励，重塑自信，迎头赶上。

（4）重视集体的教育功能，重视其他家长的帮助。在转化小云的过程中，离不开同学、家长的帮助。有了这些人的参与，才使老师的教育力量不再单薄，让学生感受到社会给予的温暖，感受到生活的美好。这对孩子健康心理的形成起到了积极的作用。

六、结语

教育就是爱，就是在某处长久守候一个幼小的心灵，并且留着灯、留着门。不仅仅是单亲家庭的孩子，所有的孩子都需要一盏灯、一扇门。在我看来，一种经由教师、学生和家长倾情打造的对话氛围，应该是很美好的。在转变小云同学的过程中，我们构建了教师、家长与学生的心灵对话。对话中，教师、家长真诚地把学生看作心灵上的朋友，学生忘情地把教师、家长当作亲人。班主任要留一扇门，为每一个孩子开启心灵的窗；留一盏灯，照亮每一个孩子前行的路！

建设充满活力的班集体

名师简介

吴家丽，济南市槐荫区第一期“名班主任”。1999年在德兴街小学参加工作，2007年调入济南市阳光100小学。在班主任岗位上已经工作了14年，先后被评为区“优秀班主任”“优秀教师”，被选为济南市首批班主任工作室成员。所教班级曾4次被评为市级“优秀班集体”“槐荫区红旗大队”。多篇论文在《中国教师》《现代教育导报》等报纸杂志发表。教育事迹曾被山东教育电视台、济南教育电视台等媒体报道。

一个人只能为别人引路，不能代替他们走路。

——罗曼·罗兰

班级是学校的细胞，是学生获得自信、学习知识、形成技能、发展健康心理品质的摇篮。一个充满活力的班集体，将为学生一生的发展奠定良好的基础。在从事班主任工作的几年里，针对学生的成长特点，我在以下几个方面做了一些努力。

一、关心学生，让学生始终生活在母亲般的关爱中

鲁迅先生有句话："教育是植根于爱的。"而最最普通的关爱就是从爱学生开始的。爱班里的每一个学生，在他们生病时送上亲切的问候；在他们犯错误时，先设身处地地思考他们是因为什么才会犯错误的，再静心加以处理；在学生向投来求助的目光时，一定要及时把关爱送给学生。了解每个学生丰富而又具有个性的心理世界，呵护他们娇嫩的心灵。

苏霍姆林斯基说过，我们和孩子每时每刻都在进行着心灵的接触。如果学生能在和我们的接触中感受到我们对他们的关爱，他们就会愿意听我们的教导，愿意学习，还会喜欢他们所在的集体。记得有一次，学生在周记中写到："吴老师的眼睛里充满爱意。我上次在教室门口碰伤鼻子，当时非常疼，可看到吴老师那关切的眼神，听到她那亲切的话语，我就忍着疼说：'我没事，不用去医院了。'"看后我不禁想，教师发自内心地对学生的爱会表现在每一个细微处，这种爱会打动学生纯真的心灵。

我班上有个小男孩，学习成绩落后，也不大善于自控，但他并不自卑。他跟他妈妈说："吴老师看得起我，因为吴老师总是说'小迪能行'，放心吧妈妈，我会慢慢改好的。"是的，这个学生屡屡犯错，给我的班级管理工作带来很多麻烦，但通过和他交流，我得知他每次犯错几乎都是因为自控力差，所以面对这个内心充满愧疚的小男孩，我总是耐心地帮他分析错误、改正错误。我相信他一定会成长为他内心希望成为的那个人。

我用师爱帮助学生建立自信，这种自信是任何东西都无法换来的。学生曾被我在作业本上的爱心留言感动过，也为病中接到我的电话感动过……在这众多与学生交流的方式中，最能体现老师爱心的就是给学生辅

导功课。在与学生的单独交流中，教师的耐心可以越过师生之间的鸿沟，而学生也会敢于展现自己真实的一面，爱的情感就会从中孕育。有了师生间爱的情感，何愁班级没有凝聚力呢？

二、 从建议和欣赏的角度谈论班级事务有助于树立良好的班风

班风是班级的核心力量，是班级成员在长期交往中产生的一种共同的心理倾向，一经形成，便会成为一种约束力，从而影响每一个学生。良好的班风是一种潜移默化的教育力量，能带动全班学生奋发向上、团结友爱，极大地增强学生的集体主义精神、集体荣誉感和集体责任感，激发学生的上进心和主观能动性。

小学生的向师性决定了学生对老师的尊重和依赖，所以老师的言行对学生就有极大的引领作用。还记得我教过的一个学生，他学习能力比较差，即使很认真地完成作业，也收不到应有的学习效果。我担心他会形成心理学上所谓的“习得性无助感”。这是美国心理学家塞利格曼在1967年提出的关于无助感的创造性理论。塞利格曼发现不论是动物还是人，在持续的失败情景中容易“学习到”无助的感觉，即使到了新的情景中，仍旧保持这种“无助”而不进行新的尝试。在一次家访中，我发现他经常在错字连篇的日记中激励自己坚持努力。于是，无论是当众评价，还是单独交流，我总是借机表扬他的好品质，或者针对他的不足教他怎样改进。就在他盼望自己也能有机会获得评选“三好学生”的资格时，他竟然真的获得了这个称号。实际上平时成绩和期末成绩超过他的学生有很多，为什么他会获得这个机会呢？我问过很多学生，大家都说：“吴老师，不是您说的要鼓励他吗？”原来，班主任的言行在不经意间悄悄地影响了整个班的学生。

当一个学生为了班级丢分而与执勤队员吵起来时，我首先肯定了他对集体的热爱之情，然后再让他自己分析错在哪里，自己制订惩罚自己的措施，全班同学只是监督他执行而已；班级在比赛中失利的时候，我没有一味地埋怨，我给大家讲应该如何面对失败，因为失败让我们冷静，然后我们再一起分析失利的原因……

三、 学会及时激励和赞美学生

马克·吐温曾说，一句赞美的话可使他保持两个月的好心情。是啊，教师一句诚挚的赞赏之辞，既可让学生心情舒畅，又可成为推动学生学习更上一层楼的动力。当然，学生需要的是发自内心的称赞。

在称赞学生时，教师无需用华丽的辞藻。有时候，一句简简单单的褒奖和鼓励就能起到事半功倍之效，有时甚至一个表示认可的点头动作也能激励学生。全国著名班主任孙蒲远老师说："是一块顽石也会被焐热的。一个良好的班集体，应该有一种健康向上的奋争精神。作为班主任，除了用集体的力量感召每个学生，还需给全班每个学生上紧发条，尤其是后进生，能够紧紧地随着班集体的齿轮转动。"

从心理学理论来看，人除了满足生存的基本需求外，还会有超越别人追求成功的欲望、受到他人肯定的欲望、追求影响力的欲望，以及实现自我理想的欲望。因此，各种激励手法就成为鼓舞人们奋斗向上的动力。赞扬学生的优点可以让他们受到激励，给学生讲名人故事、读励志文章都能唤起学生的内在动力。另外，经常和学生一起参加体育锻炼，可以使他们看到自己体育方面的进步，使他们在体育锻炼中形成一种积极奋进的精神。

激励教学理论认为，教育的本质是激励。激励的神秘成分是"希望"，有"希望"才会有成功，有成功才会产生"成功感""成就感"，只有"成功感""成就感"，才能使学生产生"自尊"和"自信"这两种品质，"自尊"和"自信"可以使学生产生最积极的学习心态。有资料显示：一个没有受到激励的人，仅能发挥其能力的20%～30%；而当他受到激励时，其能力可以发挥至80%～90%。这就是说，同样一个人，在通过充分激励后，他能够发挥出来的才能相当于激励前的3～4倍。另一方面，当一个人的需要被激励逐渐满足后，相同的激励手段在同一个时期便不再具有相同的效力，也就是说，不断重复的激励措施，效力会逐步降低。因此，班主任还要学会适时、因人而异激励。

要做到因人而异地实施激励并非易事，需要班主任对每一个孩子怀有爱心和耐心，需要班主任对学生投入必要的时间和精力，使学生在需要得到激励的时候能及时给予他们激励。记得有段时间，班里学生出现了一些颓废的情绪，尤其是经过几次模拟考试之后，有的学生因为看到和自己水平差不多的同学考得比自己好而非常气馁。我发现之后就不动声色地讲起了《河对岸的羚羊》的故事，故事暗

含着自然界的规律：对手的存在反而会激发自身的潜力。我虽然没有直接去给学生加油，但却唤起了学生的自省意识。我又在班级墙壁上贴上激励口号：“我自信，我能行！”多年的班主任工作经验告诉我，有时班主任老师对学生一个肯定的眼神都能唤起学生的自信，使学生产生前进的动力。

四、让班级活动成为集体发展的平台

活动能凝聚人心，能让人看到自己的优势和不足。学生在活动中能体验生活，学会做事和做人。

记得有一年要过元旦了，根据班里当时的实际情况，我决定开展“我给爸妈送礼物”的活动。这份礼物要学生自己动手完成，那就是建立一份“爸妈档案”，档案资料中要包含爸妈的工作情况，如他们分别在什么单位的什么部门工作，在什么时候取得过什么成绩，他们对工作有什么期望……档案中还要包含爸妈在家生活的一些情况，如他们爱吃什么菜，爱看什么节目，爱和什么样的人交朋友，朋友中他们和谁最亲近，爸妈对你的学习什么地方最满意，他们最想让你在哪方面有所提高……在元旦那天早晨送给爸爸妈妈。

这个活动获得了家长的一致好评。由于自身知识水平或期望值过高等原因，有一部分家长不但不能促进孩子的学习，反而和孩子关系很紧张，孩子的成绩也平平。这个活动的开展给了孩子一个了解自己父母的机会，使孩子反思自己对父母的孝心和父母对自己的付出，孩子的父母也从孩子对自己的了解中重新认识了自己的孩子。很多家长反映，从那次活动开始，

孩子渐渐学着和父母沟通了，逆反心理也不那么明显了。

班级活动还是学生认识自己、开展自我教育的好时机。在活动中，学生有了新的体验，就会自觉调整自己的思想和行为。比如，我曾在一个体育成绩较差的班开展轮流看早操的活动。让全班学生轮流看班级学生做操，都来了解班级做操的质量并每天作出评价，结果看过早操的学生回到队伍中做操时都比原来认真、带劲儿了。他们在看别人做操时反思了自己，并因此产生了自我约束力，开始改变自己的行为。

五、以学习小组竞争调动学生积极性

我曾连续3年担任三年级语文老师兼班主任。随着对这个年龄段学生的心理和行为特点熟悉程度的加深，我慢慢找到一种有效管理这个阶段学生的方法——学习小组竞争。

第一步是在开学一段时间内尽快了解学生的各方面情况，然后进行均衡分组，使每个小组分别包括学习能力和管理能力皆佳的学生、学习上竞争力较强的学生、学习习惯差和能力较弱的学生、学习状况中等的学生这样几类学生。然后安排学习和管理能力都较强的学生做学习组长。

第二步是小组成员给自己小组起一个有代表性的名字，然后做出自己小组的宣传画。比如，有的小组起名叫“绿叶小组”，他们就把自己的宣传画做成绿叶形状，再将组员照片或名字张贴在宣传画上。这个看似简单的宣传画的制作过程，就是小组凝聚力和竞争实力的较量过程。在这个环节表现优秀的小组，要么组长实力较强，要么就是成员积极性得到了调动。这样的小组在后面的竞争中也总会表现出争强好胜的势头，总是不甘落后。

最后一步就是宣传栏的使用。我一般把学生在学习、纪律等方面的综合表现都展示在这个宣传栏上。小组成员有优秀表现就会给小组争得荣誉，反之，则会有给小组扣星的惩罚。比如，放学时还有学生没改完错题，他的小组就会受到扣星的惩罚，但这还不是最终结果，小组长会安排小组中成绩优秀者以最快速度帮助那个学生改完错题，只要当天改完就不会受惩罚了。这样既给优秀学生以展示机会，又帮助了学困生，一举两得。

根据著名的耶克斯—多德森定律：动机处于适宜强度时，主体工作效率最佳；动机强度过低时，主体缺乏参与活动的积极性，工作效率不可能提高；动机强度超过顶峰时，主体工作效率会随强度增加而不断下降，因为过强的动机会使主体处于过度焦虑和紧张的心理状态。这也提醒我们在小组评比机制中，教师作为任务布置方，也就是设置评比内容的一方，可以以自己对学生的了解为依据，把评比内容设置到学生刚刚能够得着的水平，起到调动学生积极性的作用。

学习小组的建立将木桶理论应用于班级管理。小组中能力较弱的学生就是那块相对较"短"的板，小组间的竞争使小组中的每个成员都努力发挥自己的作用，学生们能在小组中学会与人交流，学习做人。小组为每个学生提供了充分展示自我的舞台。在实践中，学生逐渐懂得什么样的交流才是更有效的交流。

六、养成教育为学生的成长保驾护航

《中国教育改革和发展纲要》指出："要重视对学生进行中国优秀文化传统教育。对中小学生还要注重进行文明行为的养成教育。"第三次全国教育工作会议又特别指出，要有针对性开展文明习惯养成教育。叶圣陶先生说，教育就是培养习惯。实施素质教育，文明行为的教育应该是最基本的也是最重要的内容之一。

目前，在校小学生多为独生子女，家长望子成龙，一味追求分数，养成教育反而被淡化甚至放弃。但是随着社会的发展、时代的进步，以中华传统文化为底蕴的文明行为习惯等内在素质的高低，将直接关系到一个人在社会中的发展。加强文明行为养成教育既是我们弘扬传统美德的需要，也是学生身心发展的必然。

文明行为的养成必须从小抓起。乌申斯基说过，良好的习惯是人在他的神经系统中所储存的资本。这个资本不断增值，而人在其整个一生中，就享受着他的利息。对于小学生来说，习惯的培养要从很小的方面进行强化。比如，一年级学生养成课间先准备好下节课用书再上厕所的习惯，就要历经多次的反复。

开展主题活动对良好习惯的培养也是很有益的。比如，开展"我的作业我负责”活动对培养学生的良好作业习惯就很有效。

七、上好自己的课，至少让学生知道自己的一项特长

有时与同事聊天，他们会经常谈到我教的学生特别听话。原因是什么呢？

其实我并不是学生眼中的严师，但是学生却很喜欢我，很愿意听我的话。因为我总是认真地上好每一节语文课，从不敢有一丝懈怠。现在，以前不喜欢语文的学生也爱上了语文。班里办板报，第一次我让学生看着我来办。结果不到半小时，我又写又画，很快就办出了一期内容丰富、色彩鲜艳的板报，让一旁的学生们啧啧称赞。在那一刻我明白了班主任的素质对学生的影响有多大。

也许办好一期板报并不算什么特长，但就是这么一个小小的特长清楚地让学生看到了，就使我的学生受到了震动，并且树立了我这个班主任在学生中的威信。

班主任上好自己所教的学科就会使学生产生学习的乐趣，而班主任向学生展现自己的特长，则会表现出个人的修养和能力，会给学生一种精神动力，学生会对班主任产生一种信赖感和崇拜感，从而接受班主任的教育，配合班主任的工作。

班主任的工作是琐碎的，同时也是充满挑战的。一个充满活力的班集体，一定是在班主任的不断努力和摸索中产生的。

附1：我的教育随笔

班主任了解学生的途径和策略

一个班有多少名学生，班主任就要细致地了解多少个孩子的性格、兴趣、爱好以及他的学习能力和家庭特点，这就是开展班主任工作的基础。了解就是清楚地知道，班主任不妨从以下几方面着手：

一、作品分析

所谓作品，是指学生的作业以及其他一切出自学生之手的东西。老师

们之间常有这样的交流，只需看一看一个学生的作业就能对这个孩子的特点了解得八九不离十，毕竟“文如其人”“字如其人”嘛。这还是有一定道理的。我想说的是通过对比分析一个学生的不同作品，来把握一个学生的思想、心理变化。学生是具体的人、发展的人，学生的细微变化正是发展的表现，教师如果抓住学生的细微变化适时进行教育，将会起到事半功倍的效果。记得一次批改周记时，我发现学生杨某又一次写有关幻想和虚拟网络等内容的作文，而且有些语句竟是类似网上搞笑的甚至不太健康的语句。我脑海中迅速闪过她最近那有些异样的眼神和朋友交往的变化，我判断她到了青春期。后来与她的谈话证明了我的判断。而我的及时发现和得当措施也使她平稳地度过了青春期并获得迅速成长。作品分析可以使班主任了解学生的很多方面，但这需要在细微处见功夫，并且要与学生的其他表现相联系。

二、观察与倾听

要想全面了解学生，整天坐在办公室里是万万不可的。教师需要调动一切智慧，通过观察和倾听去了解学生的特点。观察可分为课上和课下两种，借助观察学生的行为来分析学生的心理特点是相当有效的。一个课上发言总是高举手的学生和一个试探着举起手的学生有着自信与不自信的区别，这一点是显而易见的。一个课间总是喜欢谈笑风生的学生肯定是性格开朗的，而一个经常坐在角落或仅与几个学生交谈的学生无疑是比较内向、敏感的。

课上倾听学生的发言，可以获得学生对所学内容的反馈；课下倾听学生对某个问题的见解、倾听学生之间的交流就能了解学生的心理发展水平。这对班主任采取适合学生特点的班级管理策略非常有益。六年级下学期，学校组织大课间评比活动，全校除了六年级都在积极练习。我观察到班里学生经常不自然地看着我，几个人围在一起好像在议论什么，我马上找来班干部了解情况。原来全班学生都感到奇怪，为什么不让他们练习参加比赛，这可是他们的强项呀！为了满足学生的活动愿望，我们六年级也申请参加比赛，结果学生不但没耽误期末复习，而且学习起来精力更加集中。可见，细心的观察和有效的倾听能帮助班主任及时了解班级动向，采取得力措施为学生的健康成长服务。

三、问卷调查与设“悄悄话信箱”

学校每年都会通过学生问卷调查来了解任课教师的教学与管理情况，这一点大大启发了我，我何不也通过问卷调查来全面了解学生呢？在开主题队会之前，为了弄清楚什么是学生所关心和想解决的问题，我设计好了问卷，把自己所想到的内容列出，还设计了空白的部分由学生填写。这样从收上来问卷就很容易看出学生关心的问题是什么。学生是个性化的，那么学生关心和想到的问题也是个性化的，为了及时了解学生的所思所想，我还开设了“悄悄话信箱”，让学生把想反映又无法当面说的问题写到纸上投到信箱里，由班主任当众或个别解决。问卷调查和设立“悄悄话信箱”比较适合中高年级学生，这是由中高年级学生的知识水平和心理特点决定的。这两种方法也是较受学生欢迎和能解决实际问题的。

四、家访

家庭是人生的第一所学校，父母是孩子的第一任老师。班主任常常走到学生的家庭中，与学生的父母交谈，了解学生在家庭生活中的表现，就能发现学生更多的特点，尤其是优点。这样对班主任树立对学生的信心以及融洽师生关系将起到不可估量的作用。不同文化和经济背景的家庭塑造了千差万别的学生，走进不同的家庭就会明白不同学生的成长背景，了解学生身后的故事。我曾经去一个成绩较差的学生家里家访，那只有小学文化水平的母亲激动得满眼热泪，懂事的学生小大人似的给我端茶倒水，而当我看到学生卧室里那成堆的书和那自觉写下的错字连篇的日记时，我心头微微一震。“没有教不会的学生，只有不会教的老师。”这次家访使我改变了对他的看法，从此我悉心辅导这个学生，一次次鼓励他。当毕业典礼上宣布他为“三好学生”时，我们师生同时流下了眼泪。是家访拉近了我们师生的距离，是家访让我改变了对这个学生的看法，是家访让我学会了如何真正了解一个学生。虽然家访会占用一个班主任很多时间，但家访却是班主任了解所教学生的最有效途径。

其实，班主任了解学生的途径和策略还有很多，比如，阅读与学生年龄阶段相符的心理学书籍、与学生网上交流等。所有的途径都有一个出发点——无私地爱学生。班主任只要怀着一颗爱心采取以上方法去了解学生，就会获得更大的收获，结出累累硕果。

附2：我的教育故事

给学生认识自我的机会

刚出差回来，就听说学校两周后要举行广播操比赛，时间很紧张，而我回来后还要补出差期间落下的课。怎么办呢？一想到自己刚刚接班，家长对我的期望值又很高，心里就不免有些急躁。反复思量，我觉得取得最好成绩有点难度，但能让学生取得进步，能调动学生的积极性就算没有白干。我这样为自己寻找着工作动力。

想好了，我就按部就班地开始准备了。第一天学生做广播操的时候，我一次又一次认真看每个学生是如何做操的。通过仔细观察，我发现全班学生的通病是动作无力而且不规范，不能按照节拍去做。我首先把发现的这些问题讲给学生听，希望他们知道后自己去改正。为了让学生听明白，我还亲自做示范给他们看，并且让他们回家自己喊着节拍练习。

第二天学生做操时，我迫不及待地观察学生的变化，特别期待看到我想象中学生的进步。可当我看到学生做操时的表现时，心里很沮丧。难道是我方法不对吗？可是有几个小姑娘已经看出进步来了，其他人为什么没有改变呢？我站在队伍前面能清楚地看到孩子们的情况，可孩子们自己也许看不到自己的不足。听别人说到自己的缺点，毕竟不如自己亲眼看到自己的不足更容易接受吧！于是又一个办法涌上心头，我让学生回家对着镜子练习广播操，主要是看看自己哪里做得不规范、自己的精神面貌如何，然后加以改进。

到了第三天，我看到了大部分女生的进步，可男生仍没多大变化。经过了解才知道，一是这些学生根本没对着镜子练习，另一个原因是他们个人练习时没有音乐，快慢节奏把握不准。我想到自己曾经通过看自己上课的录像发现了自己的很多问题。于是拿来录像机录下了学生做广播操的情景。学生知道我在拍他们，也许他们已经认真做了。可当我把录像放给他们看时，每个人对自己的表现还是感到很不好意思：有的捂着嘴巴，看起来很难受的样子；有的看了一眼后就不敢再看；有的脸红红的；还有个别学生指着那些动作不规范的学生发笑……我告诉学生明天将继续录像。

可想而知，第二次录像时学生进步很大，精神面貌让人振奋。而学生看自己时的表情可以用专注来形容，那样子好像要找到自己还有哪些地方不如别人、做得不好。在一旁的我也很清楚，学生都进步了，并不是广播操水平就高了。我发现有一节操全班都做得不太好，还有几个学生仍然属于“困难户”，于是我对症下药，在剩下的几天里专门有重点地指导他们开展练习。

周五比赛时，我简单做了动员，学生就上场比赛了。我从一边观察到，有两个“困难户”在场上旧“病”复发了，我很生气。学生回到班里，我不但批评了他们，还给他们讲了水滴石穿的道理，希望他们今后做事要坚韧，要下苦功夫。

随着颁奖日子到来，我那颗一直悬着的心才放下了——我班获级部第一名！我只看到了那两个发挥失常的孩子，而忽略了其他学生的进步，而正是由于其他学生，也就是大部分学生的进步才赢得了这张珍贵的奖状。

是什么促进孩子们的进步？是那两次录像？对，是孩子自己看自己做操时对自己动作的反思促进了他们的进步。

苏霍姆林斯基说：“一个少年，只有当他学会了不仅仔细地研究周围世界，而且仔细地研究自己本身的时候；只有当他不仅努力认识周围的事物和现象，而且努力认识自己内心世界的时候；只有当他的精神力量用来使自己变得更好、更完善的时候，他才能成为一个真正的人。这里说的就是学生的精神生活的一切领域里的自我教育。”

在这次指导学生广播操练习中，我不断变换办法，努力给学生认识自我的机会，引导他们“仔细地研究自己本身”，做到了苏霍姆林斯基所说的“让他在自我教育方面实际地做一点事情，让他通过某一件事情去考验和尝试成功”，所以获得了成功。

让博客圈成为家校沟通的新桥梁

王
青

名师简介

王青，槐荫区第二期“名班主任”。在22年的班主任工作生涯中，所带班被评为“全国优秀班集体”“山东省优秀中队”“济南市优秀班集体”；坚持利用博客圈来对班集体建设进行拓展和延伸，圈子先后获得“槐荫区道德先锋团队”“槐荫区未成年人道德先锋号”称号。组织的多项主题活动被齐鲁电视台、济南市教育电视台、《齐鲁晚报》《济南时报》等多家媒体报道。曾获“济南市优秀班主任”“槐荫区优秀教师”“槐荫区优秀班主任”等荣誉称号。

与人交谈一次，往往比多年闭门劳作更能启发心智。思想必定是在与人交往中产生，而在孤独中进行加工和表达。

——列夫·托尔斯泰

Blog，称为博客、网络日志，在世界范围内快速发展，已经成为继 Email、BBS、ICQ 之后出现的第四种网络交流方式。而博客圈是在博客网站上拥有同主题或者相近主题的博客组成的“圈子”。经过 4 年的实践，我发现班级博客圈的建立不仅为老师、学生、家长提供了一个沟通交流的平台，在班级管理上还能起到“异军突起”的重要作用。

一、 建立班级博客圈的初衷与初期

原来教过的每个班都有QQ群，每每在群空间和学生开通的QQ空间里浏览，常常有一种东奔西走的感觉；而面对班级博客，学生往往感觉主动权没有掌控在自己手里，参与的热情不高。面对这种相对零散，无论是访问数量还是影响力都无法上一个台阶的现状，我在2008年开设了班级博客圈——“亚卡夏的春天”。

建立初期，我是这样告诉学生的：圈子的权限设置为“私密”状态，不是每个人都能看到你的日志、帖子，必须是圈友才有权限，这就好比有人去你家拜访，必须叩门，得到许可才行；你的“房间”（博客）可以开放，可以依你的性格打扮得或清新、或青春、或时尚……在这种“矛盾”的激发下，学生的参与热情异常高涨，在短短一年多的时间里，点击量突破3万，推送日志1581篇。

二、 班级博客圈的建设事宜

（一）管理机制的建设

班级博客圈能否健康、长久地发展下去，其实是如何处理网络平台管理和现实班集体建设两者关系的关键所在。班级博客圈是现实班集体建设在时间、空间上的拓展和延伸，而不是现实班集体建设的简单复制。它是对现实班集体建设方式的创新和变革，既要遵循网络的自由精神，又要体现教育的价值引导。为此，我们使用如下规则：

1. 提倡实名制

学生的个人博客有别于其他完全开放的网络媒介，班级博客圈具有

“真实的虚拟”特性，故提倡学生实名申请加入圈子，实名发帖子、跟帖议论、推送日志，为自己的言行承担相应的责任。这样有利于建立班级成员之间的信用度，使学生拥有健康的网络生活。

2. 谢绝吸收成年人为圈友

鉴于认知程度的差异，为了给学生提供一个真正宽松、平等、畅所欲言的平台，我们谢绝家长成为我们的圈友。如果家长想要了解圈子、孩子的情况，可借助孩子的博客查阅。

3. 共同制订班级博客圈使用规则

主要是利用班会、讨论区发帖子等交流形式，制订全体学生共同遵守的网络文明规范，并且根据突发事件，及时作出调整。

4. 采用管理员轮流制

初期选择有较好电脑技术、上网比较方便、遵守网络文明规范的部分学生担任班级博客的管理员，负责所有管理工作，如推送日志、评定日志的级别、删除帖子等；后来逐渐推出“首席管理员”制，由他们再组织、培训新的管理员，这样学生参与的热情更高。

（二）内容模块的设置

博客圈建立初期有“童眼看世界”“家庭趣闻”“校园逸事”“假期日志”等几个板块。随着时间的推移，学生又自主开设了“地球一小时”“基地之行”“自创小说”“家长沙龙”等板块。这些板块涵盖了学校、家庭、生活热点等诸多方面。这样充分利用了互联网技术，将社会、家庭一起融入学生的教育中，把班级博客圈当作情感沟通的桥梁，从而创建了一种积极创新的教育教学模式。

后来，为彰显博客圈在班集体建设上的新作用，根据班级理念“创建一个温馨的家”，我们又增设了“我爱我家”“家人佳作”“家人风采”“家事讨论”等新板块；并特设“学生一日常规行为反馈”“班级小主人”工作岗位记录、校“多彩少年”评价等栏目，实现了班级事务的公平、公开。

三、班级博客圈开通后收益多多

班级博客圈开通以来，已经成为班集体建设、班级文化打造的新平台，也成为学生自我表现、自我管理、多向交流的网络舞台，还为家庭教育、家校互动增加了一条新的途径。博客圈“亚卡夏的春天”于2010年、2013年分别获“槐荫区道德先锋团队”“槐荫区未成年人道德先锋号”称号，圈友代表分别于2010年、2012年参加了槐荫区、济南市小学生作文教学研讨会，并上台做习作经验介绍。

（一）最大受益者——学生

1. 感受到网络的现实性

对于青少年来说，网络世界就像一块神奇的土地，充满了吸引力，因为这是一片没有国界、没有传统藩篱、没有师长管束、崇尚自我和可以标新立异的“良地”。网络所构建的新的生活方式正影响着今天学生的认识、情感、思想和心理。学生普遍存在着从众心理，一旦某种网络生活方式在学生中间形成，这一方式就会以巨大的力量和飞快的速度在青少年学生中相互影响并传播开去。

因此，建立博客圈，掀开网络神秘的面纱，用正确、积极、健康的思想文化主动占领网络阵地，变“堵”为“疏”，正面引导涉世未深的青少年以积极的态度正视网络环境，探讨如何利用网络，而不沉迷于虚拟世界。

2. 留下快乐成长的足迹

圈子中有记录大家饱览祖国山河、参加各类活动的日志2769篇，有相册40多个。这些由学生“信手拈来”写下的一篇篇从关注身边事到关注社会热点和焦点的博文，以及亲手拍摄的一帧帧照片，就像一座座心灵沟通的桥梁，让学生敞开心扉去诉说和聆听。

3. 学生自主管理的新天地

通过博客圈这一平台，学生能够更好地参与班集体建设和班级活动，能够自由地、开放地、平等地表达自己的意愿。这能够增强学生自我教育、自我管理的能力，使学生锻炼写作能力，学会过健康的网络生活。

其中，学生利用“发帖”的形式辩论解惑——“网络利弊”“同学过生日要不要送礼物”“我的毕业典礼我做主”“同学之间有了矛盾怎么办”等，为大家的烦恼提供了宣泄的渠道。当然，通过大家的跟帖讨论，问题往往会迎刃而解。

学生自主开展的活动——“母爱如晖”活动、小义工活动，都是在“讨论区”发出帖子，大家集思广益，讨论成熟后，分组定期活动，并利用日志的形式记录活动过程。这些定期到敬老院去慰问孤老；寒假里当“妈妈”，帮外来务工人员照顾小孩；利用周末在所在社区活动，清除城市“牛皮癣”，打扫楼道，擦栏杆，办宣传报，开展“送福”“贴春联”“送艾”的年俗活动；定期将捐赠的玩具、衣服送到慈善超市等活动受到社会各界普遍关注与称赞。

4. **学生情感的润滑剂——网上庆生**

最具创新意义的是利用圈子过生日——由管理员将一周内要过生日的同学的名字在“公告栏”中进行公示。大家可以利用一周的时间制作电子贺卡、写博文、发 E－mail 祝贺。此举既环保，又增加了同学之间的亲密度，还能提高学生电脑水平，真是一举数得。

5. **信息共享促成长**

在博客圈里，圈友可以从发布的日志中获得有用的信息，同时也可以将自己拥有的资料共享给其他人；还可以搜索与小学生有关的站点，从中挑选一些有价值的网站通过“友情链接”推荐给大家，如“中少在线”“学生科技网”“星火作文网”等。

（二）最佳“与时俱进”奖得主——家长

博客跨时空的优势给家校沟通提供了新的便利，摒弃了传统的家校沟通方式（家访活动、开家长会、电话联系等）的弊端，消除学校和教师与学生和家长跨越时空形成的障碍，使其便利而即时地进行对话交流，使教师与家长了解学生的思想感情，使德育工作更为及时、贴切、有效。

家长不仅可以通过博客了解自己孩子的学习生活情况，感受孩子成长带来的喜悦，还可以及时了解子女学校和班级的最新动态和相关问题，更可以在线与子女进行互动交流，以此来解决在现实生活中无法面对或解决的问题，更好地促进家庭教育的开展。

渐渐地，他们从初期的“冷眼旁观”者，变为“活动受益方”（孩子每年都策划为其过不同的父亲节、母亲节），再变成“身体力行”者。他们为完善校“多彩少年”评价体系绞尽脑汁、献计献策，为孩子素质基地之行写下点滴体会，为毕业典礼出谋划策……常常一个帖子发布几小时，跟帖就达数十个，其中不乏真知灼见，其拳拳爱校、舐犊之情令人赞叹。

（三）德育工作创新的践行者——班主任

以前，师生的交流仅限于白天，但白天老师精力有限，不可能对每个学生进行深入观察。班级博客圈这种跨越了时间和空间限制的交流，可以使德育工作更为及时、贴切、有效。

老师能在博客圈中与学生互动，希望学生在班级博客圈里有什么说什么。学校和教师可以通过班级博客圈传递生动形象的文字、声像开展德育工作，这比组织活动更为省时、省力。

通过班级博客圈，老师和家庭可以建立高效、及时、畅通的“互访机制”，相互通报学生在学校、家庭发生的主要情况，以及学生在学校、家庭中的主要活动、思想道德表现和进步状况。

另外，班级博客圈有留言和评论功能。家长为学校（班级）德育献计献策，与学校（班主任）共商德育的具体步骤和方法，未雨绸缪，防微杜渐，共同构筑“德育防火墙”。

经过4年的实践，我们发现，开放、互动是班级博客圈的基本特征；真诚、分享、互勉的班级基本品德在这里得以体现。在这里，互动、交流不受传统课堂的制约，共同讨论、共同分享使之成了没有围墙的课堂。学生以文字、图片等形式，就自己的日常生活感悟、学习心得、课堂感受、同学之间的关系、同学与教师之间的关系进行跨越时空的交流，并与所有同学共享知识与思想。博客圈已经成为了学生健康成长的又一精神家园。

附：我的教育故事

“金刚”变形记

午夜，我的QQ准时响起：“老师，生日快乐！切记这不是午夜凶铃，而是第一时间送给您的生日祝福！”望着屏幕上那活泼搞怪的表情，我莞尔一笑。

他，是我曾经的学生，与另外三名男生被前任班主任戏称为“四大金刚”。白净的脸，高挑的身材，与人交谈总是彬彬有礼，这样的学生怎么会是“金刚”呢？接班初期，我常常这样问自己。但随着时间的流逝，与这几个人接触次数增加，我发觉他们的绰号名副其实，而自恃清高的他是这些“金刚”的头儿。不仅那三名“金刚”对他马首是瞻，班内部分男生对他也很是崇拜，都尊称他为“阳哥”。如何扭转班风？如何改变他？我开始做耐心的转化工作（或者说斗智斗勇，也有些学生戏称为“斗法”）。

第一回合：开会回来。

一天上午，我外出开会，下午一进教室，“金刚”之一——小宁抢上前，又是要帮我拎包，又是关切地问我吃没吃饭，表现得格外热情。这时，课代表要上前“告状”，我摆摆手，转过头来，说：“小宁，抓紧时间补作业吧！”小宁只好无奈地回到座位去写作业。我的眼睛盯着在一旁一直默不作声的东阳说：“一会儿，小宁补完作业，你好好教教他‘欲盖弥彰’‘此地无银三百两’这些词的意思吧！错了就改，何必搞这些花样呢？”闻言，他白净的脸变得通红。我心中早已了然——他肯定是幕后高参。

第二回合：“我爱五指山（扇）”。

第一节课，学生在默写。本来很安静的教室里突然传来隐隐约约的歌声：“我爱五指山，我爱……”我开始找寻“声源”，那歌声又略微放大了音量。我见他在镇定自若地唱着，可反反复复就是这七个字，莫非……我若有所思，开始放慢脚步，搜寻、打量……突然目光停在了一个学生的脸上——那儿赫然有一个五指鲜明的印痕。

下课铃响起，我拍拍那个学生的肩，说：“小付，你把听写本送到办公室。”我们来到办公室，经过交谈，得知那掌印是他父亲昨晚打的，便让该生回班了。

“伤员”一进班，几位“金刚”围了上来，说：“怎么样，够哥们儿吧？要不是阳哥通风报信……”

“甭管了，让王老师给你出气。”

“你知道吧，老师肯定会批评你爸爸，告诉他不准打孩子，对我爸都这么说，何况是你?”

只见“伤员”哭笑不得，走廊上的我更是忍俊不禁。

两次“较量”后，几次想找他谈心，又觉得不妥。因为心高气傲、聪明如他是不会接受那些空洞说教的。所以我想寻找一个“突破口”，让其内心发生改变，这不机会来了——

第三回合：午夜凶铃。

一大早，班长可儿就红着眼说：“昨晚接到 4 次可疑电话，每每接通，对方都不说话，最后一次电话是 10 点打的。最可气的是家里的电话没有显示对方的号码。”我等可儿冷静下来，问：“你怀疑是谁?”她猜是兴晨（也是一“金刚”)。我将目光投过去，兴晨气急败坏地说：“我承认我以前干过，可昨天我没有。我跟我爸打篮球，10 点半才回家。”我巡视班里一圈，蓦地发现东阳神情有些异样，头一直低着，心中一动……

课间操结束后，我请他去办公室，询问他这件事该如何处理。他一改往日的作风，说话吞吞吐吐。“要不，我们报案，上电信局去查通话记录……”我再次试探道。他的脸色煞白，我索性直接问他：“是不是你?”他点了点头，半天没说话。

我气急了，说：“东阳，我从来没想到你是这么无聊的人。你为小宁出主意，想逃避补作业，老师认为你这是在讲义气；上次你为小付出头，说明你信任老师，希望老师为你的朋友解决难题，老师可以不追究你做事的方式。但这次我是绝不会再包庇你了……”

一阵沉默之后，他说，其实昨天一打完电话就后悔了，刚才见事发，没敢承认……“你这样子是真的讲义气吗？这不是在耍小聪明吗?”我插话道。见他的头又低了下去，我便加重语气说：“你除了向可儿赔礼道歉外，还得将事情告知你的父母……关键是你得好好想想今后要怎么做？你现在这个样子，肯定是不行的……”

至此，“午夜凶铃”的案件得以告破。之后东阳的改变蛮大的：在区运动会上勇夺奖牌，为班级申请公共邮箱、QQ 群，精心策划为老师过生日……当然，那种为人出谋划策、强出头的所谓“义气事”，他再也没做过。在他的带动下，“金刚”们也有了改变，最后越变越好，以至于校长都称他们为“金刚石”。而现在的他，作为一名交换生在异国求学，但仍不忘逢年过节送上他真挚的祝福。每每此时，那种为人师的幸福感就充盈我心间。

通过与这些所谓的“金刚”斗法，我深深意识到：教育的财富就蕴藏在自己的教育生活里。正是这些另类的学生，让我们在教育的过程中，学会了等待，学会了宽容，学会了因势利导，学会了在暴躁的时候猛然冷静，在冷静中思考，在思考中找到恰当的方法，在方法中找到适合自己的智慧。无论是用“雕虫小技”的斗智，还是“大雪无痕”的温和说服，无论是“故弄玄虚”的卖关子，还是“他山之玉”的点金之术，总有一点是相通的，那就是每一朵小花都有绽放的权利，只是时间早晚而已。

世界上从来没有完美无缺的作品。对于这些孩子来说，我们教师与家长是雕刻家，我们所使用的工具是爱、尊重、理解，还有赏识。他们这群有待打磨的“石料”，一旦去掉其缺点、不足，肯定会是熠熠生辉的“钻石”。

作为一名育花人，我们要学会静静地等待，等待那一份花开的美丽，享受花开的幸福！

用“心”陪伴孩子成长

陈蔚茹

名师简介

陈蔚茹，槐荫区第二期“名班主任”。

世界也许很小很小，心的领域却很大很大。班主任是在广阔的心灵世界播种耕耘的职业，这一职业应该是神圣的。愿我们以神圣的态度，在这神圣的岗位上，把属于我们的那片园地管理得天清日朗，以使我们无愧于自己的学生，以使我们的学生无愧于生命长河中的这段历史。

——魏书生

我在槐荫区实验幼儿园工作了十几年，在同事眼中我是好姐妹，在孩子们心中我是好老师、好妈妈，在家长心里我则是一名认真负责、关心孩子的好老师。我所带过的班，有着良好的班风和秩序，让“孩子喜欢”、让“家长满意”一直是我带班的要求，它是一种精神风貌，是一种座右铭，是一种共同的目标，它是无形的，却又无处不在。到我班看过孩子活动的老师们都有同感：“陈老师！你班的孩子上课真安静，你班纪律真好!”

我带班有以下几个特点：

一、“细”中见爱

回想十几年的教学生涯，和每一拨孩子的朝夕相处，点点滴滴，历历在目。记忆中虽然有辛苦与忙碌，但是满满的都是孩子们的智慧和热情、幸福和喜悦……

将班级营造成“爱的乐园”是我的工作目标。因此，我努力将爱心传递给每一个孩子：当孩子在学习上遇到困难时，多一点鼓励；当孩子生病时，多一点妈妈般的关爱；当孩子在生活上需要照顾时，多一点细致和耐心。这种爱心在师幼间的传递可以延伸到同伴之间、孩子与家长之间、孩子与社会之间……

我班有个叫乖乖的小女孩，平时不太爱说话。有一天，奶奶送她来园时，她穿的有点少。上课时，我见她总是瑟缩着，就问她是不是冷呀，她点了点头。于是，我立即把我身上穿的外套脱下来给她穿上。就这样，她穿了一天我的衣服，离园时我也没把这事告诉她奶奶。在我快下班时，乖乖的奶奶打来电话，激动地对我说：“陈老师，谢谢你呀，乖乖进门就高兴地告诉我说：‘陈老师可疼我了。我今天冷，陈老师把她的衣服给我穿了，我就不冷了。’”我听后就说：“别客气，应该的。噢，对了，明天给乖乖多穿件衣服，这样就不会冷了。”奶奶听后立刻说：“陈老师，你真细心，谢谢!”

就这样，一件很小的事情，我的细心加爱心换来的是孩子的开心和家长的放心。

二、“严”中有爱

“爱是水，严为舟，严爱应适度，严爱应统一。”每带一个班，我首要的任务就是和孩子们共同建立起良好的班级常规。

“没有规矩，不成方圆。”如果一个老师只是爱孩子，而没有常规、没有教育、没有引导，任其发展，那么，这个班给人的感觉就是一盘散沙。

在一个没有制订有序的班级常规的班级里，幼儿往往不知道该做什么、应该怎样做更好。

老师对孩子提出的承诺要说到做到，只有我们说到做到了，才能树立自己的威信，让调皮的孩子不敢随便钻老师的空子。上课前，我要求幼儿听课时不讲话、不做小动作、眼睛要看老师，当我听到说话声或看到有孩子做小动作，我就立刻停止上课，等没有任何声音或没有幼儿再做小动作了，再继续上课。这样几次下来，孩子们就会感觉到我在注意他，只好认真听课了。在数学教学活动中，教师在讲解之后，请幼儿在座位上坐好，等教师分发操作材料，幼儿听清楚要求以后再动手操作；在户外游戏前，教师先向幼儿说好走路的方法和要求；在活动前，教师将活动方法和要求向幼儿讲清楚。孩子们的点滴进步和不懈努力都为老师提供了即时评价的时机，在一次次激励中，良好的班级风貌慢慢形成。当然，有奖就有罚，有时候，一小小的挫折也能让孩子们收获很多，懂得很多！

只要与孩子成长有关，哪怕是一件很小的事情，教师都应做到了如指掌，尽力去影响孩子。

三、“学”中有爱

“爱无边，教无际”，随着教龄的增长和经验的积累，随着教育思想和观念的更新，我不断反思教育行为的适宜性。我认为，只有学会观察孩子，才能成为孩子心目中可亲可敬的老师。

首先，在活动中要给孩子创造宽松的环境。我们要平等地对待孩子，尊重孩子，关心他们的生活，这样才能使他们乐意说出自己的想法。

其次，参与他们的游戏。孩子是那么天真无邪，都说与孩子在一起是最快乐的，在一次游戏时，我感受到了这点。有一次，孩子们在玩“切西瓜”的游戏，玩了一段时间就感觉没意思了，这时我走近他们说：“让我来参加你们的活动吧！”孩子们个个欢呼起来：“老师，你真好！”“老师，来这边，我拉你手。”我很快进入了他们的世界，切到我了，要与另一幼儿比赛谁先跑进圈子。只听见小朋友在为我加油：“老师，快跑，加油。”我感觉孩子真的把我当成了他们的游戏伙伴了，不负众望，我最终赢了。孩子还为我鼓掌："你真棒!"我发现自己也好开心，好像一下子年轻了很多，回到了童年。游戏结束后，小朋友还不停地对我说："下次我们再来玩游戏啊。"望着他们一张张可爱的小脸，我觉得真开心。

孩子年龄小，对有的事情还不明了，所以调皮或做错事是常有的事情。这时，我们要用一颗宽容的心来对待他们。脾气小一点，耐心地对孩子进行教育，因为孩子喜欢看到老师慈祥的笑脸。面对天真无邪的孩子，我们应该多一些真诚的微笑，让孩子感觉到老师的温暖。

四、心中有爱

对工作、对孩子，要心中有爱，就要有一颗责任心。有责任心的老师会认真地对待工作中的每一件事情，并能动脑筋去做好每一件事。另外，那些烦琐细小的事情都是老师应该做的，所以做事要快一点，多做一点事情也不要斤斤计较。另外，老师要有上进心，要做有心人，要不断地学习、不断地积累、不断地实践、不断地调整，这样，老师才会不断地提高自己的业务水平、科研能力。

我在参加工作后，比较注意收集有关问题设计方面的资料，专门准备了用来记录教育活动中问题设计的本子，然后不断思考、归类、整理、总结。通过日积月累，我对问题的设计越来越精到。在教育活动中，我的随机应变能力比较强，如果没有长期的积累是很难做到这一点的。

五、"心连心，爱同行"

班级工作中有一个很重要的内容就是家长工作。我们要以平和亲切的态度与家长沟通，让家长放心。家长把孩子送来幼儿园，心中有很强的不安全感，所以我和配班老师都持着爱孩子、关心孩子的心，让家长真正放心。

还有，要多站在家长的立场上考虑问题。对我们自身的不足和存在的问题，要勇于承认并积极改正。家长每次提出的问题，我都会记在小本子上，然后尽力去解决，让家长相信把孩子放在这个班是能够放心的。与家长有什么误会或自己没有做到的地方，直接与家长沟通，取得家长的谅解。避开家长甚至不理睬家长，会让家长觉得你是个不负责任的老师，那只会使误会越来越深。真到班上出现问题的时候，家长就会把旧账全翻出来。

其实，有时一些很小的事情，就能感动家长，让他足够相信你，让他觉得老师是真心诚意关心孩子的。孩子的一句话，如“今天陈老师喂我吃的药”“我尿裤子了，陈老师给我换的”等，就足以让家长记住你的细心，并为之感动。

每一天的忙碌，都能让我们在孩子、家长间收获幸福和快乐！

附：我的教育故事

我们的教室好大

今年，孩子们从分园来到了总园。这是一个崭新的环境，孩子们的第一个发现就是：哇，我们的教室好大！

教室大有教室大的好处，比如，天气不好时可以在室内做体育游戏了，对家长开放时空间大了。同时，孩子的一些坏习惯也显露出来了。有时他们会从教室的这头快速跑到那头，或者互相追逐着打闹。空间大了，跑得开了，一些潜伏着危机的游戏在他们眼中其乐无穷。对此，我们采取了一些措施，如严禁在教室内追逐、打闹。就这样，一段时间后，孩子的新鲜劲过去了，教室里也安静多了。接着，一个新的问题产生了——空间大了，玩具多了，教室里看起来乱糟糟的。有段时间，保育老师请假，里里外外只有我们两个老师，这种情况更加明显了。教育、保育、各种比赛活动，可谓“顾了这头，顾不了那头”，我只恨自己没有三头六臂。看着孩子们照旧优哉游哉地玩耍，一个念头产生了：何不让孩子学习整理教室？

首先要找出孩子行为中的不良习惯，这样才能有的放矢。

每次活动结束后让小朋友收玩具的时候，总是有个别孩子听到“收玩具”后就故意把玩具扔在地上，有的还把雪花片装进娃娃肚子里，有的甚至唯恐天下不乱，趁乱大打出手，哭声叫声混成一片。因此，我意识到让孩子学习整理教室要从收玩具这个环节开始。

我组织了小朋友用雪花片玩结构玩具，40 分钟过去了，我发出了像平时一样的声音："小朋友们收玩具了。"果然，孩子们像往常一样，有的收，有的趁机捣乱，把玩具弄得满地都是。等他们收得差不多的时候，我马上奖励了真正收玩具的孩子，然后又过去把篮子里的玩具倒了出来。我的举动让全部小朋友惊讶了。这时我说："不能这样乱收乱放，小朋友要将玩具分类放好才行。"于是，我以游戏的方式和小朋友一起收玩具。我说道："现在我要雪花片。"小朋友就一起去找雪花片，找到了拿给我，我就将雪花片有顺序地摆放在篮子里。我又说："我现在要条形棒。"小朋友又高兴地去收集条形棒。他们觉得这种方式挺好玩的，我也觉得我的方法奏效了。渐渐地，小朋友们不再大吼大叫了，全部都安安静静地收玩具，把玩具分类摆好，好像在比赛一样。收好玩具以后，我表扬小朋友，说："今天小朋友收玩具是表现最好的一次，老师非常高兴，小朋友全部都顶呱呱！以后每次玩了玩具我们都要像今天这样收，好不好？""好！"小朋友全都大声地回答我。

另外，图书角是孩子经常光顾的区域，因为没有养成良好的习惯，有些图书被弄得破旧不堪。为了避免再出现这种状况，我从以下几点采取了行动。

1. 提出阅读图书的要求：每次只能拿一本图书；看书时，要一页一页地掀；不争抢、不交头接耳、保持安静。

2. 活动结束后，以游戏的形式进行分类：大书找大书，小书找小书，方书找方书，长书找长书。

为什么会想到要专门让小朋友改变以前的坏习惯？是因为收玩具时如果秩序太乱很有可能造成事故，中班的孩子是可以做到有秩序做事的。通过了解本班孩子的特点，以游戏的方式和小朋友一起学习如何收玩具，告诉孩子为什么要安静整齐地收玩具，效果还真是不错。

培养幼儿良好的行为习惯是非常重要的，良好的行为习惯直接影响着孩子以后的发展。虽然收玩具只是一个小环节，但我们可以从这个环节发现每个孩子的性格特点。作为老师，我觉得很有必要根据孩子特点改正他们不好的行为习惯。孩子喜欢老师，如果当老师的身体力行，孩子看见了也会模仿。我想，同样的方式多来几次，我们班这个乱扔玩具的大问题一定可以解决。

跨越领域，整合家园

戴长靖

名师简介

戴长靖，济南市槐荫区第一期“名班主任”。1990年7月毕业于济南幼儿师范学校，先后在槐荫区实验幼儿园、德兴街小学幼儿园任教，现为槐荫区美里湖中心幼儿园副园长。任班主任20年，曾被评为“济南市优秀班主任”。参与多项省市级课题研究，多篇论文获省市区一等奖或发表于《山东教育报》《幼儿园》等报刊。

人类的一切智慧是包含在这四个字里面的，“等待”和“希望”。

——大仲马

“家园共育”是班主任工作中常说常新的一个话题。家长是幼儿园教师的重要合作伙伴。幼儿园应本着尊重、平等的原则，吸引家长主动参与幼儿园的教育工作；向家长介绍幼儿园的保育、教育工作，争取家长的理解、支持和参与；使幼儿在园获得的学习经验能够在家庭中得到延续、巩固和发展；同时，使幼儿在家庭获得的经验能够在幼儿园的学习活动中得到应用。

在20多年的班主任工作中，我发现，教师与家长的互动效果直接影响班级教育的成效。家庭和幼儿园的沟通在于教师与家长合力解决教育问题、提升对幼儿的关心、共同分担教育责任。针对这些，我在做好幼儿园班主任工作时重点做好家长工作，并适时结合教育活动，将家长吸引到幼儿园工作中，使班级教育活动收到事半功倍的效果。

一、让家长正确了解教师每天都在做什么

有相当一部分家长认为，只要孩子在园不出事，那就是送到了一家好的幼儿园；还有的家长受应试教育的影响，认为在幼儿园就是让孩子识字和学算术，除了这些就没其他事了；甚至还有家长认为，教孩子是老师的事，孩子学习不好是老师的责任……

造成这种误解的原因，主要在于传统的家园沟通方法仅仅局限于每学期一两次的家长会以及早晚接送孩子时家长与老师之间的短时间交流。这使得家长很难了解孩子在幼儿园学了什么，幼儿园老师又都在“忙活”什么。

（一）幼儿园的家长工作怎样顺利开展

我积极利用“家教园地”与家长进行沟通，开展家长工作。在每周一期的“家教园地”上，我们不仅向家长介绍本班的周计划安排，还根据不同的时间段、不同的保教重点设计各种精美的栏目，吸引家长去浏览。“主题网络图”向家长介绍我班的主题研究，把每个主题活动的网络图展示给家长，让家长了解活动的开展进程。

正是因为沟通交流到位，所以在家长的大力配合支持下，我班的主题活动得以顺利有效地开展。

（二）幼儿园的家长工作需要细致耐心

“晨晨今天喝了×杯水”“大新今天大便干（不干）”……为了使家长了解孩子每天在园的情况，我会在早晚接送孩子的时间主动向每一位家长汇

报这些“鸡毛蒜皮”的小事。从家长们的眼神中，我能感觉出大家都在热切等待着我的“汇报”。工作中这些看似普普通通的小事，却正是家长们每天牵肠挂肚的大事。正是有了我每天的“汇报”，家长们才对我们的工作更加放心。

（三）幼儿园的家长工作需要沟通协调

每月一期的网上“宝宝直通车”也是我与家长进行沟通的重要桥梁。

有些家长在联系本上认真记录了孩子的成长，有的家长摘录了孩子的童言稚语和自编儿歌，有的向我们反馈孩子参加主题活动后在家的良好表现……每次看完这些材料，我都会在网上及时表扬那些填写认真的家长，私下也会以适当方式提醒工作繁忙的家长。

二、 让家长参与教师开展的各项活动

家庭和幼儿园的合作，应该本着“尊重、平等、合作”的原则，吸引家长主动参与幼儿园教育活动。

（一）充分利用家长资源来开展家长工作

我经常根据家长的特长，吸引他们参与部分教学活动，深入配合老师的教育教学工作。如宁宁妈妈是儿童医院的大夫，我就在传染病多发的冬季将宁宁妈妈请来给孩子们讲解如何预防感冒，让孩子们学习正确的“七步洗手法”。“课堂”上孩子们听得津津有味，与宁宁妈妈互动起来异常兴奋。这个活动收到了非常好的效果。那段时间，宁宁在班里走路时腰杆都挺得直直的。

（二）有效利用家长开放日进行教育活动

家长开放日是经过幼儿园整体策划的活动，为家长提供了了解幼儿园教育的机会。班主任应当利用这个机会组织班级亲子活动，促进家长与孩子的情感沟通。

无论教育如何改革、教材如何变化，总有一些主题是年年都有的，如

"三八妇女节爱妈妈"。不少幼儿园的类似活动，都是小班的孩子涂朵大红花——红花献给好妈妈；中班、大班的孩子画幅画或做件小礼物送给妈妈，说句祝福的话，晚上帮妈妈做件事，第二天回班后说一说。流于形式的因素特别多。

经过反思，我们对这一传统主题的教育活动进行了大胆而富有创意的改革，组织了一次别开生面的开放活动，收到了非常好的教育效果（详见后附案例）。

在我开展的这些家长工作中，家长们不再是旁观者，而是活动的参与者、组织者、实施者，更是幼儿园教师的合作伙伴。

附：我的教育案例

献给妈妈的爱

一、案例描述

为了让各位年轻的妈妈体会为人母的自豪，也为了向妈妈们展示孩子在幼儿园的良好发展，宣传我们的工作，我们邀请全体妈妈来到活动室参加我们的庆祝活动。

我们担心有的妈妈因为工作繁忙等原因不能到会，所以活动前我们精心制作了漂亮的邀请函，表示对家长的尊重，也让家长做好心理准备。接到邀请函的妈妈们欣喜而又感激，都怀着无比激动的心情准时来到班里，当天的活动没有一个人缺席。

活动一开始，在老师的鼓励和引导下，孩子们从教室门口一个个手持自己亲手制作的三层立体小花，飞奔到妈妈的怀抱，献给妈妈，并说出："妈妈，您辛苦了，节日快乐！"而后献上了香吻和拥抱，以温馨而甜蜜的形式为活动拉开了序幕。随后，孩子们用唱歌表演的形式对妈妈的到来表示欢迎。接下来孩子们把"介绍妈妈""诗歌朗诵""早操表演"等一一展示给妈妈，既充实了活动内容，又让家长亲眼看到了孩子在园的学习情况，让年轻的妈妈们真实感受到了为人母的喜悦与自豪。早操表演后，妈妈们按捺不住激动的心情，并在老师的邀请下和孩子们一起高兴地跳了起来，歌声、笑声、音乐声融为一体，奏出了一曲幸福歌，将活动推向了高潮。

为了让幼儿理解妈妈的辛苦，我们把孩子从孕育到成长的过程画成了6幅漫画，请一位家长代表把孩子成长过程中妈妈付出的艰辛，用故事的形式讲述出来。故事只有短短两分钟，却真实、感人。

活动的最后是分享美食，我们又一次将爱的教育与活动有机结合。在我们有意识的引导下，孩子们很自然地主动把好吃的食物先送到妈妈口中。妈妈们品尝着孩子递到口中的美食，又一次感受到了幸福和甜蜜。

正如一位家长在表扬信中所说的："此时此刻，我心都醉了，我的眼睛和喉咙使劲地吞咽着眼泪，好像此前为了孩子受的苦与累，哪怕是煎熬都烟消云散了一般，留下的只有——幸福!"

二、案例分析

社会学习是一种跨越不同领域的综合学习。"社会"不是一个独立的科目，而是一个综合的学习领域。社会学习往往融合在各种学习活动中，并渗透于幼儿一日生活的各个环节。社会学习具有潜移默化的特点，尤其是社会态度和社会情感的学习，往往不是教师直接"教"的结果。幼儿主要是通过在实际生活和日常活动中积累有关的经验和体验而学习的。

此次三八妇女节活动加强了师生之间、同伴之间、长幼之间的交往，培养了幼儿对人亲近、友爱的态度，引导幼儿"接触常见的人，了解他们及其与自己生活的关系，尊重、感激他们"。在这个活动中，家长和孩子收获的不仅仅是爱，这样的教育效果是说教难以获得的。

一日生活中，有价值的课程资源很多，就看我们如何去开发、应用。只要我们肯动脑筋，凡事用心去想、去做，就一定能做得很好。这样，我们的孩子就会与老师和幼儿园共同进步、共同发展。